Kohlhammer

**Grundkurs Philosophie**

Band 25

Bruno Niederbacher

# Metaethik

Verlag W. Kohlhammer

1. Auflage 2021

Alle Rechte vorbehalten
© W. Kohlhammer GmbH, Stuttgart
Gesamtherstellung: W. Kohlhammer GmbH, Stuttgart

Print:
ISBN 978-3-17-039628-9

E-Book-Format:
pdf: ISBN 978-3-17-039629-6

Für den Inhalt abgedruckter oder verlinkter Websites ist ausschließlich der jeweilige Betreiber verantwortlich. Die W. Kohlhammer GmbH hat keinen Einfluss auf die verknüpften Seiten und übernimmt hierfür keinerlei Haftung.

Dieses Werk einschließlich aller seiner Teile ist urheberrechtlich geschützt. Jede Verwendung außerhalb der engen Grenzen des Urheberrechts ist ohne Zustimmung des Verlags unzulässig und strafbar. Das gilt insbesondere für Vervielfältigungen, Übersetzungen, Mikroverfilmungen und für die Einspeicherung und Verarbeitung in elektronischen Systemen.

# Inhalt

Vorwort .................................................................................... 8

1 **Was ist Metaethik?** ........................................................... 9
    1.1 Gegenstand der Metaethik ........................................ 12
    1.2 Eine theoretische Wissenschaft ................................ 12
    1.3 Methoden .................................................................. 13

2 **Was sind moralische Äußerungen?** ............................... 15
    2.1 Ausdruck von Emotionen ......................................... 16
    *2.1.1 Ayers Argument auf dem Prüfstand* ........................ 19
    *2.1.2 Weitere Argumente für den Emotivismus und ihre Probleme* ... 21
    *2.1.3 Einwände gegen den Emotivismus* ......................... 28
    2.2 Aufforderungen ........................................................ 31
    *2.2.1 Probleme des Präskriptivismus* ............................... 32
    2.3 Behauptungen .......................................................... 34
    *2.3.1 Der subjektivistische Kognitivismus* ........................ 35
    *2.3.2 Der objektivistische Kognitivismus* ......................... 39
    *2.3.3 Einwände gegen den objektivistischen Kognitivismus und Lösungen* ... 41

3 **Wie verhalten sich moralische Überzeugungen zu Motivationen?** ........................................................ 43
    3.1 Moralische Überzeugungen und Motivationen ........ 43
    3.2 Handlungsgründe und Motivationen ....................... 49

4 **Was sind moralische Wahrheiten?** ................................ 53
    4.1 Moralische Wahrheiten ............................................ 53
    4.2 Relative moralische Wahrheit .................................. 54

| | | |
|---|---|---|
| 4.3 | Absolute moralische Wahrheit | 57 |
| 4.3.1 | *Deflationäre Wahrheitsauffassung in der Metaethik* | 58 |
| 4.3.2 | *Epistemische Wahrheitsauffassungen in der Metaethik* | 60 |
| 4.3.3 | *Realistische Wahrheitsauffassung in der Metaethik* | 64 |
| **5** | **Was sind moralische Tatsachen?** | **66** |
| 5.1 | Moralische Tatsachen | 66 |
| 5.2 | Das Verhältnis von moralischen zu nichtmoralischen Tatsachen | 70 |
| 5.2.1 | *Supervenienz* | 70 |
| 5.2.2 | *Identität* | 71 |
| 5.2.3 | *Die Elimination moralischer Eigenschaften* | 79 |
| 5.2.4 | *Konstitution und metaphysische Gründung* | 88 |
| 5.2.5 | *Zur Ontologie von Moralgesetzen* | 91 |
| 5.2.6 | *Zwei Einwände* | 94 |
| 5.3 | Die Existenzweise moralischer Tatsachen | 99 |
| 5.3.1 | *Bewusstseinsabhängigkeit moralischer Tatsachen* | 99 |
| 5.3.2 | *Bewusstseinsunabhängigkeit moralischer Tatsachen* | 102 |
| **6** | **Können moralische Überzeugungen gerechtfertigt sein?** | **106** |
| 6.1 | Das ABC der Erkenntnistheorie | 107 |
| 6.2 | Erkenntnistheorie moralischer Überzeugungen | 110 |
| 6.3 | Erkenntnistheoretischer Kohärentismus in der Metaethik | 112 |
| 6.4 | Erkenntnistheoretischer Fundamentismus in der Metaethik | 117 |
| 6.4.1 | *Intuitionen* | 120 |
| 6.4.2 | *Emotionen* | 123 |
| 6.4.3 | *Wünsche* | 125 |
| 6.4.4 | *Vorstellungen* | 127 |
| 6.4.5 | *Einwände und Lösungsvorschläge* | 129 |
| 6.5 | Die kognitive Tugend der Klugheit | 135 |
| 6.6 | Anfechtungen | 138 |
| 6.6.1 | *Argument aus der epistemischen Zirkularität* | 138 |

6.6.2 Argument aus moralischen Meinungsverschiedenheiten ......... 140
6.6.3 Zweites Argument aus moralischen
       Meinungsverschiedenheiten ..................................... 142
6.6.4 Argument aus der kausalen Unwirksamkeit
       moralischer Tatsachen .......................................... 143
6.6.5 Argument der evolutionären Entlarvung ..................... 145

# 7 Was hat Moral mit Gott zu tun? ........................... 149
7.1 Theistische Reduktionismen ...................................... 151
7.2 Das Euthyphron Dilemma ......................................... 156
7.3 Zwei Lösungsvorschläge ........................................... 158
7.3.1 Notwendige und kontingente moralische Wahrheiten ...... 159
7.3.2 Deontische und axiologische moralische Eigenschaften ... 163
7.4 Gott und die Erklärung der
    Erkenntnis moralischer Tatsachen .............................. 166

**Übersichtliche Darstellung einiger metaethischer Positionen** ... 169

**Glossar** ........................................................... 170

**Literaturverzeichnis** ............................................. 174

**Index** ............................................................. 183
Personen ............................................................ 183
Stichworte .......................................................... 184

# Vorwort

Metaethik hat sich in den letzten Jahrzehnten zu einem vielfach verästelten Zweig der Philosophie entwickelt. Eine erste Orientierung und Hinführung zu den metaethischen Hauptfragen und Hauptthesen zu geben, ist mein Anliegen in diesem Buch. Es resultiert aus jahrelanger Lehrerfahrung. Daher sei an dieser Stelle zuerst den vielen Studierenden der Universität Innsbruck gedankt, die mir durch ihre Fragen geholfen haben, den Stoff übersichtlich darzustellen. Ich danke Robert Deinhammer SJ, der die einzelnen Kapitel dieses Buches gelesen und eine Reihe inhaltlicher Verbesserungsvorschläge gemacht hat. Ich danke den Herausgebern der Reihe *Grundkurs Philosophie*, Godehard Brüntrup SJ und Michael Reder, dass sie die Idee eines eigenen Bandes über Metaethik befürwortet haben. Ich danke Herrn Daniel Wünsch und Florian Specker vom Kohlhammer Verlag für die umsichtige Betreuung während der Entstehung dieses Buches. Besonderer Dank gebührt meiner Schwester Hildegard Niederbacher, die trotz ihrer vielen Beschäftigungen das Manuskript korrekturgelesen hat. Schließlich danke ich Frau Johanna Sofie Berger für die Durchsicht der Reprovorlage.

Innsbruck 2021                                                       Bruno Niederbacher SJ

# 1 Was ist Metaethik?

„Empörend!", schimpft Anton lautstark, als er im Mai 2011 in der Zeitung liest, dass Spezialeinheiten der USA Osama bin Laden auf seinem Anwesen in Pakistan erschossen haben. „Warum regst du dich auf?", fragt Berta und fügt hinzu: „Er war Drahtzieher der Terroranschläge vom 11. September 2001. Und man musste immer Angst haben, dass er irgendwann irgendwo wieder zuschlägt, viele unschuldige Menschen in den Tod reißt und den Frieden gefährdet. Es war richtig, dass sie ihn beseitigt haben, weil es richtig ist, einen Menschen, der mit sehr hoher Wahrscheinlichkeit absichtlich viel Leid auf die Erde gebracht hat und bringen wird, zu töten." „Nein", schmettert Anton ihr entgegen, „es war nicht richtig. Es war moralisch verwerflich. Man darf keinen unbewaffneten Menschen töten, auch wenn er Terrorist ist. Man hätte ihn gefangen nehmen und vor ein ordentliches Gericht stellen sollen."

Häufig führen wir solche Gespräche: Gespräche darüber, welches Handeln moralisch richtig oder falsch, gut oder schlecht, geboten, verboten oder erlaubt ist. Handlungen moralisch zu bewerten, gehört zu unserem alltäglichen Leben. Ob zuhause, beim Stammtisch, in öffentlichen Veranstaltungen oder in Medien: Wir reden und streiten darüber, was moralisch richtig ist und was nicht. Wer über solche Gespräche philosophisch reflektiert, betreibt *Ethik*. Aber was heißt hier „philosophisch reflektieren"? Nun, es kann zunächst heißen, eine Reihe von Fragen zu stellen wie:

1. Hat Anton Recht oder Berta? War diese Handlung moralisch richtig oder nicht? Allgemeiner gefragt: Welche Handlungen sind richtig? Welche Handlungen sind falsch? Antworten auf solche Fragen zu finden ist nicht leicht. Der Weg zu den Antworten führt in der Regel über die Begründungen.

2. Wie begründen Anton und Berta, dass dieses Handeln richtig oder falsch war? Berta z. B. meint, es war richtig, weil Osama Terrorist war und eine ständige Gefahr für die Menschheit und den Frieden darstellte. Diese Begründung enthält Bausteine einer allgemeinen Theorie darüber, was Handlungen richtig oder falsch macht, z. B.: Die Tatsache, dass eine Handlung der Erde viel mehr Leid erspart als sie verursacht, macht sie zu einer moralisch richtigen Handlung.
3. Was hat Berta getan, als sie sagte: „Es war richtig, dass sie ihn beseitigt haben." Und was hat Anton getan, als er sagte: „Es war nicht richtig" und „Man darf keinen unbewaffneten Menschen töten." Welche Sprechakte haben die beiden vollzogen? Haben sie gegensätzliche Behauptungen aufgestellt? Gibt es eine echte Meinungsverschiedenheit zwischen ihnen? Oder haben sie ihre Emotionen der Billigung und Empörung zum Ausdruck gebracht? Oder haben sie eigentlich Aufforderungen ausgesprochen wie „Mach es ebenso!" oder „Mach so etwas nie!" Diese Fragen mögen zunächst relativ unbedeutend erscheinen. Aber bei eingehender Beschäftigung entdeckt man ihre Brisanz. Denn Behauptungen sind wahr oder falsch. Der Ausdruck einer Emotion hingegen kann nicht wahr oder falsch sein; ebenso wenig können Aufforderungen wahr oder falsch sein. Es geht also um nichts Geringeres als um die Frage: Hat Moral etwas mit Wahrheit zu tun? Gibt es moralische Wahrheiten? Manche sagen: Nein! Bei Moral geht es nicht um Wahrheit. Da wird nichts erkannt und schon gar nicht etwas, das unabhängig von unserem Bewusstsein und unseren Einstellungen da ist. Moral wird nicht von uns entdeckt wie etwa eine Fischart in der Tiefe des Meeres oder ein Naturgesetz, sondern Moral wird von uns erfunden, festgelegt, vereinbart.
4. Angenommen, Moral habe etwas mit Wahrheit zu tun. Dann schließt sich unmittelbar die Frage an: Was heißt es für eine moralische Behauptung, wahr zu sein? Bei nichtmoralischen Behauptungen haben wir eine Ahnung davon, was es für sie heißt, wahr zu sein. Behauptet Berta beispielsweise, dass Dora in Innsbruck geboren ist, so ist diese Behauptung genau dann wahr, wenn Dora in Innsbruck geboren ist. Man sagt auch: Die Behauptung, dass Dora in Innsbruck geboren ist, wird wahr gemacht durch die Tatsache, dass Dora in Innsbruck geboren ist. Zumindest Vertreterinnen und Vertreter einer bestimmten

realistischen Wahrheitsauffassung sehen es so. Nun kann man fragen, ob diese Wahrheitsauffassung auch hinsichtlich moralischer Behauptungen zutrifft. Angenommen, die Behauptung, dass es richtig war, Osama bin Laden zu erschießen, sei wahr. Wodurch wird sie wahr gemacht? Wird sie durch die Tatsache wahr gemacht, dass es richtig war, ihn zu erschießen? Gibt es solche moralischen Tatsachen überhaupt? Worin bestehen sie? Und wie verhalten sie sich zu anderen, nichtmoralischen, aber doch moralrelevanten Tatsachen, z. B. zur Tatsache, dass Osama viel Leid verursacht hat? Diese Fragen stellen sich nicht in dieser Schärfe bzw. gar nicht, wenn man das realistische Wahrheitsverständnis zugunsten eines anderen Wahrheitsverständnisses aufgibt. Vertritt man z. B. die Ansicht, die Wahrheit einer Behauptung bestehe darin, dass sie auf ideale Weise begründbar ist oder dass vernünftige Menschen sie aufstellen würden, so ist man die Sorge, bewusstseinsunabhängige Wahrmacher für moralische Behauptungen annehmen zu müssen, los. Oder vertritt man eine minimalistische, deflationäre Sicht von Wahrheit, wonach zu behaupten „Es ist wahr, dass es richtig war, dies zu tun" nichts anderes bedeutet als verstärkt zu behaupten „Es war richtig, dies zu tun", so verpflichtet man sich ebenfalls auf keine metaphysisch robusten moralischen Tatsachen.

5. Ferner kann man fragen: Wie ist Anton zu seiner moralischen Meinung gekommen, dass es nicht richtig war, Osama unter diesen Umständen zu erschießen? Allgemeiner gefragt: Wie bilden wir moralische Meinungen? Beruhen sie auf Intuitionen oder auf Schlüssen? Und noch wichtiger: Sind diese Intuitionen verlässlich? Sind die Schlüsse gültig und die Prämissen gerechtfertigt? Was ist moralisches Wissen und haben wir solches?

Diese fünf Fragen können helfen, die Einteilung der Ethik in normative Ethik und Metaethik zu verstehen. Normative Ethik beschäftigt sich mit Fragen der Art (1) und (2): Welche Handlungen sind richtig und warum sind sie richtig? Was macht sie richtig? Metaethik hingegen beschäftigt sich mit Fragen der Art (3), (4) und (5). Es handelt sich um semantische (3), metaphysische (4) und erkenntnistheoretische (5) Fragen im Zusammenhang mit der Moral. Um diese metaethischen Fragen geht es in diesem Buch.

Aber bereits die Frage, was Metaethik ist und wie sie sich von normativer Ethik unterscheidet, ist eine metaethische Frage. Sie ist wissenschaftstheoretischer Natur. Nach klassischer Wissenschaftstheorie sollte man bei einer Wissenschaft angeben, worin ihr Gegenstand besteht, ob sie eine theoretische oder praktische Wissenschaft ist und mit welcher Untersuchungsmethode sie vorgeht. Es sei im Folgenden versucht, für die Metaethik diese Angaben zu machen.

## 1.1  Gegenstand der Metaethik

Der Untersuchungsgegenstand der Metaethik ist Moral unter der Rücksicht der Fragen (3), (4) und (5). Diesen Gegenstand gibt es. Es ist unbestreitbar, dass wir tagtäglich moralische Bewertungen von Handlungen vornehmen, dass wir moralische Überzeugungen haben, moralischen Regeln folgen oder sie verletzen. Dieses Phänomen der Moral gibt es, und die metaethischen Fragen (3) bis (5) setzen nur dieses Phänomen voraus, um zu erörtern, was ihr Wesen ist. Das Ergebnis der Untersuchung ist offen. So könnte bei der Untersuchung herauskommen, dass wir zwar Handlungen zuschreiben, richtig oder falsch zu sein, dass es aber diese Eigenschaften, richtig oder falsch zu sein, nicht gibt; so ähnlich wie bei einer Untersuchung von Farben herauskommen könnte, dass wir zwar Gegenständen Farben zuschreiben, diese Gegenstände aber keine Farben haben, weil es draußen in der Welt keine Farben gibt.

## 1.2  Eine theoretische Wissenschaft

Eine Wissenschaft ist theoretisch, wenn sie auf die Erkenntnis der Wahrheit zielt. Eine Wissenschaft ist praktisch, wenn sie letztlich auf ein Handeln oder Herstellen zielt, wenn sie Orientierung für das Handeln oder Anleitung zur Herstellung von Produkten liefern will. Normative Ethik ist eine praktische Wissenschaft. Sie will zwar auch die Wahrheit erkennen, aber mit dem Ziel, unser Leben moralisch zu verbessern. Wenn wir wissen, welche Handlungen richtig oder falsch sind, wenn wir wissen, was sie richtig oder falsch macht, dann können wir auch unser Handeln moralisch verbessern; dann können wir im Einzelfall leichter herausfinden, wie wir handeln sollen. Metaethik hingegen ist eher eine theoretische Wissenschaft. Sie ist nicht praxisrelevant, zumindest nicht unmittelbar. Ihr Ziel besteht in erster Linie darin, das Phänomen der Moral nach den oben genannten Fragen (3) bis (5) zu untersuchen und zu wahren Antworten darüber zu kommen. Freilich könnten Ergebnisse der metaethischen Untersuchung auch praktische Folgen haben. Angenommen, wir könnten beweisen, dass unsere moralischen Urteile letztlich nur unsere Überzeugungen über unsere eigenen Präferenzen zum Ausdruck bringen. Dieses Ergebnis würde auch praktische Folgen nach sich ziehen. Oder angenommen, wir könnten beweisen, dass all unsere moralischen Überzeugungen auf unzuverlässige Weise entstehen, z. B. dass sie auf Wunschdenken beruhen oder auf evolutionären Prozessen, die nicht Wahrheit, sondern Überleben zum Ziel haben, dann wären unsere moralischen Überzeugungen nicht mehr erkenntnismäßig gerechtfertigt. Metaethische Untersuchungen können also auch praktische Folgen haben. Dennoch sind sie in erster Linie theoretischer Natur.

## 1.3 Methoden

Metaethik folgt jenen Untersuchungsmethoden, die der Philosophie allgemein zur Verfügung stehen. Diese bestehen erstens darin, Ausdrücke zu klären, d. h. mehrdeutige sprachliche Ausdrücke aufzudecken und ihre Bedeutungen genau zu unterscheiden; zweitens Begriffsdefinitionen oder -analysen vorzuschlagen und mithilfe von Beispielen oder Gegenbeispielen zu prüfen; drittens Argumente aufzusuchen, die für bzw. gegen eine Position sprechen, und diese Argumente daraufhin zu untersuchen, ob sie gültig sind, d. h. ob die Schlüsse, die man aus ihnen zieht, auf logisch gültige Weise folgen, und ob die Argumente stichhaltig sind, d. h., ob die Prämissen, von denen man ausgeht, einsichtig, plausibel, gerechtfertigt sind, ob sie mit der Theorie, von der man ausgeht, kohärieren etc. Dies sind die allgemeinen Methoden der Philosophie.

Da es in der Metaethik um semantische, metaphysische und erkenntnistheoretische Fragen im Zusammenhang mit der Moral geht, ist sie abhängig von Theorien in der Semantik, Metaphysik und Erkenntnistheorie. Diese Theorien sind vielfältig und stehen oft in Konkurrenz zueinander. Jede Theorie macht Voraussetzungen, die alles andere als unumstritten sind. Überhaupt gibt es in der Philosophie kaum Thesen, die allgemein anerkannt sind. Kaum eine Position kann mit einem Knock-Down-Argument als erledigt abgetan werden. Jede Metaethik geht daher von bestimmten Voraussetzungen aus. Es ist schon viel erreicht, wenn die Voraussetzungen klar auf den Tisch gelegt werden können.

Auch in dieser Einführung in die Metaethik werde ich Voraussetzungen machen. Ich werde versuchen, zwar die wichtigsten alternativen Ansichten zu den verschiedenen Fragen fair vorzustellen, mich aber zugleich zu positionieren. So soll diese Einführung sowohl einen Blick auf die Landkarte der verschiedenen metaethischen Positionen gewähren als auch eine Wanderung sein, die zu einem bestimmten Ziel führt.

**Weiterführende Literatur:**

Kühler 2016; McPherson/Plunkett 2018.

# 2 Was sind moralische Äußerungen?

Berta sagte:
1. „Es war richtig, dass sie Osama beseitigt haben."
2. „Es ist richtig, Menschen, die mit hoher Wahrscheinlichkeit absichtlich großes Leid auf die Erde brachten oder bringen werden, zu töten."

Anton jedoch sagte:
3. „Es war nicht richtig, dass sie Osama erschossen haben."
4. „Man darf unbewaffnete Menschen nicht töten, auch wenn sie Terroristen sind."

Dies sind Beispiele für moralische Äußerungen. In den Äußerungen (1) und (3) wird eine einzelne Handlung bewertet. In den Äußerungen (2) und (4) hingegen werden Handlungsarten bewertet. Eine einzelne Handlung, z. B. die Tötung Osamas, verhält sich zu einer Handlungsart, z. B. die Tötung von Menschen, wie sich der einzelne Mensch Sokrates zur Art Mensch verhält. Wie Sokrates ein Fall der Art Mensch ist, so ist die Tötung Osamas ein Fall der Art Menschentötung.

Unsere Frage lautet nun: Was ist eine moralische Äußerung?

a) Einige sagen, eine moralische Äußerung sei Ausdruck eines *kognitiven* Zustandes, z. B. einer moralischen Überzeugung oder eines moralischen Wissenszustandes. Einen solchen Zustand drücken wir mit einer Behauptung oder Feststellung aus.

Diese Auffassung nennt man „Kognitivismus". Wir werden subjektivistische und objektivistische Versionen des Kognitivismus kennenlernen. Gemäß der verbreiteteren objektivistischen Version behauptet Berta mit ihrer Äußerung (1), dass die Handlung richtig war; und Anton bestreitet mit seiner Äußerung (3) diese Behauptung. Beide sagen etwas von der Handlung aus, nämlich: dass sie richtig oder nicht richtig war. Diese Aussagen sind wahrheitsfähig, d. h. sie sind entweder wahr oder falsch.

b) Andere hingegen sagen, eine moralische Äußerung sei Ausdruck eines *konativen* Zustandes, eines Zustandes des Strebens, z. B. eines Wollens, eines Wunsches, einer Präferenz, eines Entschlusses, einer Emotion. Demnach behaupten wir mit moralischen Äußerungen nichts, wir stellen damit keine Tatsachen fest oder dar, sondern bekunden, wie wir zu handeln gedenken, fordern zum Handeln auf, wollen bewegen oder drücken Emotionen aus.

Diese Auffassung nennt man „Non-Kognitivismus". Dazu zählt in neuerer Zeit vor allem der so genannte „Expressivismus". Man beachte jedoch, dass das Wort „Expressivismus" den Unterschied zwischen Kognitivismus und Non-Kognitivismus nicht genau zu markieren vermag. Denn beide Theorien deuten eine moralische Äußerung als Ausdruck (*expression*) eines mentalen Zustandes. Den genauen Unterschied der Theorien markiert die Frage: *Was* wird in moralischen Äußerungen ausgedrückt? Darauf antworten Vertreter von (a), es seien kognitive Zustände oder Einstellungen wie Überzeugungen und Wissenszustände, während Vertreter von (b) darauf antworten, es seien konative Zustände oder Einstellungen, Zustände des Strebens, des Wollens, des Präferierens, der Emotion. In der Debatte der beiden Theorienfamilien geht es somit um die Frage, ob in moralischen Äußerungen etwas zum Ausdruck kommt, das wahrheitsfähig und erkennbar ist oder nicht. Betrachten wir zuerst zwei bekannte non-kognitivistische Thesen, die philosophiegeschichtlich einflussreich waren und die metaethische Untersuchung vorangetrieben haben.

## 2.1 Ausdruck von Emotionen

Einige philosophiegeschichtlich einflussreiche Non-Kognitivisten vertraten einen *Emotivismus*, wonach eine moralische Äußerung Ausdruck einer Emotion ist. „Empörend!" So reagierte Anton, als er aus der Zeitung erfuhr, was geschehen war. Emotivisten zufolge *beschreibe* er mit der Äußerung „Empörend!" nicht seinen emotionalen Zustand, er *behaupte* nicht, dass er sich im Zustand der Empörung befindet, sondern er *drücke* die Emotion der Empörung *aus*. Er hätte seine Empörung auch anders ausdrücken können, z. B. durch einen Schlag mit der Faust auf den Tisch oder die Verwendung eines Kraftausdruckes oder eben eines der moralischen Wörter wie „schlecht", „falsch", „niederträchtig". Es sei wie beim Verhältnis zwischen Schmerzempfindung und Schmerzausdruck. Jemand spürt plötzlich einen stechenden Schmerz im Schienbein und schreit „Au". Statt „Au" hätte er auch „Ich habe Schmerzen" schreien können. Mit beiden Äußerungen täte er das Gleiche: Er drückte seine Schmerzempfindung aus. Die emotivistische These besagt nun: Mit moralischen Äußerungen drücken wir Emotionen bezüglich Einzelhandlungen oder Handlungsarten aus. Äußerungen wie „Gut!" oder „Das ist gut!" seien Ausdruck einer Emotion und bedeuteten so viel wie „Bravo!", „Toll!", „Prima!", „Hurra!". Sagt Berta: „Es war richtig, dass sie Osama umgebracht haben", so bringe sie eine positive Emotion zum Ausdruck, eine Art Billigung dieser Handlung, die sie auch so ausdrücken könnte: „Sie haben Osama umgebracht. Bravo!" Äußerungen wie „Schlecht!" oder „Das ist falsch!" seien ebenfalls Ausdruck einer Emotion und bedeuteten so viel wie „Pfui!", „Igitt!", „Buh!". Sagt Anton: „Osamas Tötung war schlecht", so bringe er die Emotion der Empörung, des Grolls oder allgemeiner der Missbilligung dieser Tötung zum Ausdruck. Er hätte stattdessen auch sagen können: „Osama wurde getötet. Buh!" Diese Ansicht ist in der Angelsächsischen Philosophie auch als „Boo-and-Hurray-Theory" bekannt.

Eine Version des Emotivismus geht auf Alfred J. Ayer (1910–1981) zurück. Er schreibt:

> Das Auftreten eines ethischen Symbols [gemeint sind Ausdrücke wie „gut", „schlecht", „richtig", „falsch"] in einer Proposition fügt ihrem tatsächlichen Gehalt nichts hinzu. Wenn ich daher zu jemand sage „Du hast schlecht gehandelt, als du dieses Geld stahlst", dann stelle ich um nichts mehr fest, als ob ich einfach gesagt hätte „Du stahlst dieses Geld". Indem ich hinzufüge, dass diese Handlung schlecht war, mache ich keine weitere Aussage über sie. Ich bekunde damit lediglich meine moralische Missbilligung dieser Handlung. Es ist so, als ob ich „Du stahlst dieses Geld" in einem besonderen Tonfall des Entsetzens gesagt oder unter Hinzufügung einiger besonderer Ausrufezeichen geschrieben hätte. Der Tonfall oder das Ausrufezeichen fügen der

wörtlichen Bedeutung des Satzes nichts hinzu. Sie dienen nur dazu zu zeigen, dass sein Ausdruck von gewissen Gefühlen des Sprechers begleitet wird. (Ayer 1936, 107)[1]

In dieser Passage zeigt sich deutlich der Unterschied zwischen einer kognitivistischen und non-kognitivistischen Deutung moralischer Äußerungen. Kognitivisten würden die Äußerung der Person S „Du hast schlecht gehandelt, als du dieses Geld stahlst" folgendermaßen deuten:

> Die Person S behauptet, *dass deine Handlung, dieses Geld zu stehlen, schlecht war.*

Der Ausdruck „schlecht" ist Teil der Proposition, die hier durch Kursivdruck kenntlich gemacht wird. Propositionen sind die Inhalte von Behauptungen, Aussagen, Überzeugungen. Eine Proposition ist das, was in einer Behauptung behauptet, in einer Aussage ausgesagt, in einer Überzeugung für wahr gehalten wird. Zwei Aussagesätze können dieselbe Proposition ausdrücken. So drückt man z. B. mit „Dieser Apfel ist rot" und „Questa mela è rossa" ein und dieselbe Proposition aus, nämlich die Proposition, dass der Apfel rot ist. Propositionen sind wahrheitsfähig. Sie sind entweder wahr oder falsch. Gemäß kognitivistischer Deutung drückt also der Satz „Deine Handlung, dieses Geld zu stehlen, war schlecht" die Proposition aus, *dass deine Handlung, dieses Geld zu stehlen, schlecht war.* Diese Proposition ist wahrheitsfähig, also entweder wahr oder falsch.

Ayer lehnt erstens diese kognitivistische Deutung ab. Zweitens bietet er eine alternative Interpretation moralischer Äußerungen an. Er deutet die Äußerung der Person S „Du hast schlecht gehandelt, als du dieses Geld stahlst" folgendermaßen:

> *Du hast dieses Geld gestohlen.* Pfui!

Das Wort „schlecht" kommt in der Darstellung der Proposition nicht vor. „Schlecht" sei Ausdruck der negativen emotionalen Einstellung der Missbilligung zur Tatsache, dass du dieses Geld gestohlen hast, die auch mit „Pfui!", „Widerlich!", „Abstoßend!" ausgedrückt werden könnte.

---

1 Alle Übersetzungen in diesem Buch aus dem Englischen oder Lateinischen stammen vom Autor.

## 2.1.1 Ayers Argument auf dem Prüfstand

Hinter Ayers Ablehnung der kognitivistischen Deutung steckt die Position des frühen logischen Positivismus, dem zufolge es nur zwei Klassen von wahrheitsfähigen Sätzen gibt:
Erstens, empirische Sätze, die im Prinzip verifizierbar sind. Verifizierbar zu sein heißt, empirische Methoden zu kennen, mit denen wir herausfinden können, ob die durch diese Sätze ausgedrückten Propositionen wahr oder falsch sind. So können wir die Aussage „Es regnet" verifizieren, indem wir aus dem Fenster schauen und sehen, dass es regnet. Wir verifizieren diese Aussage durch Sinneswahrnehmung.

Zweitens, analytische Sätze, die aufgrund der Bedeutung der im Satz verwendeten Wörter als wahr erkennbar sind. Der Satz „Alle Junggesellen sind ledig" ist wahr aufgrund der Bedeutung der im Satz verwendeten Wörter. Wir müssen keine Junggesellen untersuchen, um herauszufinden, dass sie ledig sind. Und sollten wir jemanden finden, der nicht ledig ist, so würden wir nicht sagen: „Der Satz ‚Alle Junggesellen sind ledig' ist falsch." Vielmehr würden wir sagen: „Bei diesem Exemplar handelt es sich um keinen Junggesellen."

Eine Äußerung, welche nicht unter eine dieser beiden Klassen falle sei, so Ayer, „sinnlos", was in diesem Zusammenhang heißt: Sie sei nicht wahrheitsfähig; sie könne nicht wahr oder falsch sein. Sie mag zwar die grammatische Form einer Aussage haben, aber in Wirklichkeit sei sie keine Aussage; man sage mit ihr nichts, was wahr oder falsch sein könne.

Wie stehen nun moralische Äußerungen da, z. B. „Es war schlecht, dass du dieses Geld stahlst" oder „Es war nicht richtig, dass sie Osama erschossen haben" oder „Man darf unbewaffnete Menschen nicht töten, auch wenn sie Terroristen sind"? Sie seien offensichtlich nicht empirisch verifizierbar. Sie fielen also nicht unter die empirischen Sätze. Sie seien aber auch nicht aufgrund der Bedeutung der Wörter wahr. Sie fielen also auch nicht unter die analytischen Sätze. Daher seien diese Äußerungen nicht wahrheitsfähig. Ayer schreibt:

> Sie sind bloß Ausdruck von Gefühlen und fallen als solche nicht unter die Kategorie von Wahrheit und Falschheit. Sie sind aus demselben Grund unverifizierbar, aus dem ein Schmerzensschrei oder ein Wort des Befehls unverifizierbar ist. (Ayer 1936, 108)

Das heißt aber nicht, dass Emotivisten zufolge moralische Äußerungen keine Funktion hätten. Sie dienten dazu, persönliche emotionale Einstellungen auszudrücken. Darüber hinaus hätten sie eine soziale Funktion. Wir verwendeten moralische Äußerungen, um die Einstellungen anderer Leute zu beeinflussen und sie zu bestimmten Handlungen zu bewegen. So schreibt Charles Leslie Stevenson (1908–1979):

> Moralische Ausdrücke sind Werkzeuge, verwendet im komplexen Wechselspiel und in der Nachjustierung von menschlichen Interessen. (Stevenson 1937, 20)

Bei moralischen Divergenzen kämen lediglich verschiedene Interessen zum Ausdruck:

> Wenn C sagt „Das ist gut", und D sagt „Nein, es ist schlecht", haben wir einen Fall von Suggestion und Gegensuggestion. Jeder der beiden versucht die Interessen des anderen umzulenken. (Stevenson 1937, 27)

Dies möge für eine erste Darstellung des Emotivismus reichen. Wir können nun fragen, ob Ayers Argument gültig und stichhaltig ist. Um dies zu prüfen, sei das Argument kurz und klar dargestellt:

1. Sätze sind genau dann wahrheitsfähig, wenn sie entweder empirisch oder analytisch sind.
2. Moralische Sätze sind weder empirisch noch analytisch.
3. Moralische Sätze sind nicht wahrheitsfähig.

Dieses Argument ist deduktiv gültig. Aber ist es stichhaltig? Um diese Frage zu beantworten, müssen wir die Prämissen untersuchen. Man könnte Prämisse (2) angreifen, indem man fragt, ob es nicht einige moralische Sätze gibt, die analytisch sind, z. B. „Das Gute soll getan werden" oder „Man soll Versprechen halten" oder „Mord ist schlecht". Manche bejahen diese Frage, sprechen von notwendigen moralischen Wahrheiten, die durch sich erkennbar seien. Aber diese Annahmen sind umstritten. Kann der Bruch eines Versprechens unter Umständen nicht moralisch geboten sein? Und wie steht es mit Tyrannenmord? War Stauffenbergs Attentat auf Hitler nicht moralisch erlaubt? Gehört es also zum Begriff dieser Handlungsarten, moralisch richtig oder falsch zu sein? Wir werden noch sehen, wie man das Problem löst, dass eine allgemeine Norm Ausnahmen haben und doch wahr sein kann (siehe 5.2.5). Hier mag es reichen darauf hinzuweisen, dass es moralische Sätze geben könnte, die analytisch sind. Zumindest der Satz „Das Gute soll getan werden" scheint analytisch zu sein und keine Ausnahmen zu haben.

Man könnte Prämisse (2) auch angreifen, indem man fragt, ob es nicht einige moralische Sätze gibt, die empirisch verifizierbar sind. Wer die These vertritt, dass moralische Sätze dasselbe bedeuten wie bestimmte natürliche Sätze, könnte die Verifizierbarkeit moralischer Sätze annehmen. Würde es stimmen, dass z. B. „Mord ist schlecht" dasselbe bedeutet wie „Mord minimiert das Ausmaß an Lust auf Erden", so wäre dies zumindest prinzipiell empirisch verifizierbar. Man könnte also Prämisse (2) auf diese Weisen angreifen. Allerdings wird dieser Angriff einen Emotivisten wie Ayer kaum überzeugen, weil die dabei gemachten Voraussetzungen ebenfalls sehr umstritten sind.

Erfolgreicher wird man mit der Problematisierung von Prämisse (1) sein. Erstens könnte man Sätze sammeln, die eindeutig wahrheitsfähig sind, aber weder empirisch noch analytisch sind, z. B. „Gott existiert". Damit wäre die Prämisse (1) falsifiziert. Ayer würde jedoch bestreiten, dass „Gott existiert" ein wahrheitsfähiger Satz ist. Für ihn ist er geradezu ein Paradebeispiel für einen sinnlosen Satz. Ein besserer Einwand gegen die Prämisse (1) besteht darin, auf seine selbstbezügliche Inkohärenz hinzuweisen, indem man fragt: „Ist die Prämisse (1) analytisch?" Dies scheint nicht der Fall zu sein. Sie ist nicht wahr aufgrund der Bedeutung der Wörter. „Ist sie empirisch verifizierbar?" Dies scheint ebenfalls nicht der Fall zu sein (Ewing 1937; Ross 1939, 38–39). Zumindest hat Ayer nicht gezeigt, wie man sie empirisch verifizieren könnte. Die Prämisse (1) scheint also kein wahrheitsfähiger Satz zu sein. Aber wie könnte sie dann als Prämisse in einem Argument dienen?

## 2.1.2 Weitere Argumente für den Emotivismus und ihre Probleme

Wenn man dies als Widerlegung von Ayers Argument akzeptiert, ist der Emotivismus freilich noch nicht erledigt. Er wird auch unabhängig von Ayers positivistischer Semantik und Erkenntnistheorie vertreten. Manche werden sagen, der Emotivismus sei erstens einfacher als andere Theorien und liefere zweitens bessere Erklärungen bestimmter moralischer Phänomene.

Erstens sei der Emotivismus einfacher als der Kognitivismus, weil er keine Voraussetzungen mache, die schwer zu verteidigen seien. Der Kognitivismus hingegen mache solche Voraussetzungen. Denn wenn man annehme, moralische Äußerungen seien Behauptungen, die wahr oder falsch sein können, so ziehe dies einen Rattenschwanz von Problemen nach sich: die Annahme moralischer Tatsachen, die nicht in unsere naturwissenschaftlich geprägte Weltsicht passen, die Annahme eines Erkenntnissinns für solche moralische Tatsachen usw. Dies seien lauter nebelige Gedanken, schwer zu explizieren und zu verteidigen.

Zweitens erkläre der Emotivismus manche Phänomene der Moral besser als andere Theorien dies tun könnten:

Ein Phänomen bestehe darin, dass moralische Einstellungen zum Handeln motivierten. Warum tun sie dies? Emotivisten werden sagen: Weil es sich um *konative* Einstellungen handle, um Einstellungen des Strebens und nicht um kognitive Einstellungen.

Ein anderes Phänomen bestehe darin, dass moralische Differenzen zwischen Kulturen und Personen rational nicht abbaubar seien. Warum ist es so? Emotivisten werden sagen: Weil Menschen gegenüber Handlungsweisen emotional sehr unterschiedlich reagierten, und emotionale Reaktionen schwer veränderlich seien und nicht der Vernunft folgten.

Die Auseinandersetzung mit diesen Thesen kann mit einer grundlegenden Frage beginnen: Wann ist eine Theorie besser als eine andere? Viele vertreten das plausible Prinzip, wonach eine Theorie besser als eine andere ist, wenn sie einfacher ist und mehr Phänomene erklären kann. Offensichtlich setzen auch Emotivisten dieses Prinzip voraus. Aber können sie dies sinnvollerweise tun? Sie sagen, eine Theorie sei *besser* als eine andere, wenn ... Nun ist „besser" die Steigerung von „gut". Wenn aber „gut" in allen normativen Äußerungen als Emotionsausdruck wie *Bravo!* verstanden wird, dann wäre der Komparativ „besser" wie *Bravo, Bravo!* zu verstehen. Also wäre auch das Prinzip ein emotionaler Ausruf wie:

Eine Theorie ist einfach und erklärt mehr. Bravo! Bravo!

Das Prinzip selbst könnte – emotivistisch verstanden – nicht wahr oder falsch sein, sondern wäre selbst Ausdruck einer Emotion. Dann könnte es

## 2.1 Ausdruck von Emotionen

aber nicht Teil eines Arguments sein, wenn Argumente aus wahrheitsfähigen Prämissen bestehen, die zu wahrheitsfähigen Konklusionen führen. Dieses Problem haben Emotivisten auch mit anderen normativen Sätzen, die in den Wissenschaften vorausgesetzt werden, z. B. dass wir unter normalen Umständen unserer Sinneserfahrung trauen sollen; dass Theorien konsistent sein sollen usw. Denn in all diesen Sätzen werden normative Prädikate verwendet.

Sehen wir von dieser grundlegenden Schwierigkeit ab und fragen wir uns, warum der Emotivismus die genannten Phänomene besser zu erklären meint als kognitivistische Theorien. Das erste Phänomen besteht darin, dass die moralischen Einstellungen von Personen diese zum entsprechenden Handeln bewegen. Urteilt Berta, dass sie ihr Versprechen halten soll, so kann man damit rechnen, dass sie auch in einem gewissen Maß motiviert ist, entsprechend zu handeln. Mit ihrem Urteil drückt sie ihre moralische Einstellung aus, und diese Einstellung ist mit einem gewissen Maß an Motivation verknüpft, entsprechend zu handeln. Wie kann man diesen Zusammenhang zwischen der moralischen Einstellung einer Person und ihrer Handlungsmotivation am besten erklären? Emotivisten und viele andere Non-Kognitivisten erklären diesen Zusammenhang mit ihrer These, dass moralische Einstellungen konative Einstellungen sind. Weil Berta mit ihrem moralischen Urteil eine konative Einstellung ausdrücke, eine Einstellung ihres Strebens, deshalb sei sie verständlicherweise auch motiviert, entsprechend zu handeln. Das Argument kann man so darstellen:

1. Alle handlungsmotivierenden Einstellungen sind konative Einstellungen.
2. Alle moralischen Einstellungen sind handlungsmotivierende Einstellungen.
3. Also sind alle moralischen Einstellungen konative Einstellungen.

Das Argument ist logisch gültig. Aber ist es auch stichhaltig? Hinter der Prämisse (1) steckt die Auffassung von David Hume (1711–1776), wonach die Vernunft – die kognitive Fähigkeit, mit der wir Wahres erfassen – nicht zum Handeln bewegen könne. Nur das, was er „desire" und „passion" nennt, also das konative Vermögen (des Strebens, der Affekte), könne zum Handeln bewegen. Hume schreibt:

> Die Vernunft ist und soll nur der Sklave der Affekte sein, sie kann niemals eine andere Aufgabe beanspruchen, als ihnen zu dienen und zu gehorchen.
>
> (Hume 1739/40, A Treatise of Human Nature II, 3, 3)

Die Vernunft sei Sklave der Affekte, oder allgemeiner, des Strebens. Mit der Vernunft erkennen wir die Mittel, die zu den Zielen führen, die wir erstreben. Um diese These zu veranschaulichen, sei ein einfaches Beispiel genannt. Anton hat den Wunsch (das Ziel, die Absicht) von Innsbruck nach Wien zu fahren, um in der Staatsoper *La Traviata* zu sehen. Um dieses Ziel zu erreichen, muss er bestimmte Mittel einsetzen. Er muss also neben seinem Wunsch (*desire*) auch eine Überzeugung (*belief*) über die Ziel-Mittel-Zusammenhänge haben, z. B. die Überzeugung, dass ein bestimmter Zug nach Wien fährt. Humes These besagt nun, dass der motivierende Faktor allein der Wunsch sei. Die Überzeugung selbst motiviere nicht. Sie motiviere nur im Zusammenhang mit dem Wunsch. So erkläre man Handlungen, indem man das Ziel angebe, das eine Person erreichen will, sowie ihre Überzeugung über die Ziel-Mittel-Zusammenhänge. Man antworte z. B. auf die Frage „Warum ist Anton in diesen Zug eingestiegen?", indem man sage: „Weil Anton den Wunsch hat, nach Wien zu fahren, und weil er die Überzeugung hat, dass dieser Zug nach Wien fährt."

Dieses Modell von Handlungserklärungen ist plausibel. Es spricht aber auch Einiges dafür, dass es nur *eine* Erklärungsweise von Handlungen unter anderen ist. Erklären wir nicht zuweilen Handlungen durch die Angabe einer Überzeugung allein? „Warum hat Berta ihr Versprechen gehalten, obwohl dies große Nachteile zur Folge hatte?" „Weil sie überzeugt war, dass es moralisch richtig ist, ihr Versprechen zu halten." Wenn dies eine vollständige Handlungserklärung wäre, dann wäre Prämisse (1) falsch. Denn Bertas handlungsmotivierende Einstellung war keine konative Einstellung, sondern eine Überzeugung, also eine kognitive Einstellung.

Hier könnten Anhänger von Hume aber einwenden, die gegebene Handlungserklärung sei unvollständig. Bertas Überzeugung motiviere nur, insofern sie mit einer konativen Einstellung verbunden sei. Die vollständige Handlungserklärung sehe folgendermaßen aus:

a) Berta hat den Wunsch, das moralisch Richtige tun.
b) Berta ist überzeugt, dass es moralisch richtig ist, ihr Versprechen zu halten.

c) Berta hat den Wunsch, ihr Versprechen zu halten.

Diese Handlungserklärung erscheint ebenfalls plausibel. Hier ist wichtig zu sehen, dass auch Kognitivisten diese Handlungserklärung akzeptieren können, denn in (b) kommt eine kognitive Einstellung mit moralischem Inhalt vor: Bertas Überzeugung, dass es moralisch richtig ist, ihr Versprechen zu halten. Die Prämisse (1) könnten also auch Kognitivisten akzeptieren und doch bei ihrer Ansicht bleiben, dass moralische Einstellungen kognitive Einstellungen sind. Dann müssen sie aber Prämisse (2) ablehnen. Die Prämisse (2) besagt, dass alle moralischen Einstellungen in einem gewissen Ausmaß handlungsmotivierend sind. Diese Prämisse erscheint zunächst plausibel. Wir erwarten im Alltag eine Korrelation zwischen moralischen Einstellungen und Handlungsmotivation. Aber stimmt es, dass alle moralischen Einstellungen immer oder gar notwendigerweise handlungsmotivierend sind? Manche Fälle sprechen dagegen. Man denke z. B. an Hugo, der an einer schweren Depression leidet. Er hat zwar die moralische Einstellung, dass er dem Nachbarn helfen soll, aber keinerlei Motivation, dies zu tun. Es ist also nicht so, dass alle moralischen Einstellungen handlungsmotivierend sind. Wenn diese Kritik an Prämisse (2) berechtigt ist, dann ist auch die Konklusion (3) infrage gestellt, wonach alle moralischen Einstellungen konative Einstellungen sind. Mit der Prämisse (2) werden wir uns noch ausführlicher im Kapitel 3 befassen.

Wie sieht es mit der emotivistischen Erklärung dafür aus, dass es hartnäckige moralische Divergenzen zwischen Kulturen und Personen gibt, die unauflösbar erscheinen? Emotivisten erklären dieses Phänomen mit der These, dass Menschen gegenüber Handlungsweisen emotional sehr unterschiedlich reagieren und emotionale Reaktionen schwer veränderlich seien. Um diese These bewerten zu können, sollte man zunächst klären, ob das *Explanandum*, also das, was erklärt werden soll, besteht. Behauptet wird:

4. Es gibt viele moralische Divergenzen zwischen Kulturen und Personen.
5. Diese Divergenzen sind unauflösbar.

Zu (4): Es ist unbestreitbar, dass es eine Reihe moralischer Divergenzen gibt. Was frühere Generationen für moralisch richtig hielten, z. B. Sklaverei, gilt heute als moralisch falsch. Aber auch zur selben Zeit gibt es innerhalb einer Kultur große moralische Auffassungsverschiedenheiten,

z. B. was Abtreibung, Euthanasie, Todesstrafe, Krieg etc. betrifft. Die Behauptung (4) ist also nicht bestreitbar. Man kann sie aber relativieren, indem man auf viele zeit- und kulturübergreifende moralische Übereinstimmungen hinweist, die es auch gibt.

Zu (5): Es stimmt, dass viele moralische Divergenzen weder gelöst noch leicht lösbar sind. Ein Blick auf die lange Geschichte der Menschheit mag die pessimistische Meinung stützen, dass sich auch in Zukunft wenig ändern wird. Andererseits sieht man auch Fortschritte in Richtung Einheit der Moral. So wurde Sklaverei allgemein als falsch erkannt. Die Vereinten Nationen haben sich auf Menschenrechte verständigt. Auch wenn diese moralischen Rechte häufig missachtet werden, sind sie zumindest erkannt – und dies ist ein Fortschritt, der die Hoffnung begründet, dass moralische Divergenzen mehr und mehr aufgelöst werden. Dass moralische Divergenzen schwer auflösbar sind, impliziert jedoch die viel stärkere These nicht, dass sie prinzipiell unauflösbar seien. Mehr zu diesem Thema ist unter 6.6.2 zu finden.

Mit diesen Justierungen kann man berechtigterweise behaupten, dass das *Explanandum* besteht. Aber wie überzeugend ist das emotivistische *Explanans*, d. h. die Weise, wie der Emotivismus diese Divergenzen erklärt? Es gibt in vielen Bereichen Divergenzen, auch in den Naturwissenschaften. Niemand würde diese Divergenzen jedoch emotivistisch erklären. Vielmehr wird man sagen: Es handelt sich um komplexe Wirklichkeitsbereiche, in denen es schwer ist, das Wahre zu treffen. Ebenso könnte man die moralischen Divergenzen erklären, indem man darauf hinweist, dass es um schwierige Fragen geht, wo einem oft der Durchblick fehle und man sich täuschen könne. Doch dies spricht nicht gegen eine kognitivistische Deutung moralischer Äußerungen. Im Gegenteil: Wir können erklären, warum sich Menschen im Bereich der Moral täuschen, z. B. durch emotionale Über- oder Unterreaktion, Egoismus, schräge Neigungen, Voreingenommenheiten, Annahme von falschen empirischen Voraussetzungen, Missachten oder Ignoranz der Umstände, schlampiges Denken.

Ferner zeigt unsere Praxis des Diskutierens in moralischen Fragen, dass wir Wahrheitsansprüche erheben und versuchen, Gründe anzugeben. Wir wollen mit Gründen überzeugt werden und andere überzeugen, und sie nicht bloß psychologisch beeinflussen, unsere Einstellungen zu übernehmen. So kann man den Spieß umdrehen und fragen: Können

Emotivisten diese Praxis des moralischen Diskutierens innerhalb ihrer Theorie erklären?

Zum Teil können sie es. So hat Ayer (1936, 146) zwischen Tatsachen- und Wertfragen unterschieden. In moralischen Diskussionen gehe es meistens um die Tatsachenfragen. Man diskutiert z. B. ob man menschliche Föten abtreiben darf. Dabei wird oft um die Frage gestritten, ob sie Schmerzen haben können, ob sie bereits Menschen oder Personen sind etc. Dies seien aber nicht moralische Fragen, sondern empirische oder metaphysische Fragen. Die Werteinstellung der Ablehnung von Leidzufügung und Personentötung werde von den Streitparteien meistens geteilt.

Diese Unterscheidung zwischen moralischen und nichtmoralischen Fragen ist sehr hilfreich. Analysiert man moralische Meinungsverschiedenheiten, so stellt man fest, dass die obersten Werteinstellungen oft geteilt werden, und die Unstimmigkeiten sich aus den unterschiedlichen nichtmoralischen Auffassungen ergeben. Ein klassisches Beispiel dafür liefert der antike Geschichtsschreiber Herodot (490/80–430/20 v. Chr.):

> Dareios ließ einmal, als er König war, die Hellenen (= Griechen), die in seiner Umgebung waren, rufen und fragte sie, um welchen Preis sie bereit wären, ihre verstorbenen Väter zu verspeisen. Und sie sagten, um keinen Preis würden sie das tun. Und danach ließ Dareios die Kallatier, ein indisches Volk, rufen, die ihre Väter aufessen, und fragte sie, in Gegenwart der Hellenen, die durch einen Dolmetscher erfuhren, was gesprochen wurde, um welchen Preis sie bereit wären, ihre gestorbenen Väter im Feuer zu verbrennen; die aber schrien laut auf und sagten, er solle nicht so gottlos reden. (Herodot, Geschichten und Geschichte III 38)

Die Meinungsverschiedenheit zwischen Hellenen und Kallatiern ergibt sich nicht aus verschiedenen Werteinstellungen. Die Werteinstellung scheint bei beiden Völkern die gleiche zu sein und darin zu bestehen, dass mit den Verstorbenen respektvoll umgegangen werden soll. Die Meinungsverschiedenheit ergibt sich aus nichtmoralischen Überzeugungen, die das Welt- und Menschenbild betreffen. Insofern haben Emotivisten recht. Moralische Diskussionen drehen sich oft um nichtmoralische Fragen. Aber sie drehen sich nicht immer um nichtmoralische Fragen. Wir diskutieren nicht nur darüber, wie oberste Werteinstellungen angewandt werden, sondern auch über diese Werteinstellungen selbst. In der normativen Ethik stößt man auf solche Meinungsverschiedenheiten. Und da können Emotivisten nur mehr sagen: Die Streitparteien bringen unterschiedliche emotionale Einstellungen zum Ausdruck. Da sei vernünftiges Argumentieren unmöglich. Man könne nur noch versuchen, die Gegner emotional zu beeinflussen. Aber die meisten normativen Ethiker treten mit Wahrheitsansprüchen auf, sie versuchen zu argumentieren, sie versuchen zu zeigen, dass für manche normativen Thesen mehr spricht als für andere.

Es ist zudem fraglich, ob der Emotivismus überhaupt eine Deutung von gegensätzlichen Meinungen liefern kann. Wenn zwei Personen unterschiedliche emotionale Einstellungen zum selben Verhalten an den Tag legen, stehen sie dann in einem Gegensatz zueinander? Sie stehen im Gegensatz zueinander nur in dem Sinn, dass sie unterschiedliche emotionale Reaktionen auf dieselbe Handlung zeigen. Doch dies verstehen wir gewöhnlich nicht unter „Meinungsverschiedenheiten".

### 2.1.3 Einwände gegen den Emotivismus

Dies waren einige Überlegungen, die These der besseren Erklärung bestimmter moralischer Phänomene durch den Emotivismus in Frage zu stellen. Zusätzlich gibt es weitere Einwände, die den Emotivismus schwächen. Ein erster Einwand lautet: Dem Emotivismus gemäß sind moralische Äußerungen niemals Behauptungen. Wir hätten moralische Äußerungen gründlich missverstanden, wenn wir sie als Behauptungen auffassten. Aber kann man sich über eigene Sprechakte derart täuschen? Angenommen ich gehöre zu jenen, die mit der Äußerung „Es ist moralisch schlecht, dass du dieses Geld gestohlen hast" beabsichtigen, von deiner Handlung auszusagen, dass sie schlecht war; die beabsichtigen, etwas Wahres auszudrücken; die beabsichtigen, mit dieser Äußerung die Tatsache festzustellen, dass es moralisch schlecht war, dass du das Geld gestohlen hast. Ist nicht die Art des Sprechakts auch von meiner Absicht abhängig? Wenn ich reflektiert beabsichtige, etwas Wahres auszudrücken, dann ist es eine Behauptung. Kein Emotivist kann dies ungeschehen machen. Emotivisten können höchstens eine Revision vorschlagen: Ich sollte moralische Äußerungen in Zukunft anders verstehen, ich sollte mit moralischen Äußerungen meine Emotionen ausdrücken. Aber wenn ein Emotivist dies sagt und „sollte" verwendet, dann drückt er ja nur seine emotionale Einstellung aus und sagt so viel wie: Moralische Äußerungen sind Emotionsäußerungen, Bravo! Aber warum sollte ich dies tun? Es scheint, dass Emotivisten dies innerhalb ihrer Theorie nicht begründen können.

Ein zweiter Einwand richtet sich auf die Schwierigkeit, dass nicht alle moralischen Äußerungen in emotionale Ausrufe im Sinn des Emotivismus übersetzbar sind. Man denke an Sätze wie „Tu das, was gut ist" oder „Mach das Richtige!" oder „Ich weiß, dass ich nicht rauchen soll, aber ich tue es trotzdem." Besonders bei komplexen moralischen Sätzen wird das Übersetzungsproblem sichtbar, z. B. beim Konditionalsatz „Wenn es schlecht ist zu lügen, dann ist es schlecht, den kleinen Bruder zum Lügen anzustiften." Wer so etwas sagt, drückt nicht seine emotionale Einstellung der Ablehnung gegenüber der Lüge aus. Er sagt nur: „Wenn das eine schlecht ist, ist auch das andere schlecht." Ferner können wir einen solchen Konditionalsatz in ein Argument (A) einbauen:

1. Wenn es schlecht ist zu lügen, dann ist es schlecht, den kleinen Bruder zum Lügen anzustiften.
2. Es ist schlecht zu lügen.
3. Es ist schlecht, den kleinen Bruder zum Lügen anzustiften.

Das Argument scheint gültig zu sein. Damit es gültig ist, muss das Wort „schlecht" in (1) und (2) dieselbe Bedeutung haben. Aber in (1), so scheint es, kann es nicht emotivistisch verstanden werden, weil dort keine negative Einstellung gegenüber der Lüge ausgedrückt wird. Emotivisten müssten also zugeben, dass die Bedeutung moralischer Wörter nicht darin aufgeht, Emotionen auszudrücken. Dieses Problem für emotivistische Deutungen wird oft als „Frege-Geach-Problem" bezeichnet, benannt nach Gottlob Frege (1848–1925) und Peter Geach (1916–2013), weil Geach (1960; 1965) auf dieses Problem aufmerksam gemacht und dessen Entdeckung Frege zugeschrieben hat.

Nun gibt es einen Versuch von Simon Blackburn (1984), (1) non-kognitivistisch zu verstehen, indem er non-kognitive Metaeinstellungen einführt, also non-kognitive Einstellungen zu non-kognitiven Einstellungen. So könnte man z. B. die Äußerung „Es ist moralisch schlecht, wenn jemand es moralisch richtig findet zu lügen" so darstellen:

Pfui: Bravo zum Lügen.

Entsprechend kann man (1) übersetzen und das Argument folgendermaßen formulieren (A*):

1.* Bravo: Wenn Pfui zur Lüge, dann Pfui zur Lügenanstiftung des kleinen Bruders.
2.* Pfui zur Lüge.
3.* Pfui zur Lügenanstiftung des kleinen Bruders.

Dieser Lösungsversuch wirft aber die Frage auf, ob eine Inkonsistenz im ersten Argument (A) von der gleichen Art wie eine Inkonsistenz in (A*) ist. Angenommen, jemand würde aus (1) und (2) den Schluss ziehen:

> Es ist nicht der Fall, dass es schlecht ist, den kleinen Bruder zum Lügen anzustiften.

Wir würden sagen, dass er einen logischen Fehler begeht. Er ist logisch inkonsistent. Würde jedoch jemand aus den non-kognitiven Einstellungen (1*) und (2*) den Schluss ziehen:

> Bravo zur Lügenanstiftung des kleinen Bruders,

so wären zwar seine non-kognitiven Einstellungen inkohärent, er würde aber keinen logischen Fehler begehen. Es ist also zumindest fragwürdig, ob die non-kognitivistischen Übersetzungsversuche gelingen. Man wird den Eindruck nicht los, dass mit einem Satz wie z. B.

4. „Es ist moralisch schlecht, einen Menschen sexuell zu vergewaltigen"

doch etwas anderes zum Ausdruck gebracht werden will als bloß die Einstellung des Sprechers, dass er dagegen ist, und die auch mit

5. „Pfui zur sexuellen Vergewaltigung von Menschen!"

dargestellt werden könnte. Wer (4) sagt, möchte nicht einfach bekunden, dass er dagegen ist, sondern, dass es schlecht *ist*, so zu handeln. Wir sagen im Alltag auch, dass (4) wahr ist, oder dass eine Person S weiß, dass (4). Dagegen kann man nicht sagen, Satz (5) sei wahr, und man kann ihn nicht ohne Verlust in die Form „S weiß, dass ..." einsetzen. Diese Bedenken sind freilich keine Knock-Down-Argumente, und Non-Kognitivisten haben viele Versuche unternommen, derartigen Bedenken zu entgegnen. Dennoch liefern diese Einwände Gründe, sich nach Alternativen umzusehen und zu prüfen, ob man mit ihnen weniger Probleme hat.

## 2.2 Aufforderungen

Eine zweite philosophiegeschichtlich und systematisch bedeutsame nonkognitivistische These ist jene des *Präskriptivismus*, wonach eine moralische Äußerung ein Imperativ ist, eine Aufforderung, etwas zu tun, mit der wir unseren Willen ausdrücken. Um diese These genau zu verstehen, müssen wir begreifen, was es heißt, zu etwas aufzufordern, etwas vorzuschreiben, etwas zu befehlen. Man vergleiche die beiden folgenden Sätze:

1. „Das Fenster ist geschlossen."
2. „Schließe das Fenster!"

Der Satz (1) ist ein Indikativsatz, der angibt, dass ein Sachverhalt besteht, und ist wahr oder falsch, je nachdem, ob der Sachverhalt besteht oder nicht besteht. Wer einem Indikativsatz zustimmt, erwirbt eine Überzeugung. Der Satz (2) hingegen ist ein Imperativsatz. Er sagt nichts über das Bestehen von Sachverhalten in der Welt und kann nicht wahr oder falsch sein. Mit Äußerungen wie „Schließe das Fenster!" drücken wir den Willen aus, dass die aufgeforderte Person das Fenster schließt. Die präskriptivistische These besagt nun, dass moralische Äußerungen eigentlich Imperative seien, auch wenn sie im Kleid von Indikativsätzen aufträten. Sagt Anton: „Man darf unbewaffnete Menschen nicht töten, auch wenn sie Terroristen sind", so sage er eigentlich: „Tötet unbewaffnete Menschen nicht, auch wenn sie Terroristen sind!" Er drücke mit seiner Äußerung den Willen aus, dass unbewaffnete Menschen nicht getötet werden, auch wenn sie Terroristen sind. Eine frühe Form des Präskriptivismus findet man bei Rudolf Carnap (1881–1970). Er schreibt:

> Eine Norm oder Regel hat Befehlsform, z. B. „Töte nicht!" Das entsprechende Werturteil wäre: „Töten ist schlecht". Dieser Unterschied der Formulierung wurde praktisch sehr bedeutsam, besonders für die Entwicklung des philosophischen Denkens. Die Regel „Töte nicht!" hat grammatisch die Befehlsform und wird daher nicht als Behauptung angesehen. Aber das Werturteil „Töten ist schlecht" hat, obwohl es wie die Regel nur Ausdruck eines bestimmten Wunsches ist, die grammatische Form einer Aussage. Die meisten Philosophen wurden durch diese Form getäuscht zu glauben, dass das Werturteil tatsächlich eine behauptende Aussage sei und entweder wahr oder falsch sein müsse. [...] tatsächlich ist ein Werturteil nichts anderes als ein Befehl in einer irreführenden grammatischen Form. (Carnap 1937, 23–24)

Eine ausgefeilte Version des Präskriptivismus entwickelte Richard M. Hare (1919–2002) in seinem umfangreichen philosophischen Werk, angefangen mit dem Buch *The Language of Morals* (1952). Seiner Meinung nach haben moralische Äußerungen neben einer deskriptiven auch eine präskriptive Bedeutung. Sie seien Sprechakte, in denen wir zu etwas aufforderten, und zwar universalisierbar aufforderten. Sagt jemand: „Du sollst unter diesen Umständen das Geld zurückzahlen!", so bedeute dies: „Zahle unter diesen Umständen das Geld zurück, und jede Person zahle das Geld unter den gleichen Umständen zurück!" Eine Person, die sich so äußert, drücke demnach ihren Willen aus, dass du das Geld unter den gegebenen Umständen zurückzahlst und dass jede Person unter den gleichen Umständen das Geld zurückzahlt.

### 2.2.1 Probleme des Präskriptivismus

Der Präskriptivismus macht auf eine wichtige Eigenschaft moralischer Sätze aufmerksam. Sie unterscheiden sich von anderen Sätzen dadurch, dass sie ein präskriptives, vorschreibendes Element enthalten. Allerdings treten Präskriptionen in mindestens zwei Formen auf:

1. „Tue die Handlung *H*!" „Lasse die Handlung *H*!"
2. „Du sollst *H* tun." „Du sollst *H* lassen."

Wenn Präskriptivisten behaupten, dass Formulierungen der Art (2) dasselbe bedeuten wie Formulierungen der Art (1), so ist diese Behauptung angreifbar. Denn wie beim Emotivismus gibt es Übersetzungsprobleme. Auf Formulierungen der Art (2) können wir reagieren, indem wir sagen: „Es ist nicht wahr, dass ich *H* tun soll." oder „Ich weiß, dass ich *H* tun soll, aber ich tu's trotzdem nicht." Man kann bezweifeln, fragen, vermuten, ob man etwas tun soll oder ob es richtig ist, etwas zu tun. All diese Reaktionen sind auf Formulierungen der Art (1) nicht möglich. Ayers Beispielsatz war:

3. „Es war schlecht, dass du dieses Geld gestohlen hast."

Wie ließe sich dieser Satz präskriptivistisch übersetzen? Vielleicht so: „Du hast das Geld gestohlen. Mach so etwas nie mehr!" Aber trifft dies

## 2.2 Aufforderungen

den Sinn von Satz (3), in dem eine vergangene Handlung bewertet wird? Dies scheint nicht der Fall zu sein. Ferner tauchen bei komplexen Sätzen für den Präskriptivismus ähnliche Probleme auf wie für den Emotivismus, z. B.:

4. „Wenn das und das der Fall wäre, dann solltest du H tun."
5. „Wenn das und das der Fall gewesen wäre, dann hättest du H tun sollen."

Jemand könnte sagen, (4) lasse sich sehr wohl präskriptivistisch übersetzen, z. B. „Wenn du Notleidenden helfen könntest, dann tu es!" Allerdings gelingt dies nur, wenn moralische Sätze im Konsequens (im Dann-Satz) auftauchen. Nun kommen moralische Sätze auch im Antecedens (im Wenn-Satz) vor. Wir könnten z. B. sagen:

6. „Wenn es richtig ist, Berta zu helfen, dann wird es Anton sicher tun."

Dies ist präskriptivistisch nicht übersetzbar in „Wenn Hilf Berta!, dann wird es Anton sicher tun." Wenn Imperativsätze sich nicht auf diese Weise in Wenn-Sätze einbetten lassen, wohl aber moralische Sätze sich so einbetten lassen, so ist dies ein angemessener Grund anzunehmen, dass Imperativsätze nicht dasselbe bedeuten wie diese moralischen Sätze. Ferner rechtfertigen wir Aufforderungen mit dem Hinweis auf die Richtigkeit oder Falschheit von Handlungen. Wir sagen z. B.: „Quäle die Katze nicht! Denn es ist schlecht, einem schmerzempfindsamen Wesen grundlos Schmerzen zuzufügen." Der moralische Indikativ ist hier als Rechtfertigung des Imperativs gedacht. Dies funktioniert nicht, wenn man den Begründungssatz wieder als Imperativ versteht.

Ich habe zwei einflussreiche non-kognitivistische Theorien vorgestellt und diskutiert. Die semantische Grundthese dieser Theorien lebt in neueren Formen, z. B. in expressivistischen Theorien, fort (Blackburn 1984; Blackburn 1998; Gibbard 1992). Diese Theorien kann man z. T. mit Einwänden konfrontieren, die bereits gegen den Emotivismus und Präskriptivismus vorgebracht wurden. Andererseits versuchen diese weiterentwickelten expressivistischen Theorien auch bestimmten Intuitionen über moralische Wahrheit und Realität gerecht zu werden. Dazu werde ich in den entsprechenden Kapiteln über moralische Wahrheit (Kapitel 4) und moralische Tatsachen (Kapitel 5) mehr sagen. Zunächst sei aber der Rivale des Non-Kognitivismus dargestellt und untersucht.

## 2.3 Behauptungen

Dem *Kognitivismus* gemäß sind moralische Äußerungen oft Behauptungen, mit denen wir kognitive Zustände ausdrücken. Behauptungen sind Sprechakte, mit denen wir beabsichtigen, Tatsachen darzustellen. Behauptet Berta aufrichtig, dass Dora in Innsbruck geboren ist, so beabsichtigt sie, die Tatsache darzustellen, dass Dora in Innsbruck geboren ist. Freilich kann es sein, dass dies gar keine Tatsache ist, weil Dora in Wien geboren ist. Berta würde sich dann täuschen. Dennoch hatte sie die Absicht, eine Tatsache darzustellen. Mit ihrer Behauptung drückt sie einen *kognitiven* mentalen Zustand aus, den man meistens „Überzeugung", „Meinung" oder „Glaube" nennt. Behauptet sie, dass Dora in Innsbruck geboren ist, so drückt sie ihre Überzeugung (Meinung, ihren Glauben) aus, dass Dora in Innsbruck geboren ist. Überzeugungen gehören zu den sogenannten propositionalen Einstellungen, d. h. zu Einstellungen, die Personen zu Propositionen haben. Propositionen sind, wie bereits gesagt, die Inhalte von Behauptungen, Aussagen, Überzeugungen. Mit dem Aussagesatz „Dora ist in Innsbruck geboren" wird die Proposition ausgedrückt, dass Dora in Innsbruck geboren ist. Es ist üblich „$p$" und „$q$" als Platzhalter für derartige Propositionen zu verwenden. Eine Überzeugung ist also eine Art von Einstellung zu einer Proposition $p$. Nun gibt es viele derartiger Einstellungen:

Berta hofft, dass $p$.
Berta wünscht, dass $p$.
Berta befürchtet, dass $p$.

All dies sind propositionale Einstellungen. Was unterscheidet Überzeugungen von anderen propositionalen Einstellungen? Was ist spezifisch für Überzeugungen? Die Antwort lautet: Ist Berta überzeugt, dass $p$, so hält sie es in hohem Grad für wahr, dass $p$. Überzeugungen, so könnte man sagen, sind propositionale Einstellungen des Für-wahr-Haltens. Hält man eine Proposition für wahr, so impliziert dies freilich nicht, dass sie auch wahr ist. Man kann sich täuschen. Aber wichtig ist: Propositionen haben die Eigenschaft, wahr oder falsch zu sein. Sie sind die eigentlichen Träger von Wahrheit.

Der Kognitivismus besagt nun, moralische Äußerungen seien oft Behauptungen. Sagt Berta „Es war moralisch richtig, dass sie Osama beseitigt haben", so stelle sie eine Behauptung auf. Sie intendiere, eine Tatsache darzustellen. Sie drücke eine Überzeugung mit einem bestimmten Inhalt, einer bestimmten Proposition aus. Worin besteht diese Proposition? Auf diese Frage gibt es, grob gesprochen, zwei Antworten: die subjektivistische und die objektivistische Antwort.

### 2.3.1 Der subjektivistische Kognitivismus

Berta drücke durch ihre moralische Äußerung ihre Überzeugung mit einem bestimmten Inhalt, einer bestimmten Proposition, aus. Aber um welche Proposition handelt es sich? Eine Antwort in ihrer einfachsten Form ist die des *subjektivistischen Kognitivismus*, die besagt: Es handelt sich um die Proposition, dass sie (Berta) die Handlung *H* billigt bzw. befürwortet.

Man beachte den Unterschied zwischen dieser subjektivistischen Auffassung und der non-kognitivistischen Auffassung. Non-Kognitivisten vertreten die Ansicht, dass eine Person mit einer moralischen Äußerung ihre konative Einstellung ausdrückt, während Subjektivisten die Ansicht vertreten, dass eine Person mit einer moralischen Äußerung ihre Überzeugung über ihre konative Einstellung ausdrückt. Im Unterschied zu Non-Kognitivisten vertreten Subjektivisten also die Ansicht, dass moralische Äußerungen Behauptungen seien: Behauptungen darüber, wie Personen gegenüber Handlungen eingestellt sind, etwa dass sie eine befürwortende/ablehnende bzw. billigende/missbilligende Einstellung gegenüber einer Handlung haben. Sagt eine Person „Es ist moralisch richtig, diese Handlung zu vollziehen", so beabsichtige sie, etwas Wahres zu sagen; sie behaupte etwas. Sie behaupte, dass diese Handlung ihrer konativen Einstellung entspricht, dass ihr diese Handlung gefällt, dass sie diese Handlung billigt bzw. befürwortet. Die subjektivistische Auffassung wird oft auf David Hume zurückgeführt. Allerdings ist umstritten, ob er tatsächlich einen metaethischen Subjektivismus oder eher einen Non-Kognitivismus vertreten hat.

Subjektivistische Theorien können durch unterschiedliche Argumente motiviert sein. Ein Argument dafür kommt wieder aus Motivationsüberlegungen. Die Idee ist folgende: Wenn moralische Überzeugungen zum Inhalt haben, dass ein Akteur sich in einem bestimmten konativen Zustand zu einer Handlung befindet, dann versteht man, warum es eine Verknüpfung zwischen moralischen Überzeugungen und Handlungsmotivationen geben muss. Wenn z. B. Anton mit seiner Äußerung „Es ist richtig, dem Nachbarn zu helfen" seine Überzeugung zum Ausdruck bringt, dass ihm diese Handlung gefällt, er sie befürwortet, billigt, dann versteht man, warum er motiviert sein muss, seiner Überzeugung entsprechend zu handeln.

Allerdings ist die notwendige Verknüpfung von moralischer Überzeugung und Motivation leicht in Frage zu stellen, wie wir bereits gesehen haben. So kann man sich vorstellen und erlebt es bisweilen auch, dass jemand eine moralische Überzeugung hat, ohne motiviert zu sein, entsprechend zu handeln. Wenn dies möglich ist, ist die allgemeine These von der notwendigen Verknüpfung von moralischer Überzeugung und Motivation widerlegt. Ferner erscheint es auch problematisch, wie Subjektivisten moralische Überzeugungen erklären müssen. Sie müssen sagen, unsere konativen, motivierenden Zustände würden unsere moralischen Überzeugungen erklären. Denn ihnen zufolge beziehen sich unsere moralischen Überzeugungen auf unsere konativen Einstellungen und bilden wir unsere moralischen Überzeugungen aufgrund unserer konativen Einstellungen. Entsprechend würde Anton glauben, dass es richtig ist, dem Nachbarn zu helfen, weil er motiviert ist, ihm zu helfen. Aber geht die Erklärung üblicherweise nicht in die andere Richtung? Ist es nicht so, dass Anton motiviert ist, dem Nachbarn zu helfen, weil er glaubt, dass es richtig ist, dies zu tun? (van Roojen 2015, 159)

Hinter der subjektivistischen Antwort mag auch ein naturalistisches Weltbild stecken, wonach die Welt nur das ist, was naturalistisch der Fall ist. Mit „naturalistisch" kann man sich dabei auf ein methodisches Merkmal beziehen. Naturalistisch ist dementsprechend ein Weltbild, wonach es nur das gibt, was mit den Methoden der Naturwissenschaften feststellbar ist. Da moralische Eigenschaften (z. B. die Eigenschaft, richtig zu sein; die Eigenschaft, eine Tugend zu sein; die Eigenschaft, ein Laster zu sein), die man Handlungen oder Personen zuschreibt, naturwissenschaftlich nicht feststellbar seien, bezögen wir uns mit moralischen Prädikaten nicht auf moralische Eigenschaften, die Handlungen oder Personen zukommen, sondern vielmehr auf unsere Einstellungen der Befürwortung oder Ablehnung dieser Handlungen. Und diese Einstellungen seien naturwissenschaftlich erfassbar. So schrieb bereits David Hume:

> Nimm irgendeine Handlung, die als Laster erachtet wird, z. B. vorsätzlichen Mord. Untersuche ihn in jedem Licht und schau, ob du jene Tatsache oder wirkliche Existenz finden kannst, die du Laster nennst. In welcher Weise auch immer du ihn betrachtest: du findest nur bestimmte Affekte, Motive, Willensakte und Gedanken. Sonst gibt es in dem Fall nichts Weiteres. (Hume 1739/40, A Treatise of Human Nature, III, 1,1)

Mit anderen Worten: Die moralische Eigenschaft, ein Laster zu sein, sei empirisch nicht erfassbar. Folglich, so Subjektivisten weiter, bezögen wir uns mit „Laster" nicht auf eine moralische Eigenschaft, die der Handlung zukommt, sondern auf unsere Ablehnung dieser Handlung, eine natürliche Eigenschaft, die man prinzipiell naturwissenschaftlich erfassen könne.

Mit „naturalistisch" kann man aber auch ein ontologisches Merkmal meinen, z. B. kausal wirksam zu sein. Naturalistisch ist dementsprechend ein Weltbild, wonach es nur das gibt, was kausal wirksam sein kann. Nun könnten moralische Eigenschaften kausal nicht wirksam sein. Folglich, so Subjektivisten weiter, bezögen wir uns mit „moralisch schlecht" nicht auf eine moralische Eigenschaft, die der Handlung zukommt, sondern auf unsere Ablehnung dieser Handlung. Und dies sei eine natürliche Eigenschaft, die kausal wirksam sein könne.

Diese Argumente sind nur dann stichhaltig, wenn die naturalistischen Voraussetzungen wahr sind. Wir werden im Kapitel 5 aber Gründe kennenlernen, den Naturalismus in Frage zu stellen.

An dieser Stelle seien zwei Argumente gegen eine einfache Version des Subjektivismus ins Treffen geführt. Erstens, wäre die subjektivistische Ansicht richtig, wären übliche Diskussionen bei moralischen Meinungsverschiedenheiten unverständlich. Behauptet Anton, dass es schlecht war, Osama umzubringen, Berta hingegen, dass es nicht schlecht war, so würden sie keine entgegengesetzten Behauptungen aufstellen. Beide Behauptungen wären zugleich wahr, weil sie durch die jeweiligen konativen Zustände der behauptenden Personen wahr gemacht würden. William Sorley (1855–1935) bringt dies treffend auf den Punkt:

> Wenn die Bedeutung der Position ‚A ist gut' lediglich darin besteht, dass die Person, welche dies behauptet, Lust beim Betrachten von A hat, dann wird es möglich sein, dass zur selben Zeit eine andere Person, die Lustlosigkeit beim Betrachten von A verspürt, mit gleicher Wahrheit sagt ‚A ist nicht gut'. Das heißt: Dieselbe Proposition ‚A ist gut' wird im Mund des einen Menschen wahr, im Mund des anderen falsch sein [...]. (Sorley 1918, 136)

Wird die subjektivistische Ansicht vertreten, fragt man sich: Warum diskutieren Personen überhaupt miteinander über ihre moralischen Überzeugungen? Eine solche Diskussion hat nur dann einen Sinn, wenn sie annehmen, inkompatible Behauptungen aufzustellen. Doch dies tun sie nicht, wenn Subjektivisten recht haben. Zweitens müsste man die Taten der schlimmsten Verbrecher als richtig anerkennen, sofern diese sie aus der wahren Überzeugung vollziehen, dass sie ihre Handlung billigen oder befürworten. Dies erscheint völlig unplausibel.

Nun gibt es auch ausgefeilte Formen der subjektivistischen Ansicht, wonach die Propositionen, die für wahr gehalten werden z. B. folgende sind:

1. dass ein idealer Beobachter diese Handlung befürworten würde
2. dass Gott diese Handlung befürworten würde

Wie steht es um diese Formen des Subjektivismus? Wenn man Gott als den idealsten Beobachter ansieht, wird (2) auf dasselbe hinauslaufen wie (1). Roderick Firth (1917–1987) erläutert die Ansicht (1) auf folgende Weise:

> Die Art von Analyse, die ich untersuche, wenn ich den Ausdruck „idealer Beobachter" verwende, ist die Art, welche Aussagen der Form „x ist P", in der P ein bestimmtes ethisches Prädikat ist, so konstruieren, dass sie der Bedeutung nach identisch sind mit Aussagen der Form „Jeder ideale Beobachter würde auf x in dieser und dieser Weise unter diesen und diesen Umständen reagieren." (Firth 1952, 321)

Derartige Analysen sind jedoch fraglich. Es spricht zwar einiges dafür, dass es für die Erkenntnis dessen, was wir tun sollen, hilfreich sein kann, sich zu fragen, wie ein unparteiischer Beobachter eine mögliche Handlung beurteilen würde. Dies kann ein Kriterium unter anderen Kriterien für die Wahrheit einer moralischen Überzeugung sein. Es spricht auch viel dafür, dass ein idealer Beobachter eine richtige Handlung befürworten würde. Die Ausdrücke „ist richtig" und „würde von einem idealen Beobachter befürwortet" wären extensionsgleich, d. h.: Alle Handlungen, die richtig sind, würden von einem idealen Beobachter befürwortet, und alle Handlungen, die von einem idealen Beobachter befürwortet würden, sind richtig. Doch der Bedeutung nach, der Intension nach, sind die beiden Ausdrücke verschieden. Sie bedeuten nicht dasselbe. Man darf die Extension moralischer Ausdrücke sowie mögliche Wahrheitskriterien für moralische Überzeugungen nicht mit ihrer Bedeutung verwechseln. Und dies scheint bei diesen subjektivistischen Varianten zu passieren.

## 2.3.2 Der objektivistische Kognitivismus

Wenden wir uns nun der objektivistischen Antwort zu. Sie lautet: Sagt Berta „Es war moralisch richtig, dass sie Osama beseitigt haben", und sagt Anton „Dies war moralisch schlecht", so stellten sie entgegengesetzte Behauptungen auf. Beide beabsichtigten, der Handlung eine moralische Qualität zuzusprechen, die sie für unabhängig von ihrem Bewusstsein und ihren Einstellungen halten. Sie wollten nicht sagen: „Mir gefällt diese Handlung." oder „Mir gefällt sie nicht." Vielmehr wollten sie sagen: „Diese Handlung *ist* richtig." oder „Diese Handlung *ist* schlecht." Sie beabsichtigten, etwas festzustellen, was der Fall ist, eine Tatsache, eine moralische Wirklichkeit, die unabhängig von ihrem Denken und Sprechen existiert. Berta drücke durch ihre moralische Äußerung ihre Überzeugung mit einem bestimmten Inhalt, einer bestimmten Proposition, aus. Es handle sich um die Proposition, dass diese Handlung moralisch richtig war. Nennen wir diese Ansicht den *objektivistischen Kognitivismus*, der besagt: Für wahr gehalten wird die Proposition, dass die Handlung $H$ moralisch richtig ist.

Explizite ältere Vertreter dieser Ansicht sind z. B. Henry Sidgwick (1838–1900), William R. Sorley und William D. Ross (1877–1971). So schreibt Sorley:

> Wenn meine Behauptung „das ist gut" gültig ist, dann ist es nicht nur für mich, sondern für jeden gültig. Wenn ich sage „das ist gut", und eine andere Person, die über dieselbe Situation reflektiert, sagt „das ist nicht gut", dann muss einer von uns falsch liegen. Die Proposition ist entweder wahr oder

falsch; sie kann nicht beides sein. Die Gültigkeit eines moralischen Urteils hängt nicht von der Person ab, die das Urteil fällt. Sie ist unpersönlich. (Sorley 1918, 93–94) [...] Wenn wir irgendein moralisches Urteil nehmen wie, dass dieser Mensch oder dieser Charakter oder diese Einstellung gut ist – nennen wir es „A ist gut" – dann ist das, was ich meine, wenn ich behaupte „A ist gut", nicht, dass ich A wünsche oder dass ich Billigung fühle, wenn ich A betrachte, sondern dass dieses Prädikat „gut" tatsächlich A charakterisiert. Die Behauptung mag falsch oder ungültig sein; aber das ist ihre Bedeutung. (Sorley 1918, 135)

Zusammenfassend kann man die Position des objektivistischen Kognitivismus auf folgende Thesen bringen:

1. Moralische Äußerungen sind (oft) moralische Behauptungen.
2. In moralischen Behauptungen werden moralische Überzeugungen ausgedrückt. Moralische Überzeugungen sind Einstellungen des Fürwahr-Haltens von moralischen Propositionen.
3. Moralische Propositionen haben die Form, dass Handlung $H$ richtig/falsch/geboten/verboten/erlaubt/gut/schlecht ist; dass Charakterzug $C$/Person $S$ gut/böse ist etc.
4. Diese moralischen Propositionen sind wahr oder falsch.

Während non-kognitivistische und subjektivistische Deutungen nicht auf Anhieb, sondern meist erst durch Argumente plausibel erscheinen, könne der objektivistische Kognitivismus als Ausgangsposition gelten, die unserer moralischen Sprache und Praxis zugrunde liege. Die moralische Sprache verhalte sich nämlich wie andere darstellende Sprachen auch. Die Sätze „Lügen ist verbreitet" und „Lügen ist schlecht" sehen sehr ähnlich aus. Wir können den Gehalt beider gleichermaßen behaupten oder bestreiten. Wir können den Gehalt beider gleichermaßen in Berichte über propositionale Einstellungen einbauen, wie z. B. „Berta ist sicher, dass Lügen verbreitet ist, aber sie ist nicht sicher, dass Lügen schlecht ist." „Anton glaubt, dass Lügen verbreitet ist, aber er glaubt, dass Lügen schlecht ist." Beide Sätze scheinen auch gleichermaßen objektiven Gehalt auszudrücken. Es scheint nicht von den sprechenden Personen und ihrem Denken abzuhängen, ob die in diesen Sätzen ausgedrückten Propositionen wahr oder falsch sind. Wir glauben, dass es bezüglich beider Behauptungen echte Meinungsverschiedenheiten geben könne und gebe. Wir verwenden beide Sätze gleichermaßen in Argumenten und können sie in Konditionale einbetten.

## 2.3.3 Einwände gegen den objektivistischen Kognitivismus und Lösungen

Es gibt aber eine Reihe von Einwänden. Einen Einwand aus dem non-kognitivistischen Lager haben wir bereits kennengelernt. Er besagt: Moralische Einstellungen sind etwas anderes als Überzeugungen, weil erstere handlungsmotivierend sind, letztere nicht. Diese These wird in der neueren Philosophie auch folgendermaßen begründet. Moralische Einstellungen haben eine andere Ausrichtung als Überzeugungen. Hat eine Person die moralische Einstellung, dass man nicht lügen soll, so möchte sie, dass nicht gelogen wird. Stellt sie fest, dass gelogen wird, so ändert sie ihre Einstellung nicht, sondern findet, dass die Welt sich ändern soll, sprich: dass die Menschen aufhören sollen zu lügen. Ist aber eine Person überzeugt, dass nicht gelogen wird, und stellt sie irgendwann fest, dass gelogen wird, so ändert sie ihre Überzeugung. Während also Überzeugungen darauf ausgerichtet sind, den Tatsachen zu entsprechen, sind moralische Einstellungen darauf ausgerichtet, dass die Tatsachen ihnen entsprechen sollen. Moralische Einstellungen haben eine andere „direction of fit" (Searle 1979) als Überzeugungen. Überzeugungen haben eine „mind-to-world-direction of fit": das Bewusstsein soll den Tatsachen in der Welt entsprechen. Wünsche und normative Einstellungen hingegen haben eine „world-to-mind-direction of fit": die Welt soll den Einstellungen des Bewusstseins entsprechen. Daher seien moralische Einstellungen keine Überzeugungen.

Dieser Einwand enthält etwas Richtiges: Wir möchten, dass unseren moralischen Einstellungen gemäß gehandelt wird. Und wir ändern unsere moralischen Einstellungen nicht ohne Weiteres, wenn wir feststellen, dass andere Menschen oder gar wir selbst nicht diesen Einstellungen entsprechend handeln. Allerdings folgt daraus nicht, dass moralische Einstellungen nicht Überzeugungen sein können. Auch sie können eine „mind-to-world-direction of fit" haben und wahr sein. Sie werden dann freilich nicht durch das Handeln einer Person wahr gemacht, sondern durch etwas anderes, z. B. durch moralische Tatsachen. Was diese moralischen Tatsachen sind, wird in Kapitel 5 behandelt.

Ein weiterer Einwand gegen den objektivistischen Kognitivismus kommt aus dem präskriptivistischen Lager und lautet: Moralische Einstellungen haben präskriptiven Charakter. Überzeugungen hingegen haben deskriptiven Charakter; sie enthalten Beschreibungen über die Welt. Auf die Frage „Was soll ich tun?" erwarte eine Person keine Beschreibung über die Beschaffenheit der Welt, sondern eine Handlungsorientierung. Daher seien moralische Einstellungen keine Überzeugungen.

Auch dieser Einwand enthält etwas Richtiges: Fragt eine Person: „Was soll ich tun?", so erwartet sie keine Beschreibung nichtmoralischer Weltzustände. Aber sie kann sehr wohl eine moralische Wahrheit erwarten. Der Einwand setzt voraus, dass alle präskriptiven Inhalte in Imperativform auftreten. Doch dies ist, wie schon oben gesagt, nicht richtig. Imperative sind nur eine Form von Präskriptionen. Bei Äußerungen in Imperativform wie „Tue dies!" oder „Unterlass jenes!" stellt sich die Frage, ob sie wahr oder falsch sind, nicht. Bei präskriptiven Äußerungen der Form „Dies ist zu tun" oder „Man soll dies tun" hingegen stellt sich die Frage der Wahrheit ebenso wie bei Äußerungen wie „Es ist geboten, dies zu tun", „Es ist richtig, dies zu tun", „Es ist gut, diese Handlung zu vollziehen", „Diese Handlung ist gerecht", etc.

Die genannten Einwände legen den Finger auf entscheidende Punkte. Wenn man die These des objektivistischen Kognitivismus vertritt, sollte man plausible Antworten geben können auf die Fragen: Wie verhalten sich kognitivistisch verstandene moralische Überzeugungen zur Handlungsmotivation? Was heißt es, dass derartige Überzeugungen wahr sind? Worin besteht die moralische Wirklichkeit, die moralische Überzeugungen wahr macht? Wie kann man diese Wirklichkeit erkennen? Diesen Fragen werden wir in den folgenden Kapiteln genauer nachgehen. Darin wird mit „Kognitivismus" immer der objektivistische Kognitivismus gemeint.

**Weiterführende Literatur:**

Schroeder 2010; Rüther 2013; van Roojen 2015; Tiefensee 2016; McPherson/Plunkett (eds.) 2018.

# 3 Wie verhalten sich moralische Überzeugungen zu Motivationen?

Berta sagt: „Es ist moralisch falsch, Fleisch zu essen, das durch die Tötung von Tieren produziert wird." „Glaubst du das wirklich?" erwidert Anton. „Klar doch!" insistiert Berta. „Aber warum hast du dann neulich Wiener Schnitzel vom Kalb bestellt und gegessen?", fragt Anton zurück. Darauf sagt sie: „Damals war ich noch anderer Meinung. Aber vorgestern habe ich einen Film über die moderne Fleischproduktion gesehen. Der hat mich bekehrt. Es ist falsch, solches Fleisch zu essen."

Dieser Gesprächsausschnitt zeigt, dass wir im Alltag oft von den Taten einer Person auf ihre Überzeugungen schließen nach dem Motto: „Zeige mir, wie du lebst und ich sage dir, wovon du überzeugt bist!" Wenn Berta Fleisch von geschlachteten Kälbern isst, dann scheint sie nicht überzeugt zu sein, dass es falsch ist, solches Fleisch zu essen. Änderungen der Handlungsmotivation und des Handelns gehen in der Regel mit Änderungen der moralischen Überzeugungen einher. Aber wie stark ist die Beziehung zwischen den moralischen Überzeugungen einer Person und ihrer Handlungsmotivation? Ist sie notwendig oder ist sie kontingent?

## 3.1 Moralische Überzeugungen und Motivationen

Diese Fragestellung hat eine große Debatte in der Metaethik ausgelöst, weil ihre Beantwortung weitreichende Folgen hat. Wie wir bereits gesehen haben, geht ein wichtiges Argument für den Non-Kognitivismus und den Subjektivismus von der vermeintlich engen Verknüpfung moralischer Urteile mit Handlungsmotivationen aus. Die Zusammenhänge hat

Michael Smith in seinem Buch *The Moral Problem* (1994) anhand einer inkonsistenten Triade dargelegt. Es handelt sich um drei Thesen, von denen jede plausibel ist, die jedoch zusammen inkonsistent sind und daher nicht alle wahr sein können:

1. Moralische Urteile drücken moralische Überzeugungen aus.
2. Moralische Urteile haben eine notwendige Beziehung zur Motivation, ihnen gemäß zu handeln.
3. Motivation hängt von einem passenden Streben (Wunsch, Präferenz) ab.

Die These (1) entspricht der kognitivistischen Deutung moralischer Äußerungen. Sagt Berta aufrichtigerweise „Es ist falsch, solches Fleisch zu essen", so drücke sie ihre moralische Überzeugung aus, dass es falsch ist, solches Fleisch zu essen.

Die These (2) entspricht einer internalistischen Theorie des Zusammenhangs von moralischen Urteilen und Motivation. Sagt Berta aufrichtigerweise, dass es schlecht ist, solches Fleisch zu essen, so erwarten wir, dass sie motiviert ist, entsprechend zu handeln. Dies spreche dafür, dass die Beziehung zwischen moralischem Urteil und Motivation nicht kontingent, sondern notwendig sei. Es gehöre zur Natur von moralischen Urteilen, in einem bestimmten Ausmaß zu motivieren. Wir nennen diese Auffassung „Urteils-Motivations-Internalismus", um sie von den vielen anderen Arten von Internalismen zu unterscheiden wie etwa dem „Urteils-Gründe-Internalismus", dem „Gründe-Motivations-Internalismus", dem „Moralfakten-Motivations-Internalismus" oder dem „Moralfakten-Gründe-Internalismus" (Darwall 1996; van Roojen 2015, 58).

Die These (3) schließlich entspricht der Humeschen Theorie der Motivation, wonach Überzeugungen für die Handlungsmotivation nicht hinreichend sind. Überzeugungen, wenn sie wahr sind, präsentieren uns, wie die Welt ist oder was man tun muss, um bestimmte Ziele zu erreichen. Aber sie bestimmen nicht, wie die Welt sein soll. Dazu brauche es das Streben: Unsere Wünsche legen die Ziele fest. Demgemäß brauche es für Handlungserklärungen beides: Wünsche und Überzeugungen. Aber die motivierende Kraft gehe allein von den Wünschen aus, die unabhängig und extern von den Überzeugungen seien.

Die drei Thesen (1), (2) und (3) sind für sich plausibel. Aber sie können nicht zugleich wahr sein. Denn wenn moralische Urteile Überzeugungen sind, und wenn moralische Urteile notwendigerweise zum Handeln motivieren, dann kann (3) nicht wahr sein; dann kann die moralische Überzeugung ohne passendes Streben motivieren.

Um das Problem zu lösen, wird man eine der drei Thesen aufgeben müssen. Non-Kognitivisten geben die These (1) auf und sagen: Mit moralischen Urteilen drücken wir keine Überzeugungen, also keine kognitiven, sondern konative Zustände aus. Berta drücke mit ihrem ehrlichen Urteil „Es ist schlecht, solches Fleisch zu essen", einen Wunsch, ein Streben, eine Präferenz von ihr aus. Weil das aufrichtige moralische Urteil Ausdruck eines Strebens sei, sei es offensichtlich, dass eine notwendige Beziehung zwischen moralischem Urteil und Motivation bestehe. Aus (2) und (3) wird hier also ein Argument für den Non-Kognitivismus abgeleitet.

Gegner von Humes Theorie der Motivation (Nagel 1970; Parfit 1997; Shafer-Landau 2003) geben die These (3) auf: Ihnen zufolge können moralische Überzeugungen ohne bereits vorhandenes passendes Streben zum Handeln bewegen. Bertas Überzeugung, dass es falsch ist, solches Fleisch zu essen, könne sie dazu bewegen, es nicht zu essen, obwohl sie große Lust auf Fleisch habe. Moralische Überzeugungen könnten auch direkt oder indirekt über andere Dispositionen ein neues entsprechendes Streben verursachen.

Manche schließlich plädieren dafür, die These (2) aufzugeben. Aber was genau besagt diese These? Da ich moralische Urteile kognitivistisch als Ausdruck moralischer Überzeugungen verstehe, werde ich die verschiedenen Varianten in der Überzeugungsterminologie darstellen. Man kann dann vom *Moralischen Überzeugungs-Motivations-Internalismus (ÜMI)* sprechen. Eine erste Version davon lautet:

ÜMI1: Notwendigerweise, wenn $S$ überzeugt ist, dass sie Handlung $H$ vollziehen soll, dann wird $S$ diese Handlung $H$ vollziehen, falls sie Gelegenheit dazu hat und nicht daran gehindert wird.

Sokrates scheint eine derartige These vertreten zu haben, wenn er meint, dass falsches Handeln aus Unwissenheit resultiere (Platon, Protagoras 352 b-c). Doch die These *ÜMI1* ist viel zu stark. Wir kennen das Phänomen der Willensschwäche (auch „Akrasie" genannt): Eine Person ist überzeugt, dass sie kein Fleisch essen soll – da trägt der Kellner ein saftiges Wiener Schnitzel vorbei, die Lust schlägt zu, sie bestellt eins und handelt gegen ihre Überzeugung. Aufgrund solcher Erfahrungen ist es plausibler zu sagen: Die Person muss nur ein Motiv haben, ihrer Überzeugung gemäß zu handeln; dieses Motiv kann jedoch durch andere, stärkere Motive außer Kraft gesetzt werden. So ergibt sich die etwas schwächere Variante:

> ÜMI2: Notwendigerweise, wenn S überzeugt ist, dass sie Handlung H vollziehen soll, ist S in einem bestimmten Maß auch motiviert, H zu vollziehen.

Diese Version lässt die Möglichkeit zu, dass stärkere, konkurrierende Motive vorhanden sind, sodass die Person nicht ihrer Überzeugung gemäß handelt. Allerdings scheint auch diese These zu stark zu sein. Man kann sich nämlich Personen vorstellen, die zwar moralische Überzeugungen haben, aber dennoch *keine* Motivation verspüren, ihnen gemäß zu handeln. Man denke an den bereits erwähnten Hugo, der zwar die hehre Überzeugung hat, dass er dem Nachbarn helfen soll, aber aufgrund seiner Depression keine Motivation verspürt, es auch zu tun. Oder man denke an Psychopathen. Man sagt, sie würden wissen, was zu tun richtig und falsch ist, hätten jedoch keine Motivation, das Richtige zu tun (Hare 1999; Cima/Hauser/Tonnaer 2010). Derartige Einwände müssen noch nicht dazu führen, den Überzeugungs-Motivations-Internalismus aufzugeben. Man kann versuchen, ihn zu modifizieren, indem man *einschränkende* Bedingungen einbaut, z. B.:

> ÜMI3: Notwendigerweise, wenn S überzeugt ist, dass sie Handlung H vollziehen soll, und S rational ist, dann ist S in einem bestimmten Maß auch motiviert, H zu vollziehen.

Oder

> ÜMI4: Notwendigerweise, wenn S überzeugt ist, dass sie Handlung H vollziehen soll, und S normal ist, dann ist S in einem bestimmten Maß auch motiviert, H zu vollziehen.

Mit solchen Modifikationen kann man den oben genannten Fällen der akratischen, depressiven und psychopathischen Personen begegnen, indem man sagt, es handle sich um irrationale Menschen, die miteinander inkonsistente Zustände haben, oder um Menschen, denen etwas abgeht, was normale Personen aufweisen. Allerdings sind diese Lösungsversuche

## 3.1 Moralische Überzeugungen und Motivationen

auch problematisch, weil es notorisch schwierig ist, Rationalität oder Normalität präzise genug zu bestimmen.

Sogenannte *Moralische Überzeugungs-Motivations-Externalisten* leugnen die *notwendige* Verknüpfung von moralischer Überzeugung und Handlungsmotivation; sie bestreiten also die These (2). Die Verknüpfung, so sagen sie, sei kontingent. So können sie einerseits erklären, dass manche Menschen trotz bestimmter moralischer Überzeugungen nicht motiviert sind, diesen Überzeugungen entsprechend zu handeln. Andererseits wollen sie aber auch der Intuition Rechnung tragen, dass es eine starke Korrelation zwischen moralischer Überzeugung und Handlungsmotivation gibt. Sie wollen erklären können, warum eine Änderung der moralischen Überzeugung in der Regel mit einer Änderung der Motivation einhergeht. Dies erreichen sie, indem sie annehmen, dass zur moralischen Überzeugung eine externe konative Einstellung hinzukomme, die im Streben nach dem moralisch Richtigen bestehe. Angenommen, Berta strebt danach, das moralisch Richtige zu tun. Vorgestern hatte sie noch die Überzeugung, es sei richtig, Fleisch von getöteten Tieren zu essen. Ihr Streben nach dem Richtigen erklärt, zusammen mit der Überzeugung, dass es richtig ist, solches Fleisch zu essen, ihre Motivation, Fleisch zu essen. Aber während sie den Dokumentarfilm über die Fleischproduktion sieht, formt sie die Überzeugung, dass solches Fleisch zu essen moralisch nicht richtig ist. Ihr Streben, das zu tun, was sie für richtig hält, erklärt heute, zusammen mit der Überzeugung, dass es nicht richtig ist, solches Fleisch zu essen, ihre Motivation, davon abzulassen. Der Überzeugungs-Motivations-Externalismus kann also die Korrelation zwischen moralischer Überzeugung und Handlungsmotivation erklären. Die Beziehung zwischen moralischer Überzeugung und Motivation wird zwar als kontingent aufgefasst. Dennoch können Externalisten erklären, warum auf die moralischen Überzeugungen meistens oder sogar immer ein gewisses Ausmaß an Motivation folgt. Dies könne man darauf zurückführen, dass das Streben nach dem Richtigen in tiefsitzenden Einstellungen der menschlichen Natur gründe.

In der Debatte zwischen Internalismus und Externalismus kann es hilfreich sein, folgende Fragen auseinanderzuhalten:

a) Sind die moralischen Überzeugungen von bestimmten Arten von Personen notwendigerweise mit der Motivation verknüpft, diesen Überzeugungen entsprechend zu handeln?

b) Können moralische Überzeugungen *von sich aus* motivieren?

Internalisten scheinen beide Fragen zu bejahen, Externalisten hingegen beide zu verneinen. Man kann aber auch die erste Frage bejahen und die zweite verneinen. Dies scheint die aristotelische Position zu sein. Nach Aristoteles (384–322 v. Chr.) motivieren moralische Überzeugungen nicht aus sich heraus. Sie sind nicht hinreichend, um zu bewegen. Die Motivation komme aus dem Streben. Aristoteles schreibt in der *Nikomachischen Ethik*:

> Denken an sich bewegt nichts, sondern nur das zweckgerichtete und handlungsbezogene Denken [...] Ziel ist das richtige Handeln, und das Streben ist darauf gerichtet. (Aristoteles, Nikomachische Ethik 1139a36–1139b3)

Aristoteles scheint also die Frage (b) zu verneinen. Er kennt das Problem der Akrasie. Er wird der Erfahrung gerecht, dass sich zwischen moralischer Überzeugung und Handlungsmotivation ein Spalt auftun kann. Nur die moralischen Überzeugungen einer im Streben tugendhaft geordneten Person haben eine Verknüpfung zur Motivation. Es sind dies moralische Überzeugungen, die aus der kognitiven (dianoetischen) Tugend der *Phrónesis*, der Klugheit, resultieren. Nun kann man nach Aristoteles nicht klug sein, ohne die ethischen Tugenden zu haben. Die ethischen Tugenden ordnen das Streben auf das Richtige hin, d. h. auf die richtigen Ziele. Das Streben nach dem Richtigen ist spezifiziert in die verschiedenen ethischen Tugenden wie Tapferkeit, Mäßigkeit, Gerechtigkeit, Freigebigkeit, Wahrhaftigkeit etc. Diese Ziele des Strebens sind die Ausgangspunkte für die Überlegungen der Klugheit. Diese Überlegungen münden daher in moralische Überzeugungen darüber, was zu tun in einer Situation richtig ist, denen entsprechend die tugendhafte Person handelt. Aristoteles würde daher wohl die Verknüpfung zwischen moralischen Überzeugungen aus Klugheit und Motivation als begrifflich und notwendig betrachten. Er würde also die Frage (a) bejahen und die These etwa so formulieren:

> ÜMI5: Notwendigerweise, wenn S aus Klugheit überzeugt ist, dass sie Handlung H vollziehen soll, dann wird S die Handlung H vollziehen, falls sie Gelegenheit dazu hat und nicht daran gehindert wird.

Ob sich diese differenzierte Version des Internalismus, die eigentlich eine Variante von ÜMI3 ist, der Sache nach noch stark vom Externalismus unterscheidet, ist fraglich. Zumindest scheinen beide in der Lage zu sein, sowohl die Intuition, dass nicht alle moralischen Überzeugungen motivieren, sowie die Intuition, dass Verhaltensänderungen in der Regel mit Änderungen in den moralischen Überzeugungen einhergehen, zu erklären.

## 3.2 Handlungsgründe und Motivationen

In der Metaethik wird auch der Zusammenhang zwischen Handlungsgründen und Motivation untersucht. Die Terminologie bezüglich „Handlungsgründen" ist zum Teil verwirrend. Daher soll hier versucht werden, eine Orientierung zu bieten. Jemand fragt:

1. Warum ist Anton in diesen Zug eingestiegen?

Dies ist eine Frage nach einem Handlungsgrund. Die Frage kann man beantworten, indem man sagt:

2. Weil er nach Wien fahren will.

Sein Wille oder sein Wunsch, nach Wien zu fahren, liefert ihm einen Grund, in diesen Zug einzusteigen. Angenommen jedoch, der Zug, in den er einsteigt, fährt nicht nach Wien, sondern nach Rom. Warum ist Anton dann in diesen Zug eingestiegen?

3. Weil er glaubt, dass er in diesen Zug einsteigen soll, wenn er nach Wien fahren will.

Er hat eine falsche Überzeugung. Seine falsche Überzeugung liefert ihm einen Grund, in diesen Zug einzusteigen. Dieser Dialogausschnitt entspricht dem bereits vorgestellten Erklärungsmodell von Handlungen, das auf David Hume zurückgeht. Will man Handlungen erklären, braucht es demnach zweierlei: die Angabe des Wunsches sowie der Überzeugung der handelnden Person. Hume zufolge geht die Motivation letztlich vom Wunsch aus. Die Vernunft, welche die Überzeugung bereitstellt, habe lediglich instrumentelle Funktion.

Gründe, die eine Person tatsächlich motivieren, etwas zu tun, z. B. in diesen Zug einzusteigen, werden in der Literatur „motivierende Gründe" genannt. Davon zu unterscheiden sind so genannte „normative Gründe";

das sind Gründe, die für eine Handlung sprechen und sie tatsächlich rechtfertigen. So könnte man bezüglich Antons Handlung fragen:

4. Hat Anton einen Grund, in diesen Zug einzusteigen?

„Nein", werden einige sagen, „Anton soll nicht in diesen Zug einsteigen, denn dieser Zug fährt nicht nach Wien, sondern nach Rom." Wenn diese Leute also das Wort „Grund" verwenden, meinen sie nicht die motivierenden Gründe. Denn Anton hat motivierende Gründe, in diesen Zug einzusteigen. Vielmehr meinen sie normative Gründe. Da Anton nach Wien fahren will, hat er keinen normativen Grund, in diesen Zug einzusteigen. Vielmehr ist es so: Die Tatsache, dass dieser Zug nicht nach Wien fährt, liefert Anton einen normativen Grund, nicht in diesen Zug einzusteigen. Man kann es auch so sagen: Die Tatsache, dass dieser Zug nicht nach Wien fährt, bringt es mit sich, dass Anton nicht in diesen Zug einsteigen soll. An diesem Beispiel sieht man: Normative Gründe, etwas zu tun oder etwas zu lassen, kann eine Person auch dann haben, wenn sie sich dieser Gründe nicht bewusst ist. Ein anderes Beispiel: Berta leidet an Zöliakie. Aber diese Krankheit wurde bei ihr erst entdeckt, als sie 19 Jahre alt war. Sie hatte all die Jahre vorher schon einen normativen Grund, keine glutenhaltigen Speisen zu essen – hatte sie doch vorher schon Beschwerden. Man kann es auch so formulieren: Die Tatsache, dass glutenfreie Kost ihre Verdauung beschwerdefrei macht, liefert ihr einen normativen Grund, sich glutenfrei zu ernähren. Man kann dasselbe auch so sagen: Die Tatsache, dass glutenfreie Kost ihre Verdauung beschwerdefrei macht, bringt es mit sich, dass Berta sich glutenfrei ernähren soll. Dies galt bereits all die Jahre, bevor ihre Krankheit entdeckt wurde.

Es kann auch ein und dieselbe Tatsache einer Person einen normativen Grund liefern, etwas zu tun, einer anderen Person, etwas nicht zu tun (Schroeder 2007). Die Tatsache beispielsweise, dass auf der Party getanzt wird, kann Berta einen normativen Grund liefern, hinzugehen, Anton jedoch einen normativen Grund, nicht hinzugehen. Denn Berta liebt es zu tanzen, Anton aber hasst es. Auch wenn Anton nicht weiß, dass auf der Party getanzt wird, hat er einen normativen Grund, nicht hinzugehen.

Wovon hängt es nun ab, ob eine Person einen normativen Grund für oder gegen eine Handlung hat? Man könnte meinen, dies hänge immer von einem Wunsch dieser Person ab. Dass Anton einen Grund hat, nicht in diesen Zug einzusteigen, hänge allein von seinem Wunsch ab, nach Wien zu fahren. Dass er einen Grund hat, nicht auf die Party zu gehen, hänge allein von seinem Wunsch ab, nicht zu tanzen. Und dass Berta einen Grund hat, glutenfreie Speisen zu essen, hänge allein von ihrem Wunsch ab, beschwerdefrei und gesund zu leben. Aber ob alle normativen Gründe von Wünschen abhängen, ist umstritten. Immanuel Kant unterscheidet zwischen hypothetischen und kategorischen Imperativen. Hypothetische Imperative sind wunschabhängig. Wenn Anton nicht nach Wien fahren will, hat er auch keinen normativen Grund, in diesen Zug einzusteigen. Kategorische Imperative hingegen sind wunschunabhängig. Berta hätte nach Kant auch dann einen normativen Grund, glutenfreie Speisen zu essen, wenn sie den masochistischen Wunsch hegte, sich selbst zu schädigen. Denn sie soll sich selbst nicht schädigen. Es gibt demnach auch normative Gründe, bestimmte Wünsche zu haben oder nicht zu haben.

Im Hintergrund dieser Debatte steckt ein Streit zwischen zwei verschiedenen Werttheorien: der subjektivistischen und der objektivistischen Werttheorie. Gemäß der subjektivistischen Werttheorie entstehen Werte nur aufgrund von Wünschen. Ein Wunsch nach etwas, $x$, bringe es mit sich, dass $x$ einen Wert habe. Entsprechend werden alle normativen Gründe als wunschabhängig aufgefasst. Gemäß der objektivistischen Werttheorie hingegen sind es bestimmte Eigenschaften von Dingen, aufgrund derer sie Wert haben. Weil $x$ die Eigenschaft $E$ habe, solle $x$ gewünscht werden. Entsprechend seien nicht alle Gründe wunschabhängig. Die Tatsache, dass Berta ohne viel Aufwand die Not eines Menschen lindern könnte, liefert ihr einen normativen Grund, diesem Menschen zu helfen; oder die Tatsache, dass ein Besuch von Tante Burgl, die im Krankenhaus liegt, dieser viel Freude bereiten würde, liefert Anton einen normativen Grund, sie zu besuchen.

Mit diesen Klärungen kann man nun auch die Debatte zwischen dem *Gründe-Motivations-Internalismus* und dem *Gründe-Motivations-Externalismus* verstehen. Dabei geht es wiederum um die Stärke der Beziehung, diesmal nicht zwischen der moralischen Überzeugung und der Motivation der Person, sondern zwischen den normativen Gründen und der Motivation der Person: Ist diese Beziehung notwendig oder ist sie kontingent? Internalisten sagen, sie sei notwendig. Notwendigerweise ist etwas nur dann ein normativer Grund für eine Person, wenn dieser Grund irgendeine Beziehung zur Motivation der Person hat. Eine Version des hier gemeinten *Normative Gründe-Motivations-Internalismus* besagt (Williams 1979):

*NGMI*: Notwendigerweise, S hat nur dann einen normativen Grund, die Handlung H zu vollziehen, wenn S bei Kenntnis der relevanten Tatsachen und nach vernünftiger Überlegung motiviert wäre, H zu vollziehen.

Internalisten erscheint es unplausibel zu behaupten, eine Person habe einen normativen Grund, etwas zu tun, ohne dass es irgendeine Art von notwendigem Zusammenhang zur Motivationslage dieser Person gebe. Damit etwas ein normativer Grund für eine Person sei, *müsse* dieser Grund ein motivationaler Grund für diese Person sein können.

Externalisten (z. B. Parfit 1997) bestreiten diesen notwendigen Zusammenhang. Man denke an Berta, die eine Brieftasche mit viel Geld gefunden hat. Das Geld könnte sie gut gebrauchen. Sie hat keine Motivation, ihren Fund zu melden. Man kann sich auch leicht folgendes Szenario vorstellen: Nachdem sie alle relevanten Tatsachen kennengelernt und in dem Sinn vernünftig überlegt hat, dass sie ihre Wünsche und Überzeugungen in Kohärenz gehalten und gültige Schlüsse gezogen hat, ist sie nicht motiviert, den Fund zu melden. Dennoch, so Externalisten, hat sie einen normativen Grund, dies zu tun. Sie soll den Fund melden, *wie auch immer* ihre Motivationslage beschaffen ist. Oder man denke an Hermann Göring, der sich bei den Nürnberger Prozessen bis zuletzt uneinsichtig zeigte. Er hatte relativ zu seinen Wünschen und Überzeugungen keine Motivation, sich nicht an den Handlungen der Nationalsozialisten zu beteiligen. Internalisten müssten daher sagen, dass er keinen normativen Grund hatte, anders zu handeln. Hatte er ferner keinen normativen Grund, anders zu handeln, dann war es auch falsch, ihn für schuldig zu befinden. Das erscheint jedoch höchst unplausibel. Externalisten sagen daher, er hatte normative Gründe, sich nicht an den Handlungen der Nationalsozialisten zu beteiligen. Er hätte sich nicht beteiligen sollen, wie auch immer seine Motivationslage beschaffen war. Und daher war es auch richtig, ihn für schuldig zu befinden (Nagel 1970; Shafer-Landau 2003, 187–188).

**Weiterführende Literatur:**

Darwall 1996; van Roojen 2015; Scarano 2016.

# 4 Was sind moralische Wahrheiten?

„Stell dir vor", sagt Berta zu Anton, „der Arzt teilte meiner schwangeren Freundin Dora mit, sie müsse mit hoher Wahrscheinlichkeit damit rechnen, ein Kind auf die Welt zu bringen, das an Trisomie 21 leidet. Nun geht es ihr und ihrem Mann sehr schlecht. Sie überlegen abzutreiben. Also ich würde es an ihrer Stelle tun." „Aber ist das moralisch richtig?" fragt Anton. „Darf man aus diesem Grund einen menschlichen Fötus töten? Ich glaube nicht. Wenn es wahr ist, dass man Menschen wegen einer Behinderung nicht töten darf, dann ist es auch wahr, dass man einen menschlichen Fötus wegen einer Behinderung nicht töten darf. Nun ist es eine moralische Wahrheit, dass man Menschen wegen einer Behinderung nicht töten darf. Also ist es auch eine moralische Wahrheit, dass man menschliche Föten wegen einer Behinderung nicht töten darf." Berta antwortet darauf: „Das mag zwar für dich wahr sein, für mich aber ist es nicht wahr."

In diesem Dialog redet Anton von „moralischer Wahrheit" (kurz: „M-Wahrheit"), und Berta meint, etwas könne für eine Person wahr, für eine andere Person hingegen nicht wahr sein. In diesem Kapitel wird geklärt, was eine M-Wahrheit ist, ob M-Wahrheiten relativ sind, und was es überhaupt bedeutet zu sagen, eine moralische Überzeugung sei wahr.

## 4.1 Moralische Wahrheiten

Anton sagt, es sei eine M-Wahrheit, dass man menschliche Föten wegen einer Behinderung nicht töten dürfe. Aber was ist eine M-Wahrheit? Die naheliegende Antwort lautet: Eine M-Wahrheit ist eine wahre moralische Proposition, genauer: eine wahre Proposition moralischen Inhalts. Man kann mindestens zwei Arten von Propositionen moralischen Inhalts unterscheiden:

Erstens, Propositionen *partikulären* moralischen Inhalts, z. B. dass es moralisch falsch ist, diesen menschlichen Fötus mit Trisomie 21 in Doras Gebärmutter zu töten. Als Platzhalter für solche Propositionen schreibe ich „$p_{pm}$".

Zweitens, Propositionen *allgemeinen* moralischen Inhalts, z. B. dass es moralisch falsch ist, menschliche Föten mit Trisomie 21 zu töten. Als Platzhalter für solche Propositionen schreibe ich „$p_{am}$". Ist die Unterscheidung zwischen partikulärem und allgemeinem Inhalt nicht relevant, so schreibe ich einfach „$p_m$" für Proposition moralischen Inhalts.

Sind solche Propositionen wahr, so kann man sie „moralische Wahrheiten" nennen. Nun meint Berta im Dialog, die entsprechende Proposition moralischen Inhalts sei für Anton wahr, für sie selbst hingegen nicht wahr. Aber was könnte sie damit meinen?

Sie könnte erstens damit meinen, dass Anton es für wahr hält, dass $p_m$; und dass sie es für falsch hält, dass $p_m$. Sie meint dann nur, dass Anton und sie Überzeugungen verschiedenen Inhalts haben, diese verschiedenen Überzeugungen durch ihre verschiedenen Behauptungen zum Ausdruck bringen und mit diesen Behauptungen Wahrheitsansprüche stellen. Wer etwas behauptet und damit einen Wahrheitsanspruch stellt, kann sich auch irren. Das Für-wahr-Halten einer Proposition impliziert nicht ihr Wahrsein.

Berta könnte aber zweitens damit meinen, dass ein und dieselbe Proposition moralischen Inhalts tatsächlich zugleich wahr und falsch sein kann, weil die Ausdrücke „wahr" und „falsch" relativ zu jemandem oder etwas zu verstehen seien.

## 4.2 Relative moralische Wahrheit

Wir können sagen: „Dass es in Innsbruck gerade regnet, ist wahr." Wir verwenden „ist wahr", als ob dieses Prädikat bloß eine offene Stelle hätte: „... ist wahr". Wo die drei Punkte stehen, setzt man eine Proposition ein: „$p$ ist wahr". Doch Vertreter eines relativistischen Wahrheitsbegriffs behaupten, „ist wahr" habe zwei offene Stellen: „... ist wahr in ..." oder

## 4.2 Relative moralische Wahrheit

„… ist wahr für …". In die erste Stelle setze man eine Proposition ein, in die zweite Stelle eine bestimmte Person, Gruppe, Kultur, ein Begriffsschema, ein Wertesystem etc. Das Prädikat „ist wahr" funktioniere wie beispielsweise „ist legal". Sagt man: „Der Konsum von Cannabis ist legal", so hat man unvollständig geredet. Man muss hinzufügen, in welchem Land dies legal ist. „Ist legal" ist also ein mindestens zweistelliges Prädikat: „… ist legal in …". Ebenso sei es mit „ist wahr". Wahr sei eine Proposition immer nur relativ zu einem bestimmten Parameter. So sei z. B. die Proposition, dass ein Mensch von einem Dämon besessen sein kann, wahr in einer bestimmten religiösen Kultur, falsch jedoch in einer naturwissenschaftlich geprägten Kultur.

In der Ethik ist der kulturelle Relativismus verbreitet. Dieser Relativismus kann im Sinn des mehrstelligen Wahrheitsprädikats verstanden werden. Entsprechend sind moralische Propositionen wahr oder falsch relativ zu bestimmten moralischen Standards einer Kultur, zu einer Gruppe, zu urteilenden Personen. Kulturelle Relativisten könnten z. B. sagen: Dass es moralisch richtig ist, Kleinkinder auszusetzen und so sterben zu lassen, sei bei den alten Römern wahr, aber in der heutigen westlichen Zivilisation sei es nicht wahr. Dass es moralisch erlaubt ist, menschliche Föten mit Trisomie 21 abzutreiben, sei in einer liberalen Kultur wahr, aber für Mitglieder der Katholischen Kirche sei es nicht wahr.

Einen allgemeinen Wahrheitsrelativismus zu vertreten führt zu einer Schwierigkeit, die hier nur angedeutet werden soll. Wenn jemand die These vertritt, dass das Prädikat „ist wahr" zweistellig ist, so wäre auch diese These, wenn sie wahr wäre, nicht absolut wahr, sondern nur relativ zu einer bestimmten Gruppe. Und wenn die These nur relativ zu einer bestimmten Gruppe wahr wäre, dann hätte es keinen Sinn, darüber philosophisch zu streiten, ob „ist wahr" ein einstelliges oder zweistelliges Prädikat ist.

Es muss nicht sein, dass moralische Relativisten einen allgemeinen relativistischen Wahrheitsbegriff vertreten. Sie können Relativisten nur hinsichtlich des Wahrheitswertes von Propositionen moralischen Inhalts sein. Eine solche Position schein Sharon Street mit ihrem metaethischen Konstruktivismus zu vertreten, wenn sie schreibt:

> Normative Wahrheit […] besteht in dem, was auch immer aus dem Inneren [der praktischen Sichtweise einer Person] folgt. (Street 2010, 371)

Zum besseren Verständnis dieser Position sei ein Beispiel genannt. Berta wertschätzt eine Menge von Dingen. Das sei ihre praktische Sichtweise. Und alle Propositionen moralischen Inhalts, die kohärenterweise daraus folgen, seien wahr, auch wenn Berta selbst diese Schlüsse selbst nicht ziehe. Angenommen, sie wertschätzt es, lange zu leben. Diese Einstellung impliziere es, dass sie Grund habe, nicht zu rauchen. Dass sie nicht rauchen soll, wäre dann eine moralische Wahrheit. Sie ergebe sich aus Bertas Wertschätzungen plus nichtnormativen Tatsachen über die lebensverkürzenden Folgen des Rauchens, und dem, was sich daraus logisch ergebe. Würde Berta etwas anderes wertschätzen, z. B. so viel spontane Lust wie möglich zu erleben, so würde diese Einstellung zusammen mit einigen nichtnormativen Tatsachen eine andere moralische Wahrheit implizieren, etwa, dass sie Grund habe zu rauchen; dass sie rauchen soll. Diesem relativistischen Verständnis zufolge könne sich Berta auch irren, also etwas für wahr halten, das falsch ist, wenn sie eine Proposition moralischen Inhalts für wahr hielte, die nicht aus ihrer praktischen Sichtweise folgte. Street (2010, 371) stellt sich beispielsweise einen Mann namens Caligula vor, der die Überzeugung hat, dass er andere zu seinem eigenen Vergnügen foltern soll. Wäre Caligula kohärent und würde diese Überzeugung aus seiner praktischen Sichtweise folgen, so besäße er laut Street eine M-Wahrheit, sonst nicht.

Diese Position erscheint mir problematisch. Was wir z. B. als die schlimmsten Verbrechen der Nationalsozialisten verurteilen, könnte aus deren praktischer Sichtweise kohärent folgen. Sie hätten demnach entsprechend einer M-Wahrheit gehandelt; sie hätten nicht anders handeln sollen und hätten daher auch keinen Grund, sich schuldig zu fühlen. Auch theoretisch betrachtet, scheint diese Position schwer haltbar. Wird sie nicht ebenfalls Opfer einer selbstbezüglichen Inkohärenz? Street behauptet, richtig sei jeweils jene Handlung, die aus der eigenen praktischen Sichtweise folge. Beansprucht sie damit absolute Wahrheit, steht sie im Widerspruch zu ihrer Auffassung, wonach moralische Propositionen *relativ* zu den eigenen Sichtweisen wahr sind. Denn die Proposition, dass jeweils jene Handlung richtig ist, die aus der eigenen praktischen Sichtweise folgt, ist eine Proposition allgemeinen moralischen Inhalts. Beansprucht sie dafür „nur" relative Wahrheit, dann wird es wenig Sinn haben, für diese Proposition argumentativ einzutreten. Street dürfte höchstens versuchen zu zeigen, dass diese Proposition aus der praktischen Sichtweise ihrer Gegner folgt.

Manche moralischen Relativisten treten mit moderateren Ansichten auf. So beschreibt Berit Brogaard (2012, 538) den metaethischen Relativismus als jene Sicht, wonach zumindest einige Propositionen moralischen Inhalts Wahrheitswerte haben, die relativ zu den Standards der urteilenden Person bestimmt sind. Ihr zufolge gibt es Propositionen moralischen Inhalts, deren Wahrheitswert auf „objektive Weise" nicht feststellbar sei. Wenn solche Propositionen einen Wahrheitswert hätten, so müssten sie diesen Wahrheitswert relativ zu subjektiven Standards haben (2012, 541).

Allerdings scheint diese Position ebenfalls unplausibel zu sein. Erstens müsste man ein Kriterium dafür haben, wann der Wahrheitswert nicht auf objektive Weise feststellbar ist. Zweitens müsste man sowohl das relativistische als auch das nichtrelativistische Wahrheitsverständnis in der Moral annehmen. Drittens schließlich kann man schwierige moralische Situationen, in welcher konfligierende Normen zum Zug kommen und der subjektive Standpunkt der handelnden Person als relevant erachtet wird, auch innerhalb des Verständnisses eines einstelligen Wahrheitsprädikats plausibel verständlich machen. Man gehe z. B. von der normativen These aus, es gehöre zu den notwendigen Bedingungen für das Gutsein einer Handlung, dass sie nach reiflicher Überlegung und bestem „Wissen und Gewissen" vollzogen wird. Dann würde die Tatsache, dass diese Handlung dieser Person als richtig erscheint, und sie es nach reiflicher Überlegung für wahr hält, dass es richtig ist, so zu handeln, zu jenen Tatsachen gehören, welche die Proposition, dass diese Handlung gut ist, wahr machen. Man kann also den subjektiven Standpunkt einbeziehen, ohne das Wahrheitsprädikat zu relativieren.

## 4.3 Absolute moralische Wahrheit

Nehmen wir an, das Prädikat „ist wahr" sei ein einstelliges Prädikat. Was heißt es dann für eine Proposition, wahr zu sein? Aristoteles hat dazu eine berühmte Antwort geschrieben:

Zu sagen, dass das, was ist, nicht ist, oder das, was nicht ist, ist, ist falsch; hingegen (zu sagen), dass das, was ist, ist, oder das, was nicht ist, nicht ist, ist wahr. (Aristoteles, Metaphysik 1011b, 26 f.)

Nehmen wir an, Berta behauptet, dass der Mars genau zwei Monde hat. Diese Proposition, dass der Mars genau zwei Monde hat, ist dann und nur dann wahr, wenn der Mars zwei Monde hat. Hat der Mars weniger oder mehr als zwei Monde, dann ist diese Proposition falsch. Man kann diese Auffassung von Wahrheit in folgendes Wahrheitsschema bringen (vgl. Alston 1996, 27–30):

*WS*: Die Proposition, dass *p*, ist dann und nur dann wahr, wenn *p*.

Setzt man für „*p*" eine Proposition ein, so erhält man eine Wahrheitsaussage, z. B. folgende: Die Proposition, dass der Mars genau zwei Monde hat, ist genau dann wahr, wenn der Mars zwei Monde hat. Eine solche Wahrheitsaussage formuliert notwendige und hinreichende Bedingungen dafür, dass die Proposition wahr ist. Nun kann man *WS* aber auf verschiedene Weise verstehen.

### 4.3.1 Deflationäre Wahrheitsauffassung in der Metaethik

Gemäß der deflationären Wahrheitsauffassung kann man das Schema so deuten, dass man behauptet: Zu sagen, dass es wahr ist, dass *p*, sei nichts anderes als verstärkt zu sagen, dass *p*. „Es ist wahr, dass der Mars zwei Monde hat" sei nichts anderes als mit Nachdruck zu sagen „dass der Mars zwei Monde hat". Demnach füge „es ist wahr" der Bedeutung des Satzes „dass der Mars zwei Monde hat" nichts hinzu. Das Wahrheitsprädikat sei eigentlich überflüssig. Angewandt auf moralische Sätze, lautet die deflationäre Sicht: Zu sagen „Es ist wahr, dass man Menschen wegen einer Behinderung nicht töten darf" sei nichts anderes als verstärkt zu sagen „dass man Menschen wegen einer Behinderung nicht töten darf."

Interessanterweise können sowohl Kognitivisten als auch Non-Kognitivisten ein deflationäres Wahrheitsverständnis bezüglich moralischer Äußerungen annehmen. Non-Kognitivisten wird manchmal vorgeworfen, sie würden unserer alltäglichen Sprechpraxis nicht gerecht werden,

## 4.3 Absolute moralische Wahrheit

wenn sie behaupten, eine moralische Äußerung sei Ausdruck eines konativen Zustandes und folglich nicht wahrheitsfähig. Denn im Alltag würden wir moralische Äußerungen oft als wahr oder falsch beurteilen. Nehmen Non-Kognitivisten nun ein deflationäres Wahrheitsverständnis an, so können sie auf diesen Vorwurf wie folgt antworten: Freilich sagen wir oft, diese oder jene moralische Äußerung sei wahr. Aber weil das Prädikat „ist wahr" nichts zur Bedeutung dieser Äußerung hinzufüge, sondern nur eine Verstärkung dieser Äußerung zum Ausdruck bringe, könne man Non-Kognitivist bleiben und unserer Rede von Wahrheit in der Moral dennoch gerecht werden. Diese Position, die unter dem Namen „Quasi-Realismus" bekannt ist, beschreibt Allan Gibbard auf folgende Weise:

> In einem Sinn gibt es klarerweise „Tatsachen" darüber, was eine Person tun soll, und in einem Sinn des Wortes „wahr" gibt es Wahrheit in dieser Sache. Das ist ein minimalistischer Sinn, gemäß dem „Es ist wahr, dass Schmerz vermieden werden soll" auf dasselbe hinausläuft wie zu sagen, dass Schmerz vermieden werden soll – und ähnlich ist es mit „Es ist eine Tatsache, dass". (Gibbard 2003, x)

Sagen wir ferner von einer moralischen Äußerung einer anderen Person, sie sei wahr, so sei dies ein Mittel, ihr beizupflichten. Sagen wir von einer moralischen Äußerung einer anderen Person, sie sei falsch, sei dies ein Mittel, ihr nicht beizupflichten. Das sei alles.

Auch Kognitivisten können die Wahrheit moralischer Äußerungen deflationär verstehen. Ein Vorteil dieses Verständnisses sei, dass man sich mit der deflationären Wahrheitsauffassung nicht zur Annahme metaphysisch robuster moralischer Tatsachen verpflichten müsse, die mit einem naturalistischen Weltbild nicht in Einklang zu bringen sei. Allerdings ist die deflationäre Wahrheitsauffassung sehr umstritten. Stimmt es, dass die beiden Aussagesätze

1. „Der Mars hat zwei Monde"
2. „Es ist wahr, dass der Mars zwei Monde hat"

denselben propositionalen Gehalt haben? Im Satz (2) wird etwas über eine Proposition ausgesagt. Im Satz (1) hingegen wird etwas über Mars ausgesagt. Die beiden Sätze haben daher nicht denselben Inhalt, sie drücken nicht denselben Gedanken aus. Dies ist ein Grund zu behaupten, dass das Prädikat „... ist wahr" doch einen semantischen Gehalt hat und etwas zur Bedeutung eines Aussagesatzes hinzufügt. Und dies gilt dann auch für den Bereich der Moral: „Diese Handlung ist richtig" und „Es ist wahr, dass diese Handlung richtig ist" drücken unterschiedliche Gedanken aus.

### 4.3.2 Epistemische Wahrheitsauffassungen in der Metaethik

Epistemischen Wahrheitsauffassungen zufolge wird mit „ist wahr" etwas über die epistemische Stärke einer Überzeugung bzw. Proposition ausgedrückt, z. B. dass sie vernünftig, gerechtfertigt, begründet oder begründbar ist. So sagen einige Vertreter von epistemischen Wahrheitstheorien: Die Proposition, dass *p*, sei genau dann wahr, wenn sie mit einer bestimmten Menge von anderen für wahr gehaltenen Propositionen kohäriere, d. h. nicht in Widerspruch zu ihnen stehe und durch sie gestützt werde. Diese Auffassung nennt man „Kohärenztheorie der Wahrheit". Eine andere Variante lautet: Die Proposition, dass *p*, sei genau dann wahr, wenn alle am idealen Diskurs Beteiligten sie anerkennen würden. Diese Auffassung nennt man „Konsenstheorie der Wahrheit". Man sieht: Ob eine Überzeugung wahr oder falsch ist, hängt diesen Auffassungen zufolge davon ab, ob sie kohärent, vernünftig, idealerweise anerkannt ist, also von ihrem epistemischen Status. Daher nennt man diese Theorien auch „epistemische Wahrheitstheorien".

Eine Schwierigkeit dieser epistemischen Wahrheitstheorien besteht darin, dass Kohärenz und Konsens zeit- und personenrelativ sind, während die Wahrheit einer Proposition nicht zeit- und personenrelativ ist. Eine Überzeugung kann zu einem Zeitpunkt mit den anderen Überzeugungen einer Person kohärieren, zu einem anderen Zeitpunkt aber nicht. Oder zwei Personen können eine Überzeugung mit demselben propositionalen Inhalt haben, mit dem Unterschied, dass die eine Person ein kohärentes Überzeugungssystem hat, die andere jedoch nicht. Ähnlich ist es mit dem Konsens. In einer Gruppe kann zu einem Zeitpunkt Konsens darüber vorliegen, dass eine Proposition anzuerkennen ist, zu einem anderen nicht. Der epistemische Status von Überzeugungen variiert also in verschiedenen epistemischen Situationen. Die Wahrheit einer Proposition variiert jedoch nicht auf diese Weise. Wenn es wahr ist, dass der Mars zwei Monde hat, dann ist diese Proposition unabhängig davon wahr,

## 4.3 Absolute moralische Wahrheit

wann sie mit welchen anderen für wahrgehaltenen Propositionen einer Person kohäriert oder in einer Gemeinschaft konsensfähig ist. Sie verändert ihren Wahrheitswert nicht mit der Zeit und auch nicht relativ zu wechselnden Personen oder Personengruppen.

Ferner nehmen wir an, dass viele Propositionen wahr sind, obwohl sie von niemandem für wahr gehalten, geschweige denn gerechtfertigterweise für wahr gehalten werden. Man denke an irgendeinen Himmelskörper im Universum, den keiner kennt und niemals kennen wird. Nennen wir ihn „Lyx". Es wäre wahr, dass Lyx existiert, auch wenn kein Mensch jemals darüber eine Überzeugung bildet.

Schließlich gibt es auch falsche Überzeugungen, die für viele Menschen dennoch epistemisch gerechtfertigt waren. Die Überzeugung, dass die Erde feststeht und die Sonne sich bewegt, war relativ zu dem, was die Leute im Mittelalter beobachteten und glaubten, epistemisch gerechtfertigt, vernünftig, rational. Sie kohärierte mit dem, was sie damals für wahr hielten und war auch konsensfähig. Dennoch war sie falsch. Es gibt also gute Gründe, diese Form von epistemischen Wahrheitstheorien zurückzuweisen.

Eine raffiniertere epistemische Wahrheitsauffassung, welche diesen Problemen entkommt, lautet: Die Proposition, dass $p$, ist genau dann wahr, wenn sie für eine Person in einer idealen Erkenntnissituation gerechtfertigt wäre, in einer Situation, in der alle relevanten Gründe leicht zugänglich wären. Kurz: Wahrheit sei ideale Rechtfertigbarkeit. In diese Richtung ging die Auffassung von Hilary Putnam:

> Wahrheit ist irgendeine Art von idealisierter vernünftiger Annehmbarkeit – irgendeine Art idealer Kohärenz unserer Überzeugungen miteinander und mit unseren Erfahrungen, sofern diese Erfahrungen selbst in unserem Überzeugungssystem repräsentiert sind. (Putnam 1981, 50)

Es ist nicht auszuschließen, dass auch Non-Kognitivisten moralische Wahrheiten in diesem epistemischen Sinn annehmen können. Wenn ideale Rechtfertigbarkeit im Sinn irgendeiner inneren Kohärenz von konativen Einstellungen verstanden wird, und wenn wahr zu sein nichts anderes ist als innerlich kohärent zu sein, dann könnten auch konative Einstellungen wahr sein.

Epistemische Wahrheitsauffassungen in der Metaethik werden aber meistens von Kognitivisten vertreten. Besonders metaethische Konstruktivisten dürften auf epistemische Wahrheitsauffassungen zurückgreifen.

Ihnen zufolge besteht die Wahrheit einer moralischen Überzeugung darin, durch ein korrektes oder rationales Verfahren, in dem z. B. auf strikte Kohärenz oder idealen Konsens Wert gelegt wird, hervorgebracht werden zu können. Entwickelt findet man derartige Verfahren für die Moral bei John Rawls (1921–2002) und anderen Vertretern der Kohärenztheorie (siehe Tarkian 2008). Genauer dargestellt werden sie im Kapitel 6.3. Nimmt man eine epistemische Wahrheitsauffassung für moralische Überzeugungen an, so erübrigt sich die Annahme von einstellungsunabhängigen moralischen Tatsachen als Wahrmachern wahrer moralischer Propositionen. Konstruktivisten dieser Art gehören daher in das sogenannte „*antirealistische*" Lager im Unterschied zur realistischen Auffassung, wonach es eine einstellungsunabhängige moralische Realität gibt.

Nehmen wir an, ideal rechtfertigbar zu sein heiße, ideal kohärent zu sein. Dann kann man fragen: Könnte ein ideal kohärentes Überzeugungssystem nicht trotzdem viele falsche Überzeugungen enthalten? Denkbar wäre es. Angenommen, der böse Dämon, von dem René Descartes (1596–1650) in seinen *Meditationen über die Grundlagen der Philosophie* spricht, täuscht uns nicht nur was die Außenwelt, sondern auch was die Moral betrifft. Obwohl unsere moralischen Überzeugungen ideal miteinander kohärierten, wären sie dennoch falsch.

Darauf wird man entgegnen, dass die böse Dämonenwelt keine ideale Erkenntnissituation darstelle. Ideale Rechtfertigbarkeit müsste dann anders definiert werden. Man könnte versuchen, zu einem Vorschlag zu kommen, nach dem die Prädikate „... ist wahr" und „... ist ideal rechtfertigbar" tatsächlich extensionsgleich sind, sodass gilt: Alle Propositionen, die wahr sind, sind auch ideal rechtfertigbar und alle Propositionen, die ideal rechtfertigbar sind, sind auch wahr. Daraus folgt m. E. aber weder, dass das Prädikat „... ist wahr" dasselbe bedeutet wie das Prädikat „... ist ideal rechtfertigbar", noch, dass die Eigenschaft, wahr zu sein, identisch ist mit der Eigenschaft, ideal rechtfertigbar zu sein.

Ein Grund, epistemische Wahrheitsauffassungen zurückzuweisen, besteht darin, dass sie mit dem eingangs genannten Wahrheitsschema (WS) nicht kompatibel sind. Dieses hatte gelautet: Die Proposition, dass $p$, ist dann und nur dann wahr, wenn $p$. Epistemische Wahrheitsauffassungen, die für die Definition der Wahrheit einer Proposition eine epistemische Bedingung verlangen, bringen es mit sich, dass die in WS ausgedrückte Bedingung entweder nicht hinreichend oder nicht notwendig ist

## 4.3 Absolute moralische Wahrheit

(vgl. Alston 1996, 217). Vertreter von epistemischen Wahrheitsauffassungen müssten also WS ablehnen. Doch dies steht in Spannung damit, dass selbst Vertreter von epistemischen Wahrheitsauffassungen WS als Gemeinplatz annehmen, dem jede Wahrheitsauffassung gerecht werden sollte.

Vertreter einer realistischen Wahrheitsauffassung unterscheiden zwischen Wahrheitskriterien und Wahrheitsbedingungen. Ihnen zufolge werden in epistemischen Wahrheitsauffassungen Wahrheitskriterien formuliert: Gründe oder Anzeichen, die dafür sprechen, dass eine Proposition wahr ist. So könnte z. B. die Kohärenz einer Proposition mit einem etablierten Überzeugungssystem ein Indikator unter anderen Indikatoren für die Wahrheit dieser Überzeugung sein. Aber die Kohärenz sei keine Wahrheitsbedingung, d. h. etwas, das erfüllt sein müsse, damit die Proposition wahr ist. Dass der Mars zwei Monde hat, sei wahr, unabhängig davon, ob diese Proposition sich in ein kohärentes Überzeugungssystem einfüge oder nicht.

Jürgen Habermas hat dafür plädiert, in der Moral statt von „Wahrheit" von „Richtigkeit" zu sprechen. Eine moralische Überzeugung sei richtig, wenn sie ideal gerechtfertigt akzeptierbar sei. Er schreibt:

> „Wahrheit" ist ein rechtfertigungstranszendenter Begriff, der auch nicht mit dem Begriff ideal gerechtfertigter Behauptbarkeit zur Deckung gebracht werden kann. Er verweist vielmehr auf Wahrheitsbedingungen, die gewissermaßen von der Realität selbst erfüllt werden müssen. Demgegenüber geht der Sinn von „Richtigkeit" in ideal gerechtfertigter Akzeptabilität auf. (1999, 284–285) [...] Die Gültigkeit einer normativen Aussage verstehen wir nicht im Sinne des Bestehens eines Sachverhalts, sondern als Anerkennungswürdigkeit einer entsprechenden Norm, die wir unserer Praxis zugrunde legen sollen. [...] Die ideal gerechtfertigte Behauptbarkeit einer Norm weist nicht – wie im Fall eines rechtfertigungs-transzendenten Wahrheitsanspruchs – über die Grenzen des Diskurses hinaus auf etwas hin, das unabhängig von der festgestellten Anerkennungswürdigkeit „Bestand" haben könnte (Habermas 1999, 297).

Damit hat Habermas bereits auf die realistische Wahrheitsauffassung hingewiesen. Freilich glaubt er, diese sei – vermutlich aus ontologischen Gründen – für die Moral nicht passend. Es gibt aber zunehmend mehr Philosophinnen und Philosophen, welche die realistische Wahrheitsauffassung auch für die Moral passend finden.

### 4.3.3 Realistische Wahrheitsauffassung in der Metaethik

Gemäß mancher realistischer Wahrheitsauffassungen wird mit dem Prädikat „… ist wahr" eine Art Übereinstimmung der für wahr gehaltenen Proposition mit der sprach- und denkunabhängigen Wirklichkeit ausgedrückt. So expliziert Thomas von Aquin in der *Quaestio disputata de veritate* 1,1 den Begriff der Wahrheit mit der Formel: „Veritas est adaequatio rei et intellectus". Auf Deutsch heißt das: „Wahrheit ist Übereinstimmung von Sache und Verstand", wobei mit „Verstand" der im Akt des Erfassens erfasste Inhalt gemeint ist, also ungefähr das, was hier „Proposition" genannt wird. Die Proposition, dass der Mars zwei Monde hat, ist genau dann wahr, wenn es Sache ist, dass der Mars zwei Monde hat. Diese Auffassung wird präziser Adäquations- oder Korrespondenztheorie der Wahrheit genannt, weil man annimmt, dass das Prädikat „… ist wahr" eine Art von Korrespondenz oder Übereinstimmung zwischen einer für wahr gehaltenen Proposition und einem bestehenden Sachverhalt ausdrückt. So könnte man sagen: Die Proposition, dass $p$, ist genau dann wahr, wenn der Sachverhalt, dass $p$, besteht. Ein bestehender Sachverhalt ist eine Tatsache. Manche sagen daher auch: Eine Proposition werde durch eine Tatsache wahr gemacht. Die Tatsache sei der „Wahrmacher" (auf Englisch „truthmaker") der Proposition. So kann man fragen: Was macht die Proposition wahr, dass der Mars zwei Monde hat? Und die Antwort lautet: Es ist die Tatsache, dass der Mars zwei Monde hat. Diese Sicht wird dem Wahrheitsschema *WS* voll gerecht.

Vertreter der klassisch-realistischen Wahrheitsauffassung nehmen an, dass es außerhalb unserer Überzeugungen eine Wirklichkeit gibt, eine unabhängig von unseren Überzeugungen und anderen Einstellungen existierende Welt, welche unsere Überzeugungen wahr mache. Sie vertreten also eine Art von Realismus. Dabei nehmen sie an, dass das Bestehen von Sachverhalten grundlegender ist als das Wahrsein von Propositionen: Der Sachverhalt, dass $p$, bestehe nicht deshalb, weil die Proposition, dass $p$, wahr sei, sondern umgekehrt: Die Proposition, dass $p$, sei wahr, weil der Sachverhalt, dass $p$, bestehe. Dies meinte auch Aristoteles, wenn er schreibt:

## 4.3 Absolute moralische Wahrheit

> Nicht darum nämlich, weil unser Urteil, du seiest weiß, wahr ist, bist du weiß, sondern darum, weil du weiß bist, sagen wir die Wahrheit, indem wir dies behaupten. (Aristoteles, Metaphysik 1051b, 6f.)

> Der wahre Ausdruck ist niemals Ursache dafür, dass der Sachverhalt ist, der Sachverhalt allerdings scheint irgendwie Ursache dafür, dass der Ausdruck wahr ist. (Aristoteles, Kategorien 14b, 18–20)

Die Wahrheit einer Proposition gründet demnach im bestehenden Sachverhalt, nicht umgekehrt. Die Beziehung zwischen dem bestehenden Sachverhalt und der durch ihn wahr gemachten Proposition sei also asymmetrisch.

Übernimmt man diese Auffassung in der Metaethik, so ergibt sich: Eine moralische Proposition, dass $p_m$, ist genau dann wahr, wenn der Sachverhalt, dass $p_m$, besteht. Die Proposition, dass man Notleidenden helfen soll, ist genau dann wahr, wenn es eine Tatsache ist, dass man Notleidenden helfen soll. Die Proposition, dass Mord schlecht ist, ist genau dann wahr, wenn es eine Tatsache ist, dass Mord schlecht ist. Nun gibt es, wie bereits gesagt, auch Propositionen mit partikulärem moralischem Inhalt, z. B. dass Anton jetzt Berta helfen soll. Auch diese Proposition ist wahr genau dann, wenn es eine Tatsache ist, dass Anton jetzt Berta helfen soll. Ob man die realistische Wahrheitsauffassung für die Metaethik übernehmen und einen *moralischen Realismus* vertreten will, wird auch von der Plausibilität der metaphysischen Verpflichtungen abhängen, die man damit eingeht. Ist es plausibel, moralische Tatsachen (Fakten) anzunehmen? Was sind diese moralischen Tatsachen? Woraus bestehen sie? Was spricht dafür, dass es sie gibt? Und wie werden wir ihrer gewahr? Diese Fragen werden in den nächsten beiden Kapiteln erörtert.

**Weiterführende Literatur:**

Radtke 2009; Muders 2015; Kulp 2019.

# 5 Was sind moralische Tatsachen?

Berta fragt: „Warum willst du diesen Yusuf bei uns aufnehmen?" Anton antwortet: „Sein Leben ist bedroht. In seiner Heimat tobt Bürgerkrieg. Er wollte sich nicht daran beteiligen. Er ist Christ und glaubt, es sei falsch, Menschen zu töten. Daher ist er geflohen. Er ist in Not. Wir können diese Not lindern. Wir können ihm ohne viel Aufwand unsererseits helfen, ein glücklicherer Mensch zu werden. Man soll Notleidenden helfen, wenn man kann. Das ist eine Tatsache. Yusuf leidet Not. Auch das ist eine Tatsache. Wir können ihm helfen. Das ist ebenfalls eine Tatsache. Also sollen wir ihm helfen. Dies ist wiederum eine Tatsache." Berta reagiert kopfschüttelnd: „Dass wir ihm helfen sollen, ist eine Tatsache? Aber bitte: Was für eine Tatsache ist das denn?"

Mit dieser Frage begeben wir uns auf das Gebiet der Metaphysik oder Ontologie: der Wissenschaft des Seienden und dessen Grundstrukturen. Behaupten moralische Realisten, es gebe moralische Tatsachen und wahre moralische Propositionen würden durch moralische Tatsachen wahr gemacht, so sind mindestens drei Fragen zu beantworten: Was sind moralische Tatsachen? Wie verhalten sich moralische Tatsachen zu nichtmoralischen, aber moralrelevanten Tatsachen? Auf welche Weise existieren moralische Tatsachen?

## 5.1 Moralische Tatsachen

Beginnen wir mit einigen nichtmoralischen Tatsachen. Anton ist 35 Jahre alt, mit Berta verheiratet, Vater von zwei Kindern, Pianist. Wir nehmen an, all das sind Tatsachen. Woraus bestehen diese Tatsachen ontologisch betrachtet? Nehmen wir die Tatsache, dass Anton 35 Jahre alt ist. Diese

## 5.1 Moralische Tatsachen

Tatsache besteht aus Anton und der Eigenschaft, 35 Jahre alt zu sein. Anton, so nehmen wir in aristotelischer Tradition an, ist eine Substanz, genauer eine individuelle Substanz oder Substanzpartikularie. Anton kommt die Eigenschaft zu, 35 Jahre alt zu sein. Das Zukommen dieser Eigenschaft ist nichts anderes als Antons Haben dieser Eigenschaft: Antons 35 Jahre-alt-Sein. Auf dieselbe Weise kann man die anderen Tatsachen deuten: sein Mit-Berta-verheiratet-Sein, sein Vater-Sein, sein Pianist-Sein. Diese Tatsachen bringen es mit sich, dass die mit dem Aussagesatz „Anton ist 35 Jahre alt, mit Berta verheiratet, Vater von zwei Kindern, Pianist" ausgedrückten Propositionen wahr sind. Sehen wir uns nun die folgenden Aussagesätze an:

1. „Anton hilft Yusuf."
2. „Antons Handlung, Yusuf zu helfen, maximiert das Glück."
3. „Antons Handlung, Yusuf zu helfen, ist moralisch richtig."

Angenommen, die durch diese Aussagesätze ausgedrückten Propositionen sind wahr. Durch welche Tatsachen werden sie wahr gemacht? Eine simple Antwort besagt, dass sie der Reihe nach durch folgende Tatsachen wahr gemacht werden:

4. Die Tatsache, dass Anton Yusuf hilft.
5. Die Tatsache, dass Antons Handlung das Glück maximiert.
6. Die Tatsache, dass Antons Handlung moralisch richtig ist.

Woraus bestehen diese Tatsachen? Auch diese Frage scheint zunächst leicht beantwortbar zu sein: (4) besteht aus Anton und der Eigenschaft, Yusuf zu helfen. „Eigenschaft" wird hier sehr weit verwendet. Um genauer zu sein, würden viele Ontologen eher von einem Ereignis sprechen, noch genauer: von einer Handlung, d. i. einem wissentlichen und willentlichen Verhalten. (5) besteht aus Antons Handlung und ihrer Eigenschaft, glücksmaximierend zu sein. (6) schließlich besteht aus Antons Handlung und ihrer Eigenschaft, moralisch richtig zu sein. (6) ist das, was hier eine „moralische Tatsache" genannt wird. Die Antwort auf die Frage „Was sind moralische Tatsachen" erscheint also zunächst einfach: Moralische Tatsachen bestehen aus Handlungen und moralischen Eigenschaften, die diese Handlungen besitzen (haben, charakterisieren). Moralische Eigenschaften sind in erster Linie Qualitäten von Handlungen. Dazu zählen die

Eigenschaften, moralisch richtig/falsch zu sein, die Eigenschaften, moralisch geboten/verboten/erlaubt zu sein, die Eigenschaften, moralisch gut/schlecht zu sein. Diese Eigenschaften können neben Handlungen aber auch Motive, Haltungen und Personen besitzen. Ferner gehören zu den moralischen Eigenschaften auch jene Qualitäten, auf die mit „aretaischen" (von „arete", zu Deutsch: Tugend) Ausdrücken Bezug genommen wird, z. B. die Eigenschaft, gerecht zu sein, tapfer zu sein, freundlich zu sein, barmherzig zu sein, großzügig zu sein etc., sowie Eigenschaften, die im Gegensatz dazu stehen, z. B. die Eigenschaft, eigensüchtig zu sein, grausam zu sein, geizig zu sein etc. Aretaische Eigenschaften sind in erster Linie Qualitäten von Personen.

Viele werden vermutlich die Meinung vertreten, dass die Tatsache (6) mit der Tatsache (5) zusammenhängt, sagen wir doch: „Antons Handlung ist moralisch richtig, weil sie das Glück maximiert." Die Tatsache (5) ist dieser Auffassung zufolge also zwar eine nichtmoralische, aber doch moralrelevante Tatsache. Aber wie genau verhalten sich die beiden Tatsachen zueinander? Wir sagen, dass die eine Tatsache besteht, *weil* die andere Tatsache besteht. Da kann man nun mit John Mackie (1977, 41) fragen: „Was in der Welt wird mit diesem ‚weil' bezeichnet?"

Die Tatsachen (5) und (6) bestehen, so nehmen wir zunächst an, aus derselben Handlung und zwei Eigenschaften dieser Handlung: der Eigenschaft, glücksmaximierend zu sein, sowie der Eigenschaft, moralisch richtig zu sein. Nun können wir die Frage „Wie verhalten sich moralische Tatsachen zu den nichtmoralischen, aber moralrelevanten Tatsachen?" klarer so formulieren: Wie verhält sich die moralische Eigenschaft dieser Handlung, richtig zu sein, zur nichtmoralischen, aber moralrelevanten Eigenschaft dieser Handlung, glücksmaximierend zu sein?

Manche werden hier vielleicht protestieren und sagen: „Die moralische Richtigkeit der Handlung hängt doch gar nicht davon ab, dass sie das Glück oder die Lust maximiert, sondern davon, dass alle vernünftigen Leute diese Handlung wollen können, oder dass Gott sie gebietet, oder dass Anton beabsichtigt, etwas Richtiges zu tun etc." Darüber kann man in der Tat streiten. Dies ist aber die Aufgabe der normativen Ethik. Dort werden so verschiedene normative Thesen vorgeschlagen wie:

- Eine Handlung ist genau dann moralisch richtig, wenn sie glücksmaximierend ist (Klassischer Utilitarismus).

## 5.1 Moralische Tatsachen

- Eine Handlung ist genau dann richtig, wenn sie einer Regel folgt, deren allgemeine Akzeptanz es mit sich bringt, dass es insgesamt am besten läuft (Regelkonsequentialismus).
- Eine Handlung ist genau dann richtig, wenn sie zur Entfaltung und Vollendung der spezifischen Natur des Menschen beiträgt (Naturrechtlicher Perfektionismus).
- Eine Handlung ist genau dann moralisch richtig, wenn sie aus der praktischen Sichtweise der handelnden Person kohärenterweise folgt (Konstruktivismus).
- Eine Handlung ist genau dann moralisch richtig, wenn alle Personen sie vernünftigerweise wollen könnten bzw. wenn keine Person sie vernünftigerweise ablehnen könnte (Kontraktualismus).
- Eine Handlung ist genau dann moralisch richtig, wenn Gott sie gebietet. (Theistischer Supranaturalismus).

In dieser metaethischen Untersuchung geht es nicht um die Frage, welche dieser Thesen wahr ist. Es geht um eine grundlegendere Frage, die auftaucht, egal welche der normativen Thesen man vertritt. Denn alle diese normativen Thesen besagen, dass die Eigenschaft einer Handlung, moralisch richtig zu sein, *genau dann* vorhanden ist, *wenn* eine bestimmte nichtmoralische Eigenschaft an dieser Handlung vorhanden ist, oder wenn mehrere bestimmte nichtmoralische Eigenschaften an dieser Handlung vorhanden sind. Nennen wir der Kürze halber moralische Eigenschaften „M-Eigenschaften" und die relevanten nichtmoralischen Eigenschaften, welche auch immer es sind, „N-Eigenschaften". Nennen wir ferner moralische Ausdrücke wie „moralisch richtig/falsch/gut/schlecht" „M-Ausdrücke" und nichtmoralische Ausdrücke wie „glücksmaximierend", „vernünftigerweise wählbar" etc. „N-Ausdrücke", sowie die entsprechenden Begriffe „M-Begriffe" und „N-Begriffe". Nennen wir moralische Tatsachen „M-Tatsachen" und die relevanten nichtmoralischen Tatsachen „N-Tatsachen". Nennen wir ferner moralische Aussagen „M-Aussagen", natürliche Aussagen „N-Aussagen" und die entsprechenden Propositionen „M-Propositionen" und „N-Propositionen". Nun kann man sagen, dass alle normativen Thesen die Form haben:

Eine Handlung hat genau dann die M-Eigenschaft, wenn sie die N-Eigenschaft hat.

Unsere metaethische ontologische Frage lautet dann: In welcher Beziehung steht die M-Eigenschaft zur N-Eigenschaft? Als Beispiel wird im Folgenden der Einfachheit halber die utilitaristische These verwendet. Man kann aber auch jede andere normative These einsetzen.

## 5.2 Das Verhältnis von moralischen zu nichtmoralischen Tatsachen

### 5.2.1 Supervenienz

Es erscheint uns relativ klar, dass die M-Eigenschaft einer Handlung nicht zufällig mit bestimmten N-Eigenschaften dieser Handlung auftaucht. All unser moralisches Urteilen im Alltag setzt voraus, dass zwei Handlungen, die in ihren N-Eigenschaften übereinstimmen, auch in ihren M-Eigenschaften übereinstimmen *müssen*. Wir nehmen an, dass Antons Handlung, Yusuf zu helfen, glücksmaximierend ist. Nehmen wir ferner an, dass Cäsar auch einen Asylsuchenden aufnimmt, z. B. Adil, und dass auch diese Handlung glücksmaximierend ist. Wenn nun Antons Handlung moralisch richtig ist, und wenn es keine relevanten Unterschiede zwischen den N-Eigenschaften dieser Handlungen gibt, dann *muss* auch Cäsars Handlung richtig sein. Es ist unmöglich, dass eine der beiden Handlungen richtig und die andere falsch ist, außer sie unterscheiden sich in irgendeiner relevanten N-Eigenschaft. Wir sagen also:

> Zwei Handlungen, die in ihren N-Eigenschaften übereinkommen, *müssen* auch in ihren M-Eigenschaften übereinkommen.

Eine derartige Beziehung zwischen Eigenschaften nennt man in der Philosophie „Supervenienz" (vom Lateinischen „supervenire", zu Deutsch: darüberkommen, hinzukommen). Entsprechend sagt man: Die M-Eigenschaften supervenieren auf den N-Eigenschaften. Nun gibt es verschiedene Arten von Supervenienz. Uns interessiert hier folgende Art notwendiger Supervenienz zwischen M- und N-Eigenschaften über mögliche Welten hinweg: Für beliebige Welten $W$ und $W^*$ und Handlungen $H_1$ und $H_2$ gilt notwendigerweise: Wenn $H_1$ in $W$ bezüglich ihrer N-Eigenschaften ununterscheidbar ist von $H_2$ in $W$ oder $W^*$, dann ist $H_1$ in $W$ auch in ihren M-Eigenschaften ununterscheidbar von $H_2$ in $W$ oder $W^*$. Diese Supervenienzthese wird von vielen Ethikern geteilt. Aber sie ist nur Ausgangspunkt für sehr unterschiedliche Ansichten, wie im Folgenden deutlich wird.

### 5.2.2 Identität

Handlungen, die in ihren N-Eigenschaften übereinkommen, müssen auch in ihren N-Eigenschaften übereinkommen. Üblicherweise wird hinzugefügt, dass die Abhängigkeit in der umgekehrten Richtung nicht gilt. Zwei Handlungen können in ihren M-Eigenschaften übereinkommen, ohne in ihren N-Eigenschaften übereinzukommen. So können zwei Handlungen die Eigenschaft haben, richtig zu sein. Nehmen wir an, die eine Handlung sei richtig, weil sie ein Versprechen einlöst, die andere Handlung, weil sie eine Ungleichheit beseitigt. Dann sind sie bezüglich ihrer N-Eigenschaften unterschiedlich, kommen aber in ihren M-Eigenschaften überein.

Doch dass die Abhängigkeit zwischen M- und N-Eigenschaften in der umgekehrten Richtung nicht gilt, kann man hinterfragen. Nehmen wir an, dass nur eine einzige N-Eigenschaft moralrelevant ist, z. B. die Eigenschaft, glücksmaximierend zu sein. Dann gilt auch das Umgekehrte: Jede Handlung, welche die M-Eigenschaft aufweist, muss auch die N-Eigenschaft aufweisen. Und selbst, wenn mehrere N-Eigenschaften moralisch relevant wären, könnte man die Umkehrung der Abhängigkeit behaupten. Angenommen, moralrelevant sind mehrere N-Eigenschaften: $N_1$, $N_2$ und $N_3$. Dann gilt nicht nur „Alle Handlungen, die in ihren N-Eigenschaften übereinkommen, kommen auch in ihrer M-Eigenschaft überein", sondern ebenfalls „Alle Handlungen, die in ihrer M-Eigenschaft übereinkommen, kommen auch in ihrer Eigenschaft überein, $N_1$ oder $N_2$ oder $N_3$ zu sein".

Wenn nun die Relation in beide Richtungen geht, also symmetrisch ist, dann ist es nur mehr ein kleiner Schritt zur Identitätsthese wonach M-Eigenschaften eigentlich *identisch* sind mit bestimmten N-Eigenschaften. Aber wie genau ist diese Identitätsthese zu verstehen? Wie kann es sein, dass eine Eigenschaft identisch mit einer anderen ist? Wie kann es sein, dass die Eigenschaft einer Handlung, richtig zu sein, identisch ist mit der so unterschiedlich erscheinenden Eigenschaft dieser Handlung, glücksmaximierend zu sein? Und was spricht für diese These? Wie genau kommt man dazu, sie zu vertreten?

**Identisch, weil intensionsgleich**

Die Identitätsthese besagt: Die M-Eigenschaft einer Handlung ist identisch mit bestimmten N-Eigenschaften dieser Handlung. Da N-Eigenschaften in der Regel als *natürliche* Eigenschaften aufgefasst werden, d. h. als Eigenschaften, die mit den Methoden der Naturwissenschaften im weitesten Sinn erfasst und untersucht werden, oder Eigenschaften, die ein bestimmtes ontologisches Merkmal aufweisen, z. B. kausal wirksam zu sein, wird die Identitätsthese oft als *naturalistische* These bezeichnet. Ein Weg, diesen Naturalismus in der Metaethik zu verstehen und zu begründen, läuft über die Semantik und beginnt mit der Behauptung, moralische Sätze oder Wörter seien zurückführbar – reduzierbar – auf nichtmoralische Sätze oder Wörter. Genauer gesagt lautet die Behauptung, der Ausdruck „moralisch richtig" bedeute eigentlich nichts anderes als der nichtmoralische Ausdruck „glücksmaximierend" oder „vernünftigerweise wählbar" oder „von Gott geboten" etc. Also kurz: M-Ausdrücke *bedeuteten* dasselbe wie bestimmte N-Ausdrücke. Die Eigenschaft, die wir mit dem M-Ausdruck herausgriffen, sei daher dieselbe wie jene, die wir mit einem bestimmten N-Ausdruck herausgriffen. M-Eigenschaften seien identisch mit bestimmten N-Eigenschaften, weil M-Ausdrücke dasselbe bedeuteten wie bestimmte N-Ausdrücke. Um diese Ansicht klar zu verstehen, müssen wir drei Ebenen unterscheiden:

Ebene des sprachlichen Ausdrucks: M-Ausdrücke und N-Ausdrücke
Ebene der Bedeutungen oder Begriffe: M-Begriffe und N-Begriffe
Ebene der Eigenschaften: M-Eigenschaften und N-Eigenschaften

Die These besagt demnach, die M-Ausdrücke hätten dieselbe Bedeutung wie bestimmte N-Ausdrücke und bezögen sich auf dieselbe Eigenschaft. Diese Position wird oft „analytischer Naturalismus" oder „analytischer Reduktionismus" genannt, weil behauptet wird, die Reduktion ergebe sich aus der Analyse der sprachlichen Ausdrücke. Nehmen wir unser Beispiel von Antons Hilfe für Yusuf. Wir sagen „Antons Handlung ist glücksmaximierend" und „Antons Handlung ist moralisch richtig". Analytische

## 5.2 Das Verhältnis von moralischen zu nichtmoralischen Tatsachen

Naturalisten würden nun behaupten, „moralisch richtig" bedeute dasselbe wie „glücksmaximierend." Mit beiden sprachlichen Ausdrücken drückten wir denselben Begriff aus und bezögen uns auf ein und dieselbe Eigenschaft. Es seien also nicht zwei Eigenschaften im Spiel, sondern nur eine Eigenschaft.

Diese Form des Naturalismus war bereits zu Beginn des 20. Jahrhunderts verbreitet. George Edward Moore (1873–1958) warf in seinem Buch *Principia Ethica* ihren Vertretern vor, einen naturalistischen Denkfehler („naturalistic fallacy") zu begehen:

> Es mag wahr sein, dass alle Dinge, die gut sind auch etwas anderes sind, genauso wie es wahr ist, dass alle Dinge, die gelb sind, eine bestimmte Art von Schwingung im Licht erzeugen. Und es ist eine Tatsache, dass Ethik darauf abzielt, zu entdecken, welche diese anderen Eigenschaften sind, die zu all den Dingen gehören, die gut sind. Aber viel zu viele Philosophen haben gedacht, dass sie tatsächlich gut definieren, wenn sie diese Eigenschaften nennen; dass diese Eigenschaften in Wirklichkeit nicht ‚andere' sind, sondern ganz und gar dieselben wie Gutsein. Ich schlage vor, diese Ansicht ‚naturalistischen Denkfehler' zu nennen. (Moore 1903, §10)

Moore meinte, die Fehlerhaftigkeit naturalistischer Definitionsversuche leicht aufdecken zu können. Er schreibt:

> Die Hypothese, dass Meinungsverschiedenheit über die Bedeutung von gut Meinungsverschiedenheit hinsichtlich der korrekten Analyse eines gegebenen Ganzen ist, kann am klarsten als inkorrekt gesehen werden, wenn man bedenkt, dass, welche Definition auch immer angeboten wird, hinsichtlich des so definierten Zusammengesetzten sinnvollerweise gefragt werden kann, ob dieses selbst gut ist. Zum Beispiel, um eine der plausibleren weil komplizierteren vorgeschlagenen Definitionen zu nehmen: Man mag auf den ersten Blick leicht denken, gut zu sein bedeutet das zu sein, was wir ersehnen zu ersehnen. Wenn wir daher diese Definition auf einen Fall anwenden und sagen: Wenn wir denken, dass A gut ist, denken wir, dass A eine der Sachen ist, die wir ersehnen zu ersehnen, dann mag dieser Vorschlag recht plausibel erscheinen. Aber wenn wir die Untersuchung weiterführen und uns fragen: Ist es gut, zu ersehnen, A zu ersehnen?, wird nach kurzem Überlegen klar, dass diese Frage so vernünftig ist wie die Ausgangsfrage: Ist A gut? – dass wir faktisch nun nach derselben Information über die Sehnsucht, A zu ersehnen, fragen, nach der wir vorher bezüglich A selbst gefragt haben. Aber es ist klar, dass die Bedeutung dieser zweiten Frage nicht korrekterweise analysiert werden kann mit: Ist die Sehnsucht, A zu ersehnen eine der Sachen, die wir ersehnen zu ersehnen? Wir haben in unserem Bewusstsein nichts so Kompliziertes wie die Frage: Ersehnen wir es, zu ersehnen, A zu

ersehnen? Ferner kann man sich leicht durch Einsicht [„inspection"] davon überzeugen, dass das Prädikat dieser Proposition – ‚gut' – sich im positiven Sinn vom Begriff des „Ersehnens zu ersehenen" unterscheidet, der in sein Subjekt eingeht: ‚Dass wir ersehen sollen, A zu ersehen, ist gut" ist nicht gleichbedeutend mit „Dass A gut sein soll, ist gut". Es mag tatsächlich wahr sein, dass das, was wir ersehnen zu ersehnen immer auch gut ist; vielleicht ist gar das Umgekehrte wahr. Aber es ist sehr zweifelhaft, ob dies der Fall ist, und die bloße Tatsache, dass wir sehr gut verstehen, was gemeint ist, es zu bezweifeln, zeigt klar, dass wir zwei verschiedene Begriffe in unserem Bewusstsein haben. [...] Wer aufmerksam bedenken wird, was wirklich in seinem Bewusstsein ist, wenn er fragt: Ist Lust (oder was immer es sein mag) also doch gut?, kann sich leicht davon überzeugen, dass er nicht einfach fragt, ob Lust lustvoll ist. (Moore 1903, §13)

Es ist umstritten, wie viele Argumente Moore in diesem Text vorbringt und wie sie genau zu verstehen sind. Der Kern seiner Überlegung dürfte so lauten: Wäre der M-Ausdruck „gut" synonym z. B. mit dem N-Ausdruck „was wir ersehnen zu ersehnen", dann wäre die

> Frage 1: „Wir ersehnen es, Drogen zu ersehnen. Aber ist dies gut?"

gleichbedeutend mit der

> Frage 2: „Wir ersehnen es, Drogen zu ersehnen. Aber ersehnen wir es, Drogen zu ersehnen?"

Die Fragen erscheinen uns jedoch klarerweise verschieden. Gemäß dem einfacheren Beispiel von Moore fragt jemand mit der

> Frage 1: „Ist Lust gut?"

nicht das Gleiche wie mit der

> Frage 2: „Ist Lust lustvoll?"

Bejaht jemand Fragen der Art 1, so kann man diese Bejahung in Zweifel ziehen. Man kann auch sagen, Fragen der Art 1 erscheinen uns offen. Fragen der Art 2 hingegen erscheinen uns geschlossen. Moore schreibt weiter:

> Jeder versteht die Frage „Ist das gut?" Wenn er daran denkt, ist sein Bewusstseinszustand ein anderer wie wenn er fragen würde „Ist das lustvoll oder ersehnt oder gebilligt?" Es hat eine verschiedene Bedeutung für ihn, auch wenn er nicht erfasst, in welcher Hinsicht sie verschieden ist. (Moore 1903, § 13)

## 5.2 Das Verhältnis von moralischen zu nichtmoralischen Tatsachen

Moore schließt daraus, dass „gut" mit keinem N-Begriff definierbar sei, mehr noch, dass „gut" überhaupt nicht definierbar sei, sondern einen einfachen Begriff ausdrücke, der sich auf eine einfache, nicht-natürliche Eigenschaft beziehe, auf eine Eigenschaft *sui generis*: die Eigenschaft, gut zu sein.

Dieses Argument (bekannt als „Open-Question-Argument") ist jedoch unter mehrfacher Rücksicht problematisch. Erstens meinte Moore wohl, begriffliche Zusammenhänge seien immer offensichtlich und durch bloße Introspektion leicht zu erfassen. Doch das sind sie nicht. Man kann z. B. den Kreis definieren als die größte Fläche, die von einer Linie einer bestimmten Länge eingeschlossen werden kann. Die Frage, ob das so ist, kann sinnvollerweise gestellt werden; die Antwort ist nicht trivial, nicht offensichtlich. Und dennoch ist die Definition richtig. Zweitens meinte Moore wohl: Wenn Ausdrücke synonym sind, beziehen sie sich auf dieselbe Eigenschaft; wenn sie nicht synonym sind, beziehen sie sich auf unterschiedliche Eigenschaften. Wir kennen jedoch Ausdrücke, die nicht synonym sind und sich dennoch auf dieselbe Entität beziehen. Nehmen wir das Schulbeispiel von Gottlob Frege. Die beiden Ausdrücke „der Abendstern" und „der Morgenstern" sind nicht synonym. Sie haben unterschiedliche Bedeutung. Dennoch beziehen wir uns mit ihnen auf ein und denselben Planeten, die Venus. Oder: Die beiden Ausdrücke „Wasser" und „$H_2O$" sind nicht synonym. Sie haben unterschiedliche Bedeutung. Dennoch beziehen wir uns mit ihnen auf dieselbe Flüssigkeit. Oder, um Eigenschaftsausdrücke zu verwenden: Die beiden Ausdrücke „warm" und „hat molekulare kinetische Energie" sind nicht synonym. Sie haben unterschiedliche Bedeutung. Dennoch bezeichnen sie nicht zwei unterschiedliche Eigenschaften, sondern nur eine. Ebenso könnte es sich bei M-Ausdrücken und N-Ausdrücken verhalten. Es könnten zwei verschiedene sprachliche Ausdrücke sein, sie könnten zwei verschiedene Bedeutungen haben, aber ein und dieselbe Eigenschaft bezeichnen. Es könnte ein und dieselbe Eigenschaft sein, die wir mit zwei verschiedenen Begriffen herausgreifen, einmal mit dem Begriff des Richtigen, einmal mit dem Begriff des Glücksmaximierenden. Nun, es könnte so sein. Aber was spricht dafür, dass es so ist?

## Identisch, weil extensionsgleich

Ein Argument dafür, dass wir es mit nur einer Eigenschaft zu tun haben, geht nicht von der Bedeutungsgleichheit bzw. Intensionsgleichheit der M-Ausdrücke und N-Ausdrücke aus, wie das Argument des gerade beschriebenen analytischen Naturalismus es tut, sondern von ihrer Umfangsgleichheit bzw. Extensionsgleichheit. Dies ist eine der Strategien des sogenannten nichtanalytischen Naturalismus bzw. Reduktionismus, die so verläuft: Nehmen wir wieder den normativen Aussagesatz: „Eine Handlung ist genau dann moralisch richtig, wenn sie glücksmaximierend ist." Wenn dieser Satz wahr wäre, würde der Ausdruck „moralisch richtig" auf alle Handlungen zutreffen, auf die auch der Ausdruck „glücksmaximierend" zutrifft. Beide Ausdrücke wären extensionsgleich, sie hätten denselben Umfang. Und von der Extensionsgleichheit sei es nur noch ein kleiner Schritt zur Identität. Um dies nachvollziehen zu können, muss man zuerst zwischen kontingenter und notwendiger Extensionsgleichheit unterscheiden. Das Schulbeispiel für *kontingente* Extensionsgleichheit lautet: Die Ausdrücke „Lebewesen mit Herz" und „Lebewesen mit Niere" sind extensionsgleich. Denn alle Lebewesen mit Herz besitzen Nieren und umgekehrt. Daraus darf man aber nicht den Schluss ziehen, dass die beiden Ausdrücke dieselbe Eigenschaft bezeichnen. Denn es ist möglich, dass es Lebewesen mit Herz gibt, die keine Nieren haben. Es ist nur kontingenterweise der Fall, dass alle Lebewesen mit Herz auch Nieren besitzen. Anders verhalte es sich bei *notwendigerweise* extensionsgleichen Ausdrücken. Da dürfe man darauf schließen, dass sie dieselbe Entität bezeichnen. Und genau so sei es in der Moral. Wir sagen ja nicht, dass alle richtigen Handlungen kontingenterweise glücksmaximierend sind und umgekehrt (so sie es denn sind), sondern, dass sie es notwendigerweise sind. Wenn eine Handlung glücksmaximierend ist, muss sie richtig sein, und wenn sie richtig ist, muss sie glücksmaximierend sein.

Aber wie kann man von der notwendigen Extensionsgleichheit der M- und N-Ausdrücke den Schluss ziehen, dass sich beide Ausdrücke auf dieselbe Eigenschaft beziehen? Dazu ist eine weitere Prämisse nötig, und zwar eine Prämisse über die Identitätsbedingungen von Eigenschaften. Diese Prämisse lautet:

*Identitätsbedingungen von Eigenschaften:* Eine Eigenschaft Q ist genau dann mit einer Eigenschaft R identisch, wenn notwendigerweise gilt: Was auch immer Q hat, hat R, und was auch immer R hat, hat Q.

Die in dieser These ausgedrückten Bedingungen werden von den M- und N-Eigenschaften erfüllt. Notwendigerweise gilt: Wenn eine Handlung bestimmte N-Eigenschaften hat, dann hat sie auch eine bestimmte M-Eigenschaft, und wenn sie eine bestimmte M-Eigenschaft hat, hat sie auch bestimmte N-Eigenschaften. Daher seien die M-Eigenschaften *identisch* mit bestimmten N-Eigenschaften.

Nichtanalytische Naturalisten können nun auf Moore replizieren, indem sie sagen: Moore hat insofern Recht, als die Bedeutung – die Intension – von „moralisch richtig" nicht durch deskriptive Ausdrücke wie „glücksmaximierend" definier- oder erläuterbar ist. Zum Bedeutungskern von „moralisch richtig" gehört etwas, das sich nicht vollständig in deskriptive Rede übersetzen lässt. Dies impliziere aber nicht, dass „richtig" nicht extensionsgleich mit „glücksmaximierend" sein könne. Und da es sich um notwendige Extensionsgleichheit handle, bezögen sich die beiden Ausdrücke auf ein und dieselbe Eigenschaft. Mit „richtig" würden wir genau dieselbe Eigenschaft herausgreifen wie mit „glücksmaximierend".

Eine derartige These scheint auch Thomas von Aquin vertreten zu haben, wenn er vom Guten im Allgemeinen schreibt:

> Es ist zu sagen, dass gut und seiend der Sache nach dasselbe sind und sich nur dem Begriff nach unterscheiden. (Thomas von Aquin, Summa Theologiae I, 5,1)

Dem Begriff, der Bedeutung oder der Intension nach unterscheiden sich demnach die Ausdrücke „gut" und „seiend". „Gut" sei kein Synonym für „seiend". Sonst, so Thomas (Quaestio disputata de veritate 21,1), wäre es überflüssig oder trivial, von einem Seienden zu sagen, es sei gut. Mit „gut" werde ein Begriffsgehalt ausgedrückt, der in „seiend" nicht enthalten sei. Aber der Sache nach bezögen sich „gut" und „seiend" auf dasselbe. Der Ausdruck „gut" beziehe sich nicht auf eine Eigenschaft, die etwas zum Mobiliar des Seienden hinzufüge. Denn „seiend" umfasse alles, was es gibt. Mit „gut" beziehe man sich vielmehr auf Seiendes, sofern es erstrebbar bzw. erstrebenswert sei.

Die naturalistische These impliziert, dass moralische Propositionen wahr sein können, dass aber die Wahrmacher dieser Propositionen N-

Tatsachen sind. Angenommen, es sei eine moralische Wahrheit, dass Antons Hilfe für Yusuf richtig ist, d. h. angenommen, die Proposition, dass Antons Hilfe für Yusuf richtig ist, sei wahr. Worin besteht dann der Wahrmacher dieser Proposition? Naturalisten werden irgendeine N-Tatsache nennen, je nachdem, welcher normativen These sie anhängen. Hängen sie z. B. der utilitaristischen These an, so werden sie antworten: Die Proposition, dass Antons Hilfe für Yusuf richtig ist, wird durch die Tatsache wahr gemacht, dass Antons Handlung glücksmaximierend ist.

Diese naturalistische These scheint einige Vorteile zu haben. Einerseits kommt sie unserer Intuition entgegen, dass moralische Sätze wahrheitsfähig sind. Andererseits kommt sie der verbreiteten naturalistischen Weltsicht entgegen, wonach es letztlich nur das gibt, was man mit den Mitteln der Naturwissenschaften im weiteren Sinn erfassen kann.

Allerdings weist der nichtanalytische Naturalismus auch Probleme auf. Eines davon bezieht sich auf die Prämisse, wonach zwei notwendigerweise extensionsgleiche Ausdrücke sich auf dasselbe beziehen. Als Beispiel zur Veranschaulichung werden häufig die Ausdrücke „gleichseitiges Dreieck" und „gleichwinkliges Dreieck" verwendet. Sie sind notwendigerweise extensionsgleich. Notwendigerweise gilt: Jedes Dreieck (im euklidischen Raum), das gleichseitig ist, ist auch gleichwinklig, und jedes Dreieck, das gleichwinklig ist, ist auch gleichseitig. Wenn die These über die Identitätsbedingungen von Eigenschaften stimmt, dann bezieht man sich mit „gleichseitigem Dreieck" und „gleichwinkligem Dreieck" auf dasselbe. So schreibt Frank Jackson über die Eigenschaft, ein gleichseitiges Dreieck zu sein, und die Eigenschaft, ein gleichwinkliges Dreieck zu sein:

> Aber sicher haben beide Eigenschaften eine bestimmte Form, und wir haben nicht zwei Formen. D. h. wahr ist in etwa: ein gleichseitiges Dreieck im euklidischen Raum zu sein = Form F, und ein gleichwinkliges Dreieck im euklidischen Raum zu sein = Form F. Dann aber ergibt sich aus der Transitivität der Identität der Schluss: ein gleichseitiges Dreieck im euklidischen Raum zu sein = ein gleichwinkliges Dreieck im euklidischen Raum zu sein. Wir haben nicht zwei Eigenschaften, sondern zwei Weisen, dieselbe Eigenschaft zu repräsentieren. (Jackson 2017, 202)

Dasselbe gelte für M-Eigenschaften und N-Eigenschaften. Wir haben nicht zwei Eigenschaften, sondern zwei Weisen, dieselbe Eigenschaft aufzufassen oder zu repräsentieren.

Doch Jacksons These ist umstritten. Jackson sollte zwei leicht verwechselbare Paare von Formulierungen auseinanderhalten. Das erste Paar lautet:

„ein gleichseitiges Dreieck"
„ein gleichwinkliges Dreieck"

Diese beiden Ausdrücke beziehen sich auf dieselbe Art von Dreieck. Es ist ein und dasselbe Dreieck, das gleichseitig und gleichwinklig ist. Davon zu unterscheiden ist ein anderes Paar von Formulierungen:

„die Eigenschaft, ein gleichseitiges Dreieck zu sein"
„die Eigenschaft, ein gleichwinkliges Dreieck zu sein"

Diese beiden Ausdrücke beziehen sich nicht auf das Dreieck, sondern auf zwei Eigenschaften desselben Dreiecks: auf seine Eigenschaft, gleichseitig zu sein, und auf seine Eigenschaft, gleichwinklig zu sein.

Man denke an andere Eigenschaften, z. B. die Eigenschaft, die einzige gerade Primzahl zu sein, und die Eigenschaft, die Quadratwurzel aus 4 zu sein. Es ist klar, welche Zahl diese beiden Eigenschaften hat: Es ist ein und dieselbe Zahl, nämlich die Zahl 2. Aber ist die Eigenschaft, die einzige gerade Primzahl zu sein, nicht eine völlig andere Eigenschaft, als die Eigenschaft, die Quadratwurzel aus 4 zu sein (Parfit 2017, 68)? Es scheint so. Diese Überlegungen zeigen zumindest, dass die Prämisse über die Identitätsbedingungen von Eigenschaften, die im Argument für den nichtanalytischen Naturalismus vorausgesetzt wurde, nicht unproblematisch ist.

### 5.2.3 Die Elimination moralischer Eigenschaften

Manche ziehen aus dem philosophischen Naturalismus im Allgemeinen oder aus dem metaethischen Naturalismus eliminative Schlüsse. „Eliminieren" bedeutet beseitigen, entfernen, tilgen. Beseitigt, entfernt, getilgt wird üblicherweise etwas, das es gibt. In der Philosophie fungiert „Eliminativismus" aber als Name für Positionen, welche die Existenz von bestimmten Entitäten, die man bisher angenommen hatte, bestreiten. Was Eliminativisten tilgen wollen, sind also nicht Entitäten, sondern falsche

Überzeugungen über die Existenz von Entitäten. Metaethischen Eliminativisten zufolge haben wir solche falschen Überzeugungen, wenn wir glauben, dass es Werte, M-Eigenschaften oder M-Tatsachen gebe. Im deutschen Sprachraum hat diese Position Friedrich Nietzsche (1844–1900) vertreten, wenn er schreibt:

> Es gibt keine moralischen Phänomene, sondern nur moralische Interpretationen dieser Phänomene. Diese Interpretation selbst ist außermoralischen Ursprungs. (Nietzsche KGW VIII, 1, 2 (165), 147)

Ein prominenter Vertreter des Eliminativismus in der Metaethik ist John L. Mackie (1917–1981). In seinem Buch *Ethics: Inventing Right and Wrong* meint er, all unsere moralischen Überzeugungen seien falsch, weil es keine M-Eigenschaften und folglich auch keine M-Tatsachen gebe:

> [...] obwohl die meisten Menschen, wenn sie moralische Urteile fällen, implizit behaupten [...] auf etwas objektiv Vorschreibendes hinzudeuten, sind diese Behauptungen alle falsch. (Mackie 1977, 35)

Diese Ansicht ist auch unter dem Namen „Irrtumstheorie" bekannt. Aber kann man die Irrtumstheorie kohärenterweise vertreten? Sagen wir „Antons Handlung ist moralisch richtig", so sagen wir Mackie zufolge etwas Falsches. Sagen wir „Antons Handlung ist moralisch falsch", so sagen wir ebenfalls etwas Falsches. Bilden wir die Disjunktion und sagen „Entweder Antons Handlung ist moralisch richtig oder Antons Handlung ist moralisch falsch", so sagen wir wiederum etwas Falsches. Ist das kohärent? Ja, es ist kohärent. Um dies zu verstehen, hilft ein Vergleich. Nehmen wir eine Welt an, in der viele Menschen glauben, alle Handlungen seien entweder göttlich oder teuflisch. Göttlich seien sie, wenn sie Gott gefallen, teuflisch, wenn sie dem Teufel gefallen. Nehmen wir ferner an, die beiden Eigenschaften werden so aufgefasst, dass sie konträr zueinander stehen. Nun kommt jemand wie Mackie und behauptet, es gebe weder Gott noch Teufel. Wäre dies wahr, so wäre sowohl „Antons Handlung ist göttlich" als auch „Antons Handlung ist teuflisch" falsch. Und die Disjunktion „Entweder ist diese Handlung göttlich oder sie ist teuflisch" wäre ebenfalls falsch.

Aber wie steht es mit Verneinungen? Wenn die Aussage „Diese Handlung ist göttlich" falsch ist, dann muss die Aussage „Diese Handlung ist nicht göttlich" doch wahr sein. Dies stimmt. Man muss aber beachten, dass es sich hierbei um das kontradiktorische Gegenteil handelt, und man

## 5.2 Das Verhältnis von moralischen zu nichtmoralischen Tatsachen

genauer formulieren sollte: „Es ist nicht der Fall, dass diese Handlung göttlich ist." Ebenso wäre es bei moralischen Aussagen: Wenn die Aussage „Antons Handlung ist moralisch richtig" falsch ist, dann muss das kontradiktorische Gegenteil davon, nämlich die Aussage „Es ist nicht der Fall, dass Antons Handlung moralisch richtig ist" wahr sein. Um Missverständnisse zu vermeiden, müsste Mackie seine These also so formulieren: Immer dann, wenn jemand einer Handlung eine moralische Eigenschaft zuspricht, ist diese Behauptung falsch. Dies besagt die Irrtumstheorie. Aber was spricht für ihre Wahrheit?

Mackie nennt eine Reihe von Argumenten, die als „Queerness-Argumente" bekannt geworden sind. „Queerness" kommt von „queer" und bedeutet seltsam, verquer, sonderlich. Mackie meint, M-Eigenschaften seien zu seltsam, als dass sie existieren könnten. Die Queerness-Argumente können in ontologische und erkenntnistheoretische Argumente eingeteilt werden. Ich werde hier das wesentliche ontologische Argument vorstellen und diskutieren. Mackie schreibt:

> Wenn es objektive Werte gäbe, so würden es Entitäten oder Qualitäten oder Relationen einer sehr seltsamen Art sein, völlig unterschiedlich von allem anderen im Universum. [...] Die Form des Guten ist derart, dass ihre Erkenntnis die erkennende Person mit zweierlei ausstattet: mit einer Richtung und einem vorrangigen Motiv; das Gutsein von etwas sagt der Person, die dies weiß, es zu verfolgen, und macht es, dass sie es verfolgt. (Mackie 1977, 38–40)

Dieses Argument kann folgendermaßen dargestellt werden:

1. Gäbe es M-Tatsachen, so müssten sie eine Person, die von ihnen überzeugt ist, von sich aus vorrangig motivieren, ihnen entsprechend zu handeln.
2. Es gibt im Universum sonst nichts, das von dieser Art ist.
3. Wenn es im Universum sonst nichts gibt, das von dieser Art ist, dann gibt es nichts von dieser Art.
4. Also gibt es keine M-Tatsachen.

Das Argument ist jedoch problematisch. Die Prämisse (1) setzt einen sehr umstrittenen Überzeugungs-Motivations-Internalismus voraus, der bereits im Kapitel 3 behandelt wurde. Die Prämisse (3) ist ebenfalls unplausibel. Die Eigenart einer Entität spricht nicht gegen ihre Existenz. Auch viele andere Entitäten im Universum erscheinen relativ zu den uns bekannten Entitäten ziemlich seltsam. Man denke an Protonen, Quarks, schwarze Löcher und dergleichen. Dennoch nimmt man an, dass es sie gibt.

An dieser Stelle können Eliminativisten jedoch einwenden: Die Annahme der Existenz von Protonen braucht es, um bestimmte Beobachtungen zu *erklären*. Wir seien berechtigt, zu glauben, dass es sie gibt, weil sie einen erklärenden Dienst innehaben. Bei M-Tatsachen sei dies jedoch nicht der Fall. Sie seien explanatorisch (erklärungsmäßig) überflüssig. Daher hätten wir keinen angemessenen Grund zu glauben, dass es sie gebe. Mehr Entitäten anzunehmen als für eine Theorie nötig, gilt spätestens seit Wilhelm von Ockham (1288–1347) als verpönt.

Aber stimmt es, dass M-Tatsachen explanatorisch überflüssig sind? Um dies zu klären, muss man sich zunächst fragen, was man mit M-Tatsachen erklären könnte. In der Literatur tauchen verschiedene *Explananda* (zu erklärende Phänomene) auf:

a) Handlungen: Wir könnten mit einer M-Tatsache erklären, warum eine Person so und nicht anders gehandelt hat. Warum hat Hitler so viele Menschen in den Tod geschickt? Weil er ein moralisch durch und durch schlechter Mensch war. Die Tatsache, dass er einen schlechten Charakter hatte, erkläre, warum er so gehandelt habe.

b) Moralische Überzeugungsbildung: Wir könnten mit einer M-Tatsache erklären, warum eine Person eine moralische Überzeugung gebildet hat. Warum haben die meisten Menschen die Überzeugung, dass Hitler ein moralisch schlechter Mensch war? Weil er ein moralisch schlechter Mensch war. Die Tatsache, dass er ein schlechter Mensch war, erkläre, warum die meisten Menschen glauben, dass er ein schlechter Mensch war.

c) Moralische Wahrheit: Wir könnten mit einer M-Tatsache erklären, warum eine moralische Proposition wahr ist. Warum ist die Proposition wahr, dass Hitler ein moralisch schlechter Mensch war? Weil dies einer moralischen Tatsache entspricht. Die Tatsache, dass Hitler ein schlechter Mensch war, erkläre, warum die Proposition wahr ist, dass er ein schlechter Mensch war.

d) Partikuläre moralische Tatsachen: Wir könnten mit universalen M-Tatsachen erklären, warum es partikuläre M-Tatsachen gibt. Warum war Hitlers Polenfeldzug moralisch schlecht? Weil es moralisch schlecht ist, Angriffskriege zu führen. Die Tatsache, dass es moralisch schlecht ist, Angriffskriege zu führen, erkläre, warum Hitlers Polenfeldzug moralisch schlecht war.

Nun können wir untersuchen, ob die These stimmt, dass moralische Eigenschaften erklärungsmäßig überflüssig sind. Wie steht es mit (a)? Braucht es die Annahme von M-Eigenschaften bzw. M-Tatsachen, um Handlungen zu erklären? Nach David Hume erklärt man Handlungen durch zwei mentale Zustände: Absichten (Wünsche, Willenszustände) und Überzeugungen (siehe Kapitel 3). Hitler hatte die Absicht, die Juden auszurotten, und bestimmte Überzeugungen darüber, wie man dies erreichen kann. So kann man viele seiner Handlungen erklären. M-Tatsachen braucht es dafür nicht. Sie scheinen bezüglich Handlungen also erklärungsmäßig überflüssig zu sein. Aber wie erklärt man seine Absicht? Vielleicht mit seiner Überzeugung, dass diese Menschen schädlich sind. Aber dies reicht nicht, um seine Absicht zu erklären. Es ist zusätzlich die Überzeugung nötig, dass man das Schädliche ausrotten soll. Und dies ist eine moralische Überzeugung. Aber ob sie wahr oder falsch ist, spielt für die Erklärung der Absicht und der Handlung keine Rolle. Für Handlungserklärungen scheint es also tatsächlich nicht nötig zu sein, moralische Tatsachen anzunehmen.

Wie steht es mit (b)? Braucht es die Annahme von M-Eigenschaften bzw. M-Tatsachen, um die Bildung moralischer Überzeugungen zu erklären? Gilbert Harman geht in seinem Buch *The Nature of Morality* der Frage nach, ob sich moralische Prinzipien auf ähnliche Weise empirisch testen und bestätigen lassen wie naturwissenschaftliche Prinzipien. Seine Antwort ist negativ. Er schreibt:

> Du musst Annahmen über bestimmte physikalische Tatsachen machen, um den Vorgang der Beobachtungen zu erklären, die eine naturwissenschaftliche Theorie stützen. Aber du scheinst keine Annahmen über irgendwelche moralischen Tatsachen machen zu müssen, um den Vorgang der sogenannten moralischen Beobachtungen zu erklären [...]. (Harman 1977, 6)

Harman illustriert seine These mit folgenden Beispielen:

> Fall (i): Ein Physiker beobachtet, dass sich in der Nebelkammer ein Kondensstreifen bildet, und urteilt spontan: „Da fliegt ein Proton."

Fall (ii): Ein Mensch (vielleicht Anton) beobachtet, dass Jugendliche eine Katze mit Benzin übergießen und anzünden, und urteilt spontan: „Was die da tun, ist moralisch schlecht."

Im Fall (i), so Harman, spreche die Tatsache, dass der Physiker diese Beobachtung macht, für die physikalische Theorie. Denn diese Theorie erkläre das Proton, das Proton erkläre den Kondensstreifen, der Kondensstreifen erkläre den Beobachtungsvorgang und das Spontanurteil des Physikers. Im Fall (ii) hingegen spreche die Tatsache, dass Anton seine Beobachtung macht, nicht für das moralische Prinzip, z. B. dass man Tiere nicht quälen soll. Denn dieses Prinzip erkläre nicht den Beobachtungsvorgang und das Spontanurteil von Anton. Die Wahrheit dieses moralischen Prinzips sei kein notwendiger Teil einer vollständigen Erklärung von Antons Beobachtung und Spontanurteil. Um die Beobachtung und das Spontanurteil von Anton zu erklären, brauche man lediglich einige Annahmen über seine psychischen Zustände, genauer gesagt, über seine moralischen Überzeugungen, seine moralische Sensibilität etc. Harman schreibt:

> Es scheint, dass alles, was wir annehmen müssen, darin besteht, dass du bestimmte mehr oder weniger deutliche moralische Prinzipien hast, die sich in den Urteilen zeigen, die du fällst und die auf deiner moralischen Sensibilität gründen. Es scheint für unsere Erklärung vollständig irrelevant zu sein, ob dein intuitives Urteil wahr oder falsch ist. (Harman 1977,7)

Anders ausgedrückt: Die beste Erklärung für den Beobachtungsvorgang und das Spontanurteil im Fall (i) besteht nach Harman darin, dass es Protonen gibt, und dass Protonen unter den gegebenen Versuchsbedingungen Kondensstreifen bilden. Die beste Erklärung für den Beobachtungsvorgang und das Spontanurteil im Fall (ii) hingegen besteht nach Harman nicht darin, dass es die Eigenschaft gibt, moralisch schlecht zu sein, und dass das moralische Schlechtsein einer Person zu derartigen Handlungen führt, sondern darin, dass Anton bestimmte moralische Überzeugungen und Sensibilitäten hat. Für die Erklärung seines spontanen moralischen Urteils sei es völlig irrelevant, ob diese Überzeugungen auch wahr seien. Dieses Argument kann in die Form eines Schlusses auf die beste Erklärung gebracht werden:

## 5.2 Das Verhältnis von moralischen zu nichtmoralischen Tatsachen

1. Wir sind nur dann gerechtfertigt zu glauben, dass es etwas, x, gibt, wenn x eine nichteliminierbare Rolle bei der Erklärung des Beobachtungsvorgangs von x und bei der Überzeugungsbildung, dass es x gibt, spielt.
2. M-Tatsachen sind nicht nötig, um moralische Beobachtungsvorgänge und Überzeugungsbildungen zu erklären. Sie sind explanatorisch überflüssig.
3. Wir sind also nicht gerechtfertigt zu glauben, dass es M-Tatsachen gibt.

Dieses Argument wurde von verschiedenen Seiten angegriffen. Wie steht es um die Prämisse (1)? Es handelt sich um eine erkenntnistheoretische These, über die es viel zu sagen gäbe. An dieser Stelle sei aber nur so viel gesagt: Der Schluss auf die beste Erklärung stellt nur *eine* Rechtfertigungsweise von Überzeugungen unter anderen dar. Es gibt viele verschiedene Weisen, wie Überzeugungen gerechtfertigt sein können, z. B. weil sie von sich aus einleuchten, weil sie auf sinnlichen oder nichtsinnlichen Eindrücken beruhen, weil sie aus verlässlichen kognitiven Vermögen hervorgehen usw. Man denke z. B. an mathematische Tatsachen. Wir sind gerechtfertigt zu glauben, dass drei plus zwei gleich fünf ist, obwohl die Tatsache, dass drei plus zwei gleich fünf ist keine kausale Erklärung unserer Überzeugungsbildung, dass drei plus zwei gleich fünf ist, liefert. Ebenso könnten wir gerechtfertigt sein zu glauben, dass es M-Tatsachen gibt, auch wenn sie keine Rolle bei der Erklärung von moralischen Beobachtungen und Überzeugungsbildungen spielen. Wie steht es um die Prämisse (2)? Manche (z. B. Sturgeon 1988; 2006) vertreten die Ansicht, dass M-Tatsachen eine nichteliminierbare Rolle bei der Erklärung von moralischen Überzeugungsbildungen spielen. Antons Bildung der Überzeugung, dass die Jugendlichen falsch handeln, werde erklärt durch seine Beobachtung des Handelns der Jugendlichen. Seine Beobachtung werde erklärt durch das Handeln der Jugendlichen. Ihr Handeln werde erklärt durch den moralisch schlechten Charakter der Jugendlichen. Dies sei eine M-Tatsache. Allerdings ist diese Ansicht sehr umstritten und läuft eigentlich auf das hinaus, was bereits unter (a) behandelt wurde.

Wie steht es mit (c)? Braucht es die Annahme von M-Eigenschaften, um zu erklären, warum manche moralischen Propositionen wahr sind? Ryan Byerly (2018) behauptet, auch dazu brauche es die Annahme von moralischen Eigenschaften oder Tatsachen nicht. Dies ergebe sich aus der Supervenienz von moralischen Wahrheiten über nichtmoralischen bzw. natürlichen Tatsachen. Wir erinnern uns, dass moralische Supervenienz besagt, es könne keinen Unterschied in den M-Eigenschaften geben, ohne dass es einen Unterschied in den N-Eigenschaften gebe. Wenn dies gilt, und wenn der Kognitivismus sowie die realistische Wahrheitsauffassung gelten, dann gilt auch: Es kann keinen Unterschied in den wahren M-Propositionen geben, ohne dass es einen Unterschied in den N-Tatsachen gibt. Die Wahrheitswerte der moralischen Propositionen ändern sich mit den N-Tatsachen. Nehmen wir zwei moralische Propositionen:

1. Dass Anton dem Yusuf hilft, ist moralisch richtig.
2. Dass Cäsar dem Yusuf hilft, ist moralisch richtig.

Und nehmen wir ferner zwei mögliche Situationen oder Welten an: In der Welt $W$ sind beide Propositionen wahr. In der Welt $W^*$ hingegen ist die Proposition (1) wahr, und die Proposition (2) falsch. Dies könne man vollständig dadurch erklären, dass es in $W$ und $W^*$ unterschiedliche zugrundeliegende N-Tatsachen gebe, z. B.: In $W$ sind beide Handlungen glücksmaximierend, aber in $W^*$ ist nur Antons Handlung glücksmaximierend, Cäsars Handlung hingegen glücksminimierend. Diese N-Tatsachen leisteten die vollständige Erklärung für den Unterschied der Wahrheitswerte. M-Tatsachen seien also erklärungsmäßig überflüssig. Wenn moralische Realisten behaupten, es gebe zwei Tatsachen:

$T_1$: die Tatsache, dass Antons Hilfe glücksmaximierend ist;

und

$T_2$: die Tatsache, dass Antons Hilfe moralisch richtig ist;

und wenn moralische Realisten ferner behaupten, $T_1$ erkläre $T_2$, und $T_2$ erkläre die Wahrheit der Proposition (1), dann würden sie eine Tatsache zu viel annehmen. Man könne $T_2$ ersatzlos streichen und einfach sagen, dass $T_1$ die Wahrheit der Proposition (1) erkläre. Wir hätten demnach also keinen guten Grund zu glauben, dass es moralische Tatsachen gebe. Aber stimmt das?

Moralische Realisten können darauf hinweisen, dass in diesem Argument zwei sehr unterschiedliche Dinge erklärt werden: zum einen die moralische Qualität einer Handlung, zum anderen die Wahrheit einer

Proposition. $T_1$ erklärt, warum Antons Handlung moralisch richtig ist; $T_2$ jedoch erklärt, warum die Proposition (1) wahr ist. $T_1$, die Tatsache, dass Antons Hilfe glücksmaximierend ist, bringt es mit sich, dass seine Tat richtig ist. Und $T_2$, die Tatsache, dass Antons Hilfe moralisch richtig ist, macht die Proposition wahr, dass Antons Tat moralisch richtig ist. $T_1$ und $T_2$ sind zwei unterschiedliche Tatsachen, die zwei unterschiedliche Propositionen wahr machen. $T_1$ macht die Proposition wahr, dass Antons Hilfe glücksmaximierend ist; $T_2$ macht die Proposition wahr, dass Antons Hilfe moralisch richtig ist. Bereits wegen dieser Unterschiede kann man m. E. moralische Tatsachen nicht ersatzlos aus der Ontologie streichen.

Aber auch der Unterschied zwischen den beiden Welten $W$ und $W^*$ wird durch den Hinweis auf die N-Tatsachen nicht hinreichend erklärt. Und damit kommen wir zu (d), der Erklärung partikulärer M-Tatsachen. Nehmen wir zunächst ein beliebtes nichtmoralisches Beispiel, um zu verstehen, worum es geht. Es gebe zwei Länder: Im Land A rast Anton mit 210 Kilometern pro Stunde auf der Autobahn, und im Land D rast Anton mit 210 Kilometern pro Stunde auf der Autobahn. Unter natürlicher Rücksicht sind die Handlungen gleich. Wenn es in A strafbar ist, in D hingegen nicht, dann braucht es eine Erklärung dafür, und diese Erklärung ist einfach zu finden: In A gibt es ein Gesetz, wonach derartiges Handeln strafbar ist, in D hingegen nicht. Will man also erklären, warum Antons Handlung strafbar ist, dann muss man zwei Fakten angeben: die Tatsache, dass er mit 210 Kilometern pro Stunde auf der Autobahn unterwegs ist, und die allgemeine Tatsache, dass es in A strafbar ist, mit mehr als 130 Kilometern pro Stunde auf der Autobahn unterwegs zu sein. Beide Tatsachen zusammen bringen es mit sich, dass diese Handlung strafbar ist (Rosen 2017, 140).

Übertragen auf Moral heißt das: Die N-Tatsachen allein reichen nicht um zu erklären, warum eine Handlung richtig oder falsch ist. Es braucht noch so etwas wie eine allgemeine Norm. Um zu erklären, warum Antons Hilfe für Yusuf moralisch richtig ist, braucht es nicht nur die Tatsache, dass Antons Hilfe glücksmaximierend ist. Es braucht auch noch eine allgemeine moralische Norm, einem Gesetz ähnlich, die z. B. in der Aussage „Glücksmaximierendes Handeln ist moralisch richtig" ausgedrückt wird.

Angenommen, die durch die Aussage „Glücksmaximierendes Handeln ist moralisch richtig" ausgedrückte Proposition sei wahr. Was macht sie wahr? Was ist ihr Wahrmacher? Wenn moralische Propositionen durch natürliche Tatsachen wahr gemacht werden, wie Naturalisten behaupten, wenn also z. B. die Proposition, dass Antons Hilfe für Yusuf richtig ist, durch die natürliche Tatsache wahr gemacht wird, dass Antons Hilfe für Yusuf glücksmaximierend ist, wodurch wird dann die Proposition wahr gemacht, dass glücksmaximierende Handlungen moralisch richtig sind? Naturalisten müssten antworten: Die Proposition wird wahr gemacht durch die Tatsache, dass glücksmaximierende Handlungen glücksmaximierend sind. Das ist wahrlich kein überzeugender Vorschlag. Er führt zu einem Einwand gegen den nichtanalytischen Naturalismus und Eliminativismus, den Derek Parfit (1942–2017) „Trivialitätseinwand" (2011, Vol. 2, 341–356; 2017, 84–86) nennt. Dieser Einwand lautet ungefähr so: Nehmen wir einmal an, es wäre wahr,

1. dass eine glücksmaximierende Handlung zu sein dasselbe ist wie eine moralisch richtige Handlung zu sein.

Könnte uns die Behauptung von (1) eine positive substanzielle moralische Information liefern, z. B.

2. dass es richtig ist, eine Handlung, die glücksmaximierend ist, zu vollziehen?

Nein, die Behauptung der Proposition (1) könnte dies nicht liefern, denn sie stellt nicht die Tatsache dar, dass eine Handlung, welche die Eigenschaft besitzt, glücksmaximierend zu sein, die davon verschiedene Eigenschaft besitzt, moralisch richtig zu sein. Vielmehr besagt die Proposition (1), dass es keine solche weitere Eigenschaft gibt. Die Behauptung der Proposition (2) würde lediglich die triviale Tatsache darstellen, dass eine Handlung, welche glücksmaximierend ist, glücksmaximierend ist. Und dies zu wissen, würde uns nicht helfen, gute Entscheidungen zu treffen und gut zu handeln.

### 5.2.4 Konstitution und metaphysische Gründung

Wenn M-Eigenschaften nicht identisch sind mit N-Eigenschaften, in welcher Beziehung stehen sie dann zueinander? Ein bekannt gewordener

## 5.2 Das Verhältnis von moralischen zu nichtmoralischen Tatsachen

Vorschlag lautet, sie stünden in einer Konstitutionsbeziehung zueinander. Konstitution ist eine Beziehung von Einheit ohne Identität zwischen zwei grundlegend verschiedenen Arten von Dingen oder Eigenschaften (Rudder Baker 1997). Zur Erläuterung der Beziehung der Konstitution kann man an die bekannte Wellington-Statue aus Bronze am Hyde Park Corner in London denken und sich fragen: Ist dieser Bronzeklumpen, aus dem die Wellington-Statue besteht, identisch mit der Wellington-Statue? Zunächst möchte man diese Frage bejahen. Man hat ja nicht den Eindruck, zwei Dinge vor sich zu haben, einen Bronzeklumpen *und* eine Wellington-Statue, sondern nur *ein* Ding. Überlegt man sich die Sache aber genauer, kommen Zweifel. Man kann nämlich sagen, dass der Bronzeklumpen andere Eigenschaften als die Wellington-Statue hat. Der Bronzeklumpen kann ausgewalzt werden und bleibt derselbe Bronzeklumpen. Die Wellington-Statue hingegen übersteht ein Auswalzen nicht. Neben unterschiedlichen modalen Eigenschaften haben Bronzeklumpen und Wellington-Statue auch unterschiedliche geschichtliche Eigenschaften. Vielleicht gab es genau denselben Bronzeklumpen bereits bevor die Statue daraus wurde. Oder nehmen wir an, die Londoner haben eines Tages Wellington satt, schmelzen diese Statue ein und gießen daraus eine Boris-Johnson-Statue. Es wäre derselbe Bronzeklumpen, aber eine andere Statue. All dies spricht dafür, dass die Beziehung zwischen dem Bronzeklumpen und der Wellington-Statue nicht die der Identität, sondern der Konstitution ist. Der Bronzeklumpen konstituiert die Wellington-Statue. Es sind zwei Entitäten, die in einer asymmetrischen Beziehung zueinander stehen: $x$ konstituiert $y$, aber $y$ konstituiert nicht $x$.

Ebenso könnte man die Beziehung zwischen N-Eigenschaften und M-Eigenschaften sehen. M-Eigenschaften seien *konstituiert* bzw. *realisiert* durch N-Eigenschaften, aber nicht identisch mit N-Eigenschaften. So schreibt David Brink:

> Moralische Tatsachen und Eigenschaften [...] sind konstituiert, zusammengesetzt oder realisiert durch organisierte Kombinationen von natürlichen und sozialen wissenschaftlichen Tatsachen und Eigenschaften. (Brink 1989, 158)

Ähnlich meint Russ Shafer-Landau:

> Moralische Tatsachen kovariieren notwendigerweise mit beschreibenden Tatsachen, weil moralische Eigenschaften immer ausschließlich durch beschreibende Eigenschaften realisiert sind. (Shafer-Landau 2003, 77)

Konstitution impliziert Supervenienz. Sind die gleichen N-Eigenschaften vorhanden, dann müssen auch die gleichen M-Eigenschaften vorhanden sein. Das Umgekehrte gilt nicht. Es gibt viele Weisen, wodurch eine M-Eigenschaft realisiert sein kann. Da die Vertreter dieser Sicht (Boyd 1988; Brink 1989; Sturgeon 1986) einerseits meinen, M-Eigenschaften seien zur Gänze durch N-Eigenschaften konstituiert, also durch Eigenschaften, die wie alle anderen Eigenschaften zur natürlichen Welt gehören, andererseits die Identifizierung von M-Eigenschaften mit bestimmten N-Eigenschaften ablehnen, werden sie oft „nichtreduktive Naturalisten" genannt. Und da sie in Verbindung mit der *Cornell University* standen, spricht man auch von „Cornell Realismus".

In neuerer Zeit spricht man anstelle von Konstitution häufig von metaphysischer Gründung (*metaphysical grounding*; siehe Correia/Schnieder 2012). Ob es Unterschiede zwischen Konstitution und Gründung gibt, ob Konstitution eine Art des Gründens ist etc., kann hier offenbleiben. Denn die Hauptmerkmale der Gründungsbeziehung kommen mit den oben genannten Merkmalen der Konstitutionsbeziehung überein: Wenn eine Tatsache $T_1$ in einer Tatsache $T_2$ (oder einer Menge von Tatsachen $T_2$, $T_3$, $T_4$) gründet, so besteht $T_1$ *kraft* $T_2$ etc. Es gibt $T_1$, *weil* es $T_2$ etc. gibt. Die Beziehung ist asymmetrisch. Sie impliziert Supervenienz. Angewandt auf Moral heißt dies: Die M-Tatsache gründet in der relevanten N-Tatsache, bzw. die M-Eigenschaft einer Handlung gründet in der relevanten N-Eigenschaft der Handlung. Die Handlung hat die M-Eigenschaft *kraft* der N-Eigenschaft. Es sind zwei Eigenschaften, nicht ein und dieselbe. Wenn zwei Handlungen in ihren N-Eigenschaften übereinstimmen, müssen sie auch in ihren M-Eigenschaften übereinstimmen. Diese Position des Gründens der M-Eigenschaften in N-Eigenschaften findet man der Sache nach bei vielen Philosophen. So unterscheidet bereits Charlie D. Broad (1887–1971) zwischen gutmachenden Eigenschaften und der Eigenschaft, gut zu sein, und schreibt:

> Wenn jemand versucht ist, die Eigenschaft, gut zu sein, mit einer dieser psychologischen Qualitäten [z. B. Lust zu empfinden] zu identifizieren, dann, glaube ich, tut er dies aufgrund einer Verwechslung. Was er wirklich glaubt, ist, dass es eine und nur eine *gutmachende* Qualität einer Erfahrung gibt, z. B. Lust zu empfinden. Und dann merkt er nicht den Unterschied zwischen *dem Gutsein selbst* und der einen und einzigen gutmachenden Qualität, und so denkt er, er glaube, dass beispielsweise ‚gut' und ‚lustvoll' nur zwei Ausdrü-

cke für ein einziges Merkmal sind. Und da Lust gewiss eine natürliche Eigenschaft ist, denkt er, er glaube, dass ‚gut' ein Ausdruck für eine natürliche Eigenschaft ist. (Broad 1934, 266)

Ähnlich unterscheidet Parfit zwischen dem *Richtigmacher* einer Handlung und ihrem *Richtigsein* und schreibt:

> Wenn Handlungen diese natürliche Eigenschaft haben, so würde dies es nichtkausal mit sich bringen, dass diese Handlungen die davon *verschiedene* Eigenschaft haben, richtig zu sein. (Parfit 2017, 78–79; siehe auch FitzPatrick 2015, 896–897).

Nun kann man fragen: Wenn M-Eigenschaften gänzlich aus N-Eigenschaften konstituiert sind, wenn M-Eigenschaften ausschließlich in N-Eigenschaften gründen, und N-Eigenschaften keinen normativen Zug haben, wie kommen dann M-Eigenschaften zu diesem normativen Zug? Die Antwort darauf haben wir bereits kennengelernt. Wir sagten: Um zu erklären, warum Antons Hilfe für Yusuf moralisch richtig ist, sind zwei Tatsachen nötig (Rosen 2017, 140):

1. die N-Tatsache, dass Antons Hilfe glücksmaximierend ist, und
2. die allgemeine M-Tatsache, dass glücksmaximierende Handlungen moralisch richtig sind.

Aber was sind diese allgemeinen M-Tatsachen? Einige Philosophen deuten sie als moralische Gesetze, die ähnlich zu verstehen seien wie Naturgesetze. So meint Sorley (1918, 373–374), dass in der natürlichen Ordnung die Naturgesetze, in der moralischen Ordnung die Moralgesetze gelten. Beide würden nicht von uns erfunden, sondern entdeckt. Auch Ross (1930, 29–30) zieht einen Vergleich zwischen moralischen *Prima-facie*-Pflichten und Naturgesetzen. Es lohnt sich, diesem Vergleich nachzugehen und ihn auszubuchstabieren.

### 5.2.5 Zur Ontologie von Moralgesetzen

Eine Naturgesetzaussage sagt etwas über die Natur, die wesentlichen Eigenschaften einer natürlichen Art aus. Sagt man zum Beispiel „Planeten bewegen sich auf elliptischen Bahnen", so drückt man damit eine Tatsache über die Natur von Planeten aus. Ontologisch gesehen besteht diese Tatsache aus der Art Planet und der Eigenschaft, sich auf elliptischen Bahnen zu bewegen. Beides sind Universalien, die in Einzelfällen (Instanzen) vorkommen. So ist die Erde ein Fall (eine Instanz) der Art Planet, und ihre Eigenschaft, sich auf elliptischer Bahn zu bewegen, ein Fall (eine Instanz) der Eigenschaftsuniversalie, sich auf elliptischer Bahn zu bewegen.

Ähnliches könnte man nun von allgemeinen M-Tatsachen sagen (Niederbacher 2017; Rosen 2017). Es handelt sich dabei um moralische Gesetze. Eine Moralgesetzaussage formuliert ein moralisches Gesetz. Sie sagt etwas über die moralischen Eigenschaften einer Handlungsart aus. Sagt man zum Beispiel „Versprechen zu halten ist moralisch richtig", so drückt man damit eine Tatsache über die Natur des Versprechen-Haltens aus. Ontologisch gesehen besteht diese Tatsache aus der Handlungsart des Versprechen-Haltens und der Eigenschaft, moralisch richtig zu sein. Beides sind Universalien, die in Einzelfällen vorkommen. So ist Bertas Versprechen-Halten zum Zeitpunkt $t$ ein Fall (eine Instanz) der Handlungsart des Versprechen-Haltens, und die Eigenschaft dieser Handlung, moralisch richtig zu sein, ist ein Fall (eine Instanz) der Eigenschaftsuniversalie, moralisch richtig zu sein. Mit dieser moralischen Ontologie nimmt man also neben Substanzen etc. vier Arten von Entitäten an:

1. Handlungsarten: Man kann sie auch „Handlungsuniversalien" nennen, z. B. die Handlungsarten des Versprechen-Haltens, Notleidenden-Helfens, Stehlens, Mordens etc.
2. Moralische Eigenschaftsuniversalien: Gemeint sind die Eigenschaftsuniversalien, moralisch richtig/falsch zu sein, geboten/verboten/erlaubt zu sein, gut/schlecht/indifferent zu sein etc.
3. Handlungspartikularien: Gemeint sind damit einzelne Handlungen, die Personen zu bestimmten Zeiten an bestimmten Orten vollziehen, z. B. Bertas Versprechen-Halten zum Zeitpunkt $t$. Handlungspartikularien sind Fälle (Instanzen) von Handlungsarten.
4. Moralische Eigenschaftspartikularien: Gemeint ist damit *dieses* moralische Richtigsein von Bertas Versprechen-Halten zum Zeitpunkt $t$. Moralische Eigenschaftspartikularien sind Fälle (Instanzen) von moralischen Eigenschaftsuniversalien.

## 5.2 Das Verhältnis von moralischen zu nichtmoralischen Tatsachen

Dieser Ontologie entsprechend gibt es zwei Arten von moralischen Tatsachen:

Erstens, partikuläre moralische Tatsachen (PMT): Sie bestehen aus Handlungspartikularien, denen eine moralische Eigenschaftspartikularie zukommt. Antons Hilfe für Yusuf kommt die Eigenschaftspartikularie zu, moralisch richtig zu sein. Diese partikuläre moralische Tatsache macht die Proposition wahr, dass Antons Hilfe für Yusuf moralisch richtig ist.

Zweitens, allgemeine moralische Tatsachen (AMT): Sie bestehen aus Handlungsuniversalien, denen eine moralische Eigenschaftsuniversalie zukommt. Der Handlungsart des Notleidenden-Helfens kommt die Eigenschaftsuniversalie zu, moralisch richtig zu sein. Der Handlungsart des Mordens kommt die Eigenschaftsuniversalie zu, moralisch schlecht zu sein. Der Handlungsart des Glückmaximierens kommt die Eigenschaftsuniversalie zu, moralisch richtig zu sein. Der Handlungsart des Schadenzufügens kommt die Eigenschaftsuniversalie zu, moralisch falsch zu sein. Allgemeine moralische Tatsachen sind nichts anderes als moralische Gesetze und machen allgemeine moralische Normaussagen wahr.

Dies ist zugegebenermaßen eine reichhaltige moralische Ontologie. Doch sie hat erstens den Vorteil, Wahrmacher sowohl für Propositionen partikulären moralischen Inhalts wie auch für Propositionen allgemeinen moralischen Inhalts angeben zu können. Ferner kann man damit erklären, warum bestimmte N-Eigenschaftspartikularien es mit sich bringen, dass die M-Eigenschaftspartikularien vorhanden sind bzw. warum bestimmte partikuläre N-Tatsachen es mit sich bringen, dass die partikulären M-Tatsachen bestehen. Man kann dies, wie wir gesehen haben, mit der Existenz moralischer Gesetze erklären. Diese bestehen, ontologisch gesehen, aus Handlungsarten, die durch M-Eigenschaftsuniversalien charakterisiert sind. Die Annahme von M-Eigenschaftsuniversalien ist also nicht explanatorisch überflüssig. Wir benötigen sie, um zu verstehen, was moralische Gesetze sind. Und moralische Gesetze benötigen wir, um zu erklären, warum die N-Eigenschaftspartikularien einer Handlungspartikularie es mit sich bringen, dass die M-Eigenschaftspartikularie vorhanden ist bzw. warum die partikuläre N-Tatsache es mit sich bringt, dass die partikuläre M-Tatsache vorhanden ist.

## 5.2.6 Zwei Einwände

Gegen die Annahme von allgemeinen moralischen Tatsachen (AMT) können mehrere Einwände erhoben werden. Zwei von ihnen seien hier erwogen. Ein erster Einwand könnte sich auf den metaethischen Partikularismus berufen. Der Partikularismus wurde in den letzten Jahren vor allem von Jonathan Dancy (2004) stark gemacht. Er plädiert für eine Ethik ohne Prinzipien. Auf die Details seiner Theorie kann hier nicht eingegangen werden. Es sei lediglich versucht darzulegen, was ein Partikularist hinsichtlich unserer Frage behaupten könnte, und wie plausibel seine Sicht ist. Zunächst ist es wichtig, zwischen einem erkenntnistheoretischen und einem metaphysischen Partikularismus zu unterscheiden. Dem erkenntnistheoretischen Partikularismus zufolge sind moralische Prinzipien nicht nötig, damit eine Person erkennen kann, was sie in einer konkreten Situation tun soll. Um diesen erkenntnistheoretischen Partikularismus soll es hier nicht gehen. Dem metaphysischen Partikularismus zufolge gibt es lediglich partikuläre moralische Tatsachen (PMT). Um diese Position soll es hier gehen. Der metaphysische Partikularismus kann in zwei Richtungen gehen:

a) Entweder man behauptet, PMT seien grundlegend in dem Sinn, dass sie in keinen anderen Tatsachen gründen. Handlungen hätten schlicht die M-Eigenschaft, die sie haben – Punkt. Man gelange bei den PMT auf letzte Tatsachen. Im Englischen spricht man von *„brute facts"*. Entsprechend soll diese Position „Brutismus" genannt werden.

b) Oder man behauptet, PMT würden in anderen Tatsachen gründen, und zwar in partikulären N-Tatsachen (PNT). Entsprechend würden die M-Eigenschaften in bestimmten N-Eigenschaften gründen.

Die Position (a) erscheint mir deshalb unplausibel, weil wir im Alltag bei Handlungsbewertungen aufgefordert werden, Gründe für das moralische Richtig- oder Falschsein einer Handlung anzugeben. Dabei geben wir häufig bestimmte N-Eigenschaften an, z. B. „Emil handelte moralisch schlecht, weil er nur zum eigenen Spaß jemandem Schmerzen zufügte." Zur Begründung geben wir auch manchmal ein Moralgesetz an, welches

## 5.2 Das Verhältnis von moralischen zu nichtmoralischen Tatsachen

den Zusammenhang zwischen den N-Eigenschaften und der M-Eigenschaft herstellt, z. B. „Jemandem zum eigenen Spaß Schmerzen zuzufügen ist moralisch schlecht." Diese Praxis legt die Annahme nahe, dass auch auf metaphysischer Ebene die PMT nicht grundlos sind, sondern in anderen Tatsachen gründen.

Vertreten Partikularisten die Position (b), so nehmen sie eine Art Gründungsrelation zwischen den PNT und den PMT an. Nun kann man nach einer Erklärung dieser Gründungsrelation fragen. Partikularisten könnten behaupten, es gebe keine Erklärung dafür. Damit würden sie wieder bei einer Art von Brutismus enden. Es sei schlicht so, dass die PMT in diesen PNT gründeten – Punkt. Mehr gebe es dazu nicht zu sagen. Erklärungen hätten ein Ende, und hier sei das Ende gekommen. Vertreter von AMT hingegen bieten eine Erklärung dafür an, warum PMT in diesen PNT gründen: Weil es Moralgesetze gibt, kraft derer die PNT es mit sich bringen, dass die PMT vorhanden sind. Aber wird damit die Erklärung nicht bloß um einen unnötigen Schritt verschoben? Denn entweder müsse man sagen, die Moralgesetze seien „*brute facts*", oder man müsse die lästige Frage beantworten: Was erklärt die Moralgesetze?

Es stimmt, die Erklärung wird durch die Annahme von AMT einen Schritt weiter nach hinten verschoben. Dies erscheint durch unsere Praxis gerechtfertigt, den moralischen Wert von Einzelhandlungen durch die Angabe von Moralgesetzen zu begründen, z. B. dadurch, dass man sagt: „Jemandem zum eigenen Spaß Schmerzen zuzufügen ist moralisch schlecht." Ob dies bereits der letzte Erklärungsschritt sein kann, ist fraglich. Wir werden im Kapitel 7 sehen, dass manche als weitere Erklärung für die Existenz von Moralgesetzen Gott angeben.

Ein zweiter Einwand gegen die Annahme von AMT ergibt sich aus unserer Erfahrung, dass Moralgesetze manchmal miteinander kollidieren. Angenommen, es gebe die beiden Moralgesetze, die in folgenden Moralgesetzaussagen ausgedrückt werden:

„Man soll so vielen Menschen wie möglich das Leben retten."
„Man darf unschuldige Menschen nicht töten."

Nun kann es Situationen geben, in denen man das Leben von vielen Menschen nur dadurch retten kann, dass man einige Menschen tötet. Eine solche Situation wird in Ferdinand von Schirachs Gerichtsdrama *Terror* (2016) drastisch vor Augen geführt. Terroristen entführen ein Flugzeug, in dem sich 164 Passagiere befinden, und lenken es in das mit 70.000 Menschen gefüllte Fußballstadion in Berlin. Der Luftwaffen-Major entscheidet in den letzten Sekunden vor der Katastrophe, das Flugzeug abzuschießen. Es stürzt auf einem Kartoffelfeld ab. Alle Passagiere kommen ums Leben. Angenommen, die Entscheidung des Luftwaffen-Majors war richtig. Dann war es richtig, dass er 165 unschuldige Menschen tötete. Doch dies erscheint problematisch für die Annahme von AMT. Denn wenn die Handlungsart des Unschuldige-Menschen-Tötens charakterisiert ist durch die Eigenschaftsuniversalie, moralisch falsch zu sein, wie kann es dann sein, dass die Handlungspartikularie der Tötung dieser 165 unschuldigen Menschen charakterisiert ist durch die Eigenschaftspartikularie, moralisch richtig zu sein? Entweder die Handlungspartikularie ist moralisch falsch oder das Moralgesetz, wonach es moralisch falsch ist, unschuldige Menschen zu töten, gibt es nicht.

Ross hat einen Lösungsansatz für dieses Problem. Er unterscheidet zwischen Prima-facie-Pflichten und tatsächlichen Pflichten. Heute würde man diese Unterscheidung eher mit der Terminologie „*pro tanto*" und „alles in allem" ausdrücken. Man kann diese Unterscheidung mit folgendem Beispiel erläutern: Die Tatsache, dass Anton Berta versprochen hat, sie abzuholen, liefert ihm einen *pro tanto* Grund, sie abzuholen. Denn es ist *pro tanto* richtig, Versprechen zu halten. Kommt kein anderer, konfligierender Grund hinzu, dann hat er alles in allem einen Grund, sie abzuholen. Kommt jedoch ein weiterer *pro tanto* Grund hinzu, z. B. ein Grund, den die Tatsache liefert, dass er das Leben eines Menschen retten kann, so wird dieser *pro tanto* Grund stärker sein als der erste. Dann hat Anton alles in allem einen Grund, sein Versprechen zu brechen und das Leben dieses Menschen zu retten. Ross sieht nun eine Ähnlichkeit zwischen Moralgesetzen und Naturgesetzen. Er schreibt:

> Ein weiterer Fall derselben Unterscheidung [zwischen Prima-facie-Pflichten und tatsächlichen Pflichten] könnte im Wirken von Naturgesetzen gefunden werden. Jeder Körper, insofern er der Gravitationskraft eines anderen Körpers unterworfen ist, neigt dazu, sich mit einer bestimmten Geschwindigkeit in eine bestimmte Richtung zu bewegen; aber seine tatsächliche Bewegung hängt von allen Kräften ab, denen er unterworfen ist. Nur durch die Anerkennung dieser Unterscheidung können wir die Absolutheit der Naturgesetze bewahren, und nur durch die Anerkennung einer entsprechenden Unterscheidung können wir die Absolutheit von allgemeinen Prinzipien der Moral bewahren. (Ross 1930, 28–29)

## 5.2 Das Verhältnis von moralischen zu nichtmoralischen Tatsachen

Aufgrund der Unterscheidung zwischen den Naturgesetzen und den einzelnen Vorkommnissen, umgeben von Umständen, die weitere Naturgesetze involvieren, kann man verstehen, wie beides möglich ist: dass einerseits eine Naturgesetzaussage wahr ist und andererseits ein einzelnes Vorkommnis doch davon abweicht. So schreibt Jonathan Lowe bezüglich der Naturgesetze:

> Naturgesetze determinieren Tendenzen unter den Partikularien, auf die sie zutreffen, nicht ihr aktuales Verhalten, das ein Resultat vieler komplexer Interaktionen ist, die eine Vielzahl von Gesetzen involvieren. (Lowe 2006, 29).

Ähnlich kann man Ausnahmen in der Moral verstehen. Handlungspartikularien sind eingebettet in komplexe Handlungsumstände. Eine Handlungspartikularie kann ein Fall der Art von Versprechen-Brechen sein, die charakterisiert ist durch die M-Eigenschaftsuniversalie, moralisch falsch zu sein. Ob aber die M-Eigenschaftsuniversalie, moralisch falsch zu sein, instanziiert ist, hängt davon ab, welche weiteren Moralgesetze aufgrund der Handlungsumstände involviert sind, z. B. das Moralgesetz, dass man *pro tanto* Menschenleben retten soll. Ross führt den Gedanken, dass hinsichtlich einer Handlung mehrere moralische Moralgesetze im Spiel sein können, folgendermaßen aus:

> Wir müssen unterscheiden zwischen der Eigenschaft, unsere Pflicht zu sein, und der Eigenschaft, die Tendenz zu haben, unsere Pflicht zu sein. Jede Handlung, die wir vollziehen, enthält verschiedene Elemente, aufgrund derer sie unter verschiedene Kategorien fällt. Zum Beispiel: Kraft dessen, dass sie der Bruch eines Versprechens ist, hat sie die Tendenz, falsch zu sein. Kraft dessen, dass sie ein Fall von Notlinderung ist, hat sie die Tendenz, richtig zu sein. Die Tendenz, jemandes Pflicht zu sein, kann eine teil-resultierende Eigenschaft genannt werden, das ist eine Eigenschaft, die zu einer Handlung kraft einer der Komponenten ihrer Natur gehört. Jemandes Pflicht zu sein, ist eine ganz-resultierende Eigenschaft, eine Eigenschaft, die zu einer Handlung kraft ihrer gesamten Natur gehört, und nichts weniger als das. (Ross 1930, 28)

Das heißt: Moralgesetze bestimmen bei den Handlungspartikularien Tendenzen, moralisch richtig oder falsch zu sein. Welche M-Eigenschaftspartikularie eine Handlungspartikularie aber letztlich hat, resultiert aus all den Handlungsumständen, die weitere Moralgesetze involvieren können.[2]

---

[2] Eine genauere Ausführung dieser Idee von Ross findet man bei Pietroski 1993.

Manche werden sagen, der Vergleich des moralischen Bereichs mit dem natürlichen Bereich stoße an Grenzen. Die verschiedenen natürlichen Kräfte, die auf einen Gegenstand einwirkten, würden sich gemäß strikter Gesetze addieren. Dagegen sei es bei Prima-facie-Pflichten so, dass nach genauer Wahrnehmung der Situation und Abwägung aller Umstände bzw. moralisch relevanten Merkmale eine bestimmte Pflicht als gewichtiger als die anderen angesehen werde. Darüber könne man eine fehlbare Meinung haben. Um dieses Bedenken zu entkräften, würde ich zwischen der erkenntnistheoretischen und der ontologischen Frage unterscheiden. In unserer Urteilsbildung müssen wir abwägen, und es kann sein, dass wir am Ende mit einer ungewissen Meinung dastehen und sagen: „Moralisch richtig ist eher diese als jene Handlung." Doch dies ist ein Erkenntnisproblem. M. E. impliziert dies nicht, dass die Dinge ontologisch vage sind.

Auch in der mittelalterlichen Moraltheorie wurde die Auffassung vertreten, dass das Gutsein einer Handlungspartikularie nicht nur von der Art der Handlung abhängt, sondern auch von den Handlungsumständen (Absicht, Folgen, Mittel, Art und Weise, Zeit, Ort). So schreibt Thomas von Aquin:

> So kann bei einer menschlichen Tätigkeit ein vierfaches Gutsein betrachtet werden: Eines aufgrund der Gattung, insofern sie eine Tätigkeit ist; weil sie soviel an Gutsein hat wie sie an Tätigkeit und Sein hat, wie gesagt wurde; ein zweites aufgrund der Art, die sie aus dem angemessenen Gegenstand empfängt; ein drittes aufgrund der Umstände, gleichsam aufgrund gewisser Akzidentien; ein viertes aufgrund des Ziels, gleichsam aufgrund des Verhältnisses zur Ursache des Gutseins. (Thomas von Aquin, Summa Theologiae I-II 18, 4)

Die hier genannten Umstände können nicht nur den moralischen Wert von Handlungspartikularien graduell verändern. Es macht z. B. einen moralischen Unterschied aus, ob jemand 100 Euro oder 100.000 Euro stiehlt. Die Umstände können auch die Art der Handlung ändern. Um einige scholastische Beispiele zu nennen: Entwendet jemand heimlich fremdes Eigentum, begeht er Diebstahl. Entwendet er es aber unter Nötigung, begeht er Raub. Der Umstand der Art und Weise kann also beeinflussen, welche Handlungsart vorliegt. Oder: Wenn jemand hart arbeitet, mag das moralisch richtig sein. Tut er es aber am Sonntag, vollzieht er eine schlechte Handlung. Dies liegt am Umstand der Zeit. Es gilt nämlich das

Gebot, dass man den Sonntag heiligen soll. Daher ändert dieser Handlungsumstand die Art der Handlung hinsichtlich ihres Gut- oder Schlechtseins. Welche M-Eigenschaftspartikularie vorliegt, hängt also von dem gesamten Wesen einer Handlung ab, das auch bestimmt wird durch die relevanten Umstände, die weitere Moralgesetze involvieren.

## 5.3 Die Existenzweise moralischer Tatsachen

Viele nehmen die Existenz von M-Tatsachen und M-Eigenschaften an. Aber die ontologischen Verpflichtungen, die sie damit eingehen wollen, sind sehr unterschiedlich. Eine wichtige Grenzlinie zwischen verschiedenen Positionen liefert die Einstellung zur *Bewusstseinsabhängigkeit* (*minddependence*) dieser Eigenschaften und Tatsachen.

### 5.3.1 Bewusstseinsabhängigkeit moralischer Tatsachen

Viele Philosophen nehmen zwar an, dass es M-Eigenschaften und M-Tatsachen gebe, dass es sie jedoch nicht unabhängig von unseren Wünschen, Meinungen, Einstellungen, Reaktionen oder Reden über sie gebe. Dazu zählen manche konstruktivistischen Philosophinnen und Philosophen. So schreibt Sharon Street:

> Gemäß dem metaethischen Konstruktivismus ist die Tatsache, dass für die handelnde Person *A X* ein Grund ist, *Y* zu tun, konstituiert durch die Tatsache, dass das Urteil, dass *X* (für *A*) ein Grund ist, *Y* zu tun, einer Prüfung aus dem Standpunkt von *A*s anderen Urteilen über Gründe standhält. (Street 2008, 223)

Hier wird eine Art Konstitutions- oder Gründungsverhältnis zwischen der M-Tatsache und der N-Tatsache angenommen. Nehmen wir an, die M-Tatsache bestehe darin, dass Caligula andere zu seinem eigenen Vergnügen foltern soll (siehe 4.2). Diese M-Tatsache gründe in der N-Tatsache, dass Caligulas Urteil „Ich soll andere zu meinem eigenen Vergnügen foltern" aus Caligulas anderen Urteilen und konativen Einstellungen folge. Dieser Auffassung zufolge gibt es zwar M-Tatsachen, ihre Existenz ist aber vollständig abhängig von den kognitiven oder konativen Einstellungen der betroffenen Personen. Ähnlich ist es auch mit anderen konstruktivistischen Positionen, denen zufolge die Existenz von M-Tatsachen von bestimmten Verfahren abhängt. Vertreter dieser Positionen können auch annehmen, dass es allgemeine M-Tatsachen gibt, die darin gründen, dass Menschen sich durch ein korrektes Verfahren darauf verständigt haben, so wie auch die Gesetze eines Staates letztlich darin gründen, von der legislativen Gewalt nach einer Geschäftsordnung beschlossen worden zu sein; und dass die partikulären M-Tatsachen in den allgemeinen M-Tatsachen zusammen mit den partikulären N-Tatsachen gründen. Der Vorteil dieser Deutung mag darin gesehen werden, dass so verstandene M-Tatsachen nichts Außergewöhnliches darstellen. Die allgemeine M-Tatsache, dass man Notleidenden helfen soll, ist nicht sonderbarer als die Tatsache, dass man auf Österreichs Autobahnen nicht schneller als 130 Kilometer pro Stunde fahren soll. Und die partikuläre Tatsache, dass Antons Hilfe für Yusuf richtig ist, ist nicht sonderbarer als die Tatsache, dass Berta, die mit 120 Kilometer pro Stunde auf einer österreichischen Autobahn unterwegs ist, legal unterwegs ist. Die M-Tatsachen gebe es in gleicher Weise, wie es soziale Tatsachen gebe. Es gebe sie aufgrund verschiedener Verfahren und Handlungen von Menschen. Sie seien von Menschen erzeugt. Moralische Rechte gebe es, so wie es legale Rechte gibt, weil sie von Menschen gesetzt würden. Unabhängig von diesen Setzungen oder Erzeugungen gebe es sie nicht. Christine Korsgaard unterscheidet diesen konstruktivistischen Realismus von stärkeren Formen des Realismus, indem sie schreibt:

> Der prozedurale moralische Realist [Konstruktivist] glaubt, dass es Antworten auf moralische Fragen gibt, weil es korrekte Verfahren gibt, sie zu erreichen. Aber der substanzielle Realist glaubt, dass es korrekte Verfahren gibt, um moralische Fragen zu beantworten, weil es moralische Wahrheiten oder Tatsachen gibt, die unabhängig von diesen Verfahren existieren, und denen diese Verfahren auf der Spur sind. (Korsgaard 1996, 36–37)

Der Position der hier genannten „substanziellen" oder robusten moralischen Realisten werden wir uns gleich zuwenden. Zunächst sei aber noch eine weitere Variante der Annahme angeführt, wonach M-Eigenschaften und M-Tatsachen bewusstseinsabhängig seien. Angenommen, es gäbe auf Erden keine Menschen oder andere moralfähige Wesen. Würde es dann dennoch M-Eigenschaften und M-Tatsachen geben? Viele werden für die

## 5.3 Die Existenzweise moralischer Tatsachen

Bejahung dieser Frage nur ein Kopfschütteln übrighaben. Mit M-Tatsachen und M-Eigenschaften verhalte es sich eher wie mit Klängen oder Farben. Es gebe sie nur, weil es Wesen mit Gehörsinn und Sehsinn gebe, aufgrund derer ihnen Objekte mit bestimmten Merkmalen auf bestimmte Weise erscheinen. Ebenso sei die Existenz von M-Eigenschaften abhängig von Wesen mit bestimmten Sensibilitäten. Bereits David Hume stellte den Vergleich zwischen M-Eigenschaften und solchen sekundären Qualitäten her. Er schreibt:

> Tugend und Laster könnten also mit Klängen, Farben, Hitze und Kälte verglichen werden, die gemäß moderner Philosophie nicht Qualitäten in Objekten, sondern Wahrnehmungen im Bewusstsein sind. (Hume 1739/40, A Treatise of Human Nature III, 1, 1)

Daraus könnte man antirealistische Schlüsse ziehen und sagen: Eigentlich gibt es diese Eigenschaften nicht. Wer aber heute den Vergleich von M-Eigenschaften mit Farben zieht, möchte eher eine Mittelposition zwischen Konstruktivismus und robustem Realismus einnehmen. M-Eigenschaften seien wie Farbeigenschaften zwar nicht völlig unabhängig von einer bestimmten Sensibilität, aber das heiße nicht, sie seien nicht unabhängig von einzelnen Erfahrungen. Sekundäre Qualitäten seien phänomenale Eigenschaften. Es gehöre wesentlich zu ihnen, einen bestimmten Eindruck bei bestimmten sensorischen Apparaten hervorzurufen. Es wäre aber falsch zu meinen, z. B. die Eigenschaft, rot zu sein, sei daher keine Eigenschaft der Rose, sondern eine Eigenschaft der wahrnehmenden Person. Es sei sehr wohl eine Eigenschaft der Rose selbst, Menschen mit normalem Gesichtssinn unter entsprechenden Bedingungen als rot zu erscheinen (McDowell 1985, 111–112; Kutschera 1998, 77–78). Diese Rose habe die dispositionale Eigenschaft, rot auszusehen; und sie habe diese Eigenschaft auch dann, wenn niemand hinschaue. Die Tatsache, dass Antons Hilfe für Yusuf richtig ist, sei demnach ähnlich zu verstehen wie die Tatsache, dass diese Rose rot ist. Es gebe diese Tatsache zwar nicht völlig unabhängig von moralischen Sensibilitäten, dennoch aber unabhängig von einzelnen Erfahrungen. Ähnliches behauptet John McDowell für Werteigenschaften:

> Werte sind nicht einfach da – nicht unabhängig von unserer Sensibilität da – so wie auch Farben nicht einfach da sind: Aber wie bei Farben hören wir deshalb nicht auf anzunehmen, dass sie unabhängig von jeder einzelnen offensichtlichen Erfahrung von ihnen da sind. (McDowell 1985, 120)

Vergleicht man M-Eigenschaften auf diese Weise mit Farbeigenschaften, und versteht man die Eigenschaft, rot zu sein, als dispositionale Eigenschaft eines Dinges, einem Wesen mit einem bestimmten Sinnesvermögen als rot zu erscheinen, so stellt sich jedoch ein Bedenken ein. Dieser Auffassung zufolge wären M-Eigenschaften die dispositionalen Eigenschaften von Handlungen, Wesen mit einer bestimmten Sensibilität als so und so zu erscheinen. Die M-Eigenschaft einer Handlung, richtig zu sein, wäre nichts anderes als die N-Eigenschaft dieser Handlung, Wesen mit einer bestimmten Sensibilität als richtig zu erscheinen. Dies scheint aber auf eine Art Naturalismus hinauszulaufen. Denn die Eigenschaft, einem Wesen mit einer bestimmten Sensibilität als richtig zu erscheinen, ist eine N-Eigenschaft.

### 5.3.2 Bewusstseinsunabhängigkeit moralischer Tatsachen

Blicken wir nun auf jene Philosophen, die behaupten, die Existenz von M-Eigenschaften und M-Tatsachen sei völlig bewusstseinsunabhängig. Sie lassen sich mindestens zwei verschiedenen Positionen zuordnen:
1. Manche vertreten die Ansicht, dass es zwar M-Eigenschaften und M-Tatsachen unabhängig von unserem Bewusstsein gebe, dass diese aber nicht robust, sondern ontologisch „leicht" aufzufassen seien. So schreibt Parfit:

> Es gibt einige Behauptungen, die unreduzierbar normativ [...] und im striktesten Sinn wahr sind. Aber diese Wahrheiten haben keine ontologischen Implikationen. Damit solche Behauptungen wahr sind, müssen diese Gründe-involvierenden Eigenschaften weder als natürliche Eigenschaften in der raumzeitlichen Welt existieren, noch in irgendeinem nicht raumzeitlichen Teil der Wirklichkeit. [...] Wie Zahlen und logische Wahrheiten, so haben diese normativen Eigenschaften und Wahrheiten *keinen* ontologischen Status. (Parfit 2011, Vol. 2, 486–487)

Parfit behauptet also, es gebe M-Eigenschaften, aber diese Eigenschaften hätten *keinen* ontologischen Status. Kann man dies konsistenterweise behaupten?

Nach Parfit hat der Ausdruck „es gibt" bzw. „es existiert" verschiedene Bedeutungen. In einem ganz weiten Sinn von „es gibt" gibt es die

Erde, Antons möglichen Restaurantbesuch, Beethovens Eroica, die Zahl Zwei, Propositionen und Pflichten. Davon unterscheidet Parfit engere Bedeutungen von „es gibt". Die Erde gebe es neben diesem weiten Sinn von „es gibt" auch im engen aktualen Sinn von „es gibt". Sie sei Teil der raumzeitlichen Wirklichkeit. Antons möglichen Restaurantbesuch gebe es neben dem weiten Sinn von „es gibt" im möglichen, aber nicht aktualen Sinn von „es gibt". Eine Pflicht, z. B. dass man Versprechen halten soll, gebe es neben dem weiten Sinn von „es gibt" in einem bestimmten nichtontologischen Sinn von „es gibt". Aber es gebe sie weder im aktualen noch möglichen Sinn von „es gibt". Parfit spricht zwar von moralischen Wahrheiten, moralischen Tatsachen und moralischen Eigenschaften. Er lehnt aber die Sicht ab, wonach moralische Wahrheiten durch einen Teil der Wirklichkeit wahr gemacht werden müssen. Wie andere *notwendige* Wahrheiten

> müssen diese nicht durch einen Teil der Wirklichkeit wahr gemacht werden, dem sie entsprechen. Vielmehr ist die Abhängigkeit umgekehrt. Es ist die Wirklichkeit, welche diesen Wahrheiten entsprechen muss. (Parfit 2011, Vol. 2, 749)

Parfits leichte moralische Ontologie wirft aber Fragen auf. Erstens, welchen Sinn hat es hier noch, zwischen M-Wahrheiten, d. i. wahren M-Propositionen, und M-Tatsachen sowie zwischen M-Eigenschaften und M-Begriffen zu unterscheiden? Es scheint, Parfits Sicht laufe darauf hinaus, dass M-Tatsachen nichts anderes als wahre M-Propositionen, und M-Eigenschaften nichts anderes als M-Begriffe sind.

Zweitens gibt es nicht nur notwendige, sondern auch kontingente M-Wahrheiten. Dass Antons Hilfe für Yusuf richtig ist, ist eine kontingente M-Wahrheit. Auch wenn notwendige M-Wahrheiten es nicht nötig hätten, von notwendigen M-Tatsachen wahr gemacht zu werden, was ist dann mit kontingenten M-Wahrheiten? Nun, man könnte meinen, kontingente M-Wahrheiten ergäben sich aus notwendigen M-Wahrheiten zusammen mit kontingenten N-Wahrheiten. Die Wahrheit, dass Antons Hilfe für Yusuf richtig ist, ergebe sich aus der notwendigen M-Wahrheit, dass es richtig ist, Leidenden zu helfen, und der kontingenten N-Wahrheit, dass Yusuf leidet. Ob dies jedoch eine angemessene Lösung der Frage darstellt, kann bezweifelt werden. Denn gezeigt wurde nur, wie man durch einen Schluss zu einer kontingenten M-Wahrheit kommt, d. h. wie man zur Erkenntnis gelangen kann, dass Antons Hilfe für Yusuf richtig ist. Damit erübrigt sich die metaphysische Frage nach dem Wahrmacher jedoch nicht. Ein Vergleich macht dies klar. Ich kann aus der Proposition, dass Menschen sterblich sind, und der Proposition, dass Yusuf ein Mensch ist, die Proposition folgern, dass Yusuf sterblich ist. Dass Yusuf sterblich ist, ergibt sich aus den beiden anderen Propositionen. Dies impliziert jedoch nicht, dass die Proposition, dass Yusuf sterblich ist, keinen Wahrmacher hat. Diese Proposition wird wahr gemacht durch die Tatsache, dass er sterblich ist. Selbst wenn also manche wahren M-Propositionen notwendig sind und keines Wahrmachers bedürfen sollten, gibt es doch noch kontingente wahre M-Propositionen, für die sich die Frage nach dem Wahrmacher stellt.

Drittens ist Parfits Ontologie der Eigenschaften unklar. Er glaubt, dass es Eigenschaften gibt, die niemand hat und niemals jemand haben wird, z. B. die Eigenschaft, der erste auf der Sonne spazierengehende Mensch zu sein (Parfit 2011, Vol. 2, 264). Dieses Beispiel legt die Vermutung nahe, dass Parfit Eigenschaften als Universalien versteht, die an Einzeldingen vorkommen (exemplifiziert sein) können oder nicht. Nun gibt es viele Eigenschaften, die tatsächlich von Dingen gehabt werden, z. B. Yusufs Eigenschaft, 70 kg zu wiegen. Diese Eigenschaft müsste es auch im aktualen Sinn von „es gibt" geben, wie Parfit zugeben würde. Es wäre also sinnvoll, neben Eigenschaftsuniversalien auch Eigenschaftspartikularien anzunehmen. Eigenschaftspartikularien existieren in der raumzeitlichen Welt. Antons Eigenschaft, 70 kg zu wiegen, ist eine raumzeitliche Weise, wie Yusuf ist. Gleiches kann man für Handlungspartikularien und ihre Eigenschaftspartikularien annehmen. Antons Hilfe für Yusuf ist eine Handlungspartikularie, die in der raumzeitlichen Welt vorkommt. Und die N-Eigenschaft dieser Handlung, zur Maximierung des Glücks auf Erden beizutragen, ist eine N-Eigenschaftspartikularie dieser Handlung, die in der raumzeitlichen Welt vorkommt. Nun gibt es keinen Grund, die N-Eigenschaftspartikularien unter der Rücksicht des ontologischen Status anders zu verstehen als die M-Eigenschaftspartikularien; keinen Grund, ersteren einen ontologischen Status zuzuerkennen, letzteren jedoch nicht. Wenn die N-Eigenschaftspartikularien raumzeitliche Entitäten sind, und wenn M-Eigenschaftspartikularien in ihnen gründen, dann ist es plausibel anzunehmen, dass auch M-Eigenschaftspartikularien raumzeitliche Entitäten sind.

Wie steht es aber mit M-Eigenschaftsuniversalien? Sie sind keine Entitäten in der raumzeitlichen Welt. Aber dies gilt ebenso für nichtmoralische Eigenschaftsuniversalien. Es gibt also keinen Grund, nichtmoralische Eigenschaftsuniversalien unter der Rücksicht des ontologischen Status anders zu verstehen als moralische Eigenschaftsuniversalien; keinen Grund, ersteren einen ontologischen Status zuzuerkennen, letzteren jedoch nicht. Aber wie sind diese Universalien aufzufassen? Sind sie nicht ontologisch seltsam, wie Mackie meinte? Sie sind nicht seltsam, wenn man folgende Annahmen macht: Eigenschaftsuniversalien sind den Partikularien ontologisch nachgeordnet (siehe Lowe 2010, 245). Sie sind Abstraktionen von Partikularien. Ferner muss man nicht annehmen, dass Universalien die Fähigkeit haben, zur selben Zeit an verschiedenen Orten vorzukommen, wie manche Metaphysiker meinen. Nicht die Universalien kommen zur selben Zeit an verschiedenen Orten vor, sondern die Fälle (Instanzen) dieser Universalien: die Partikularien. Schließlich muss man nicht mit Parfit annehmen, dass es Universalien gibt, die nicht zumindest einmal irgendwo und irgendwann vorkommen (instanziiert sind). Aber dies stellt für die Annahme von moralischen Eigenschaftsuniversalien kein Problem dar, sind sie doch millionenfach instanziiert. Überträgt man diese Überlegungen auf M-Tatsachen, so ergibt sich im Unterschied zur ontologisch leichten Auffassung von M-Eigenschaften und M-Tatsachen eine ontologisch „gewichtige" oder „robuste" Auffassung, die man folgendermaßen ausdrücken kann:

2. Partikuläre M-Eigenschaften und M-Tatsachen gibt es in demselben Sinn von „es gibt" wie andere partikuläre Eigenschaften und Tatsachen in der Welt. Und allgemeine M-Tatsachen gibt es in demselben Sinn von „es gibt" wie andere allgemeine Tatsachen, die darin bestehen, dass eine Art (Substanzuniversalie, Handlungsuniversalie, etc.) eine Eigenschaftsuniversalie hat. Demnach unterscheiden sich M-Tatsachen zwar von anderen Tatsachen hinsichtlich ihrer Normativität, nicht jedoch hinsichtlich ihres ontologischen Status.

**Weiterführende Literatur:**

Schaber 1997; Halbig 2007; Enoch 2011; Schmidt/Tarkian 2011; Hoffmann 2014; Parfit 2011/2017; Cuneo/Shafer-Landau 2014; Muders 2016; Rosen 2017; Laskowski/Finlay 2018; Kulp 2019.

# 6 Können moralische Überzeugungen gerechtfertigt sein?

Paul Bernardo hat in den 90er Jahren in Toronto zusammen mit seiner Frau mehrere Mädchen vergewaltigt und ermordet. Er wurde gefasst und zu lebenslanger Haft verurteilt. Manche, die den Prozess verfolgten, bildeten die Überzeugung, dass in diesem Fall die Todesstrafe moralisch richtig wäre. Sie sagten: „Auch wenn in Kanada die Todesstrafe seit 1976 abgeschafft ist, für Verbrecher wie Paul Bernardo wäre sie richtig." Kann diese Überzeugung gerechtfertigt sein?

Unsere Ausgangsfrage lautete: Was tun Menschen, wenn sie eine moralische Äußerung machen? Was tun sie, wenn sie sagen: „Es ist richtig, diesen Verbrecher mit dem Tod zu bestrafen." Die Antwort des objektivistischen Kognitivismus lautete: Sie stellen eine moralische Behauptung auf. Mit einer moralischen Behauptung drücken sie eine moralische Überzeugung aus. Der Inhalt dieser Überzeugung, nämlich die Proposition, dass es richtig ist, diesen Verbrecher mit dem Tod zu bestrafen, ist wahr oder falsch.

Die Folgefrage lautet nun: Wodurch ist diese Überzeugung gerechtfertigt bzw. begründet? Haben diese Menschen einen angemessenen Erkenntnisgrund für diese Überzeugung, einen Grund, der für die Wahrheit der für wahr gehaltenen Proposition spricht? Grundsätzlicher gefragt: Unter welchen Bedingungen sind moralische Überzeugungen von Personen erkenntnismäßig gerechtfertigt, begründet, vernünftig, rational? Dieser Frage wollen wir nun nachgehen. Es handelt sich um eine *erkenntnistheoretische* Frage und um sie zu verstehen, ist eine kurze Einführung in die Erkenntnistheorie nötig.

## 6.1 Das ABC der Erkenntnistheorie

Wenn wir etwas erkennen, dann treffen wir die Wahrheit. Leider ist für uns Menschen die Wahrheit in den seltensten Fällen direkt zugänglich. Wir benötigen Mittel, die uns zur Wahrheit führen. Solche Mittel sind die Gründe, auf denen unsere Überzeugungen beruhen und beruhen sollten. Im Kapitel 3 haben wir die Unterscheidung zwischen motivierenden und normativen Gründen kennengelernt. Diese Unterscheidung ist auch für die Erkenntnistheorie relevant. In der Erkenntnistheorie geht es aber nicht um Gründe für Handlungen sondern für Überzeugungen. „Motivierende Gründe" seien nun jene Gründe genannt, die eine Person tatsächlich veranlassen, eine Proposition für wahr zu halten. „Normative Gründe" – oder sagen wir in unserem Kontext besser „angemessene Gründe" – seien jene Gründe genannt, die für die Wahrheit einer Proposition sprechen. Dies sei zunächst an einem nichtmoralischen Beispiel veranschaulicht. Berta hält es für wahr, dass der Mörder der Gärtner ist. Warum? Ihr Grund dafür besteht darin, dass der Gärtner ihr unsympathisch ist. Diese Antipathie dem Gärtner gegenüber hat sie dazu gebracht, die Überzeugung zu bilden, dass der Mörder der Gärtner ist. Dies ist der motivierende Grund ihrer Überzeugung. Aber ist es auch ein angemessener Grund? Spricht er für die Wahrheit der Proposition, dass der Mörder der Gärtner ist? Wohl kaum. Denn die Tatsache, dass jemand unsympathisch ist, spricht in der Regel nicht für die Wahrheit der Proposition, dass jemand ein Mörder ist. Ein angemessener Grund für ihre Überzeugung wäre es, wenn sie davon erfahren hätte, dass sich auf der Tatwaffe Fingerabdrücke des Gärtners befinden. Dieser Grund würde für die Wahrheit ihrer Überzeugung sprechen. Wenn dieser angemessene Grund ihr motivierender Grund für ihre Überzeugung ist, dass der Mörder der Gärtner ist, wenn also ihre Überzeugung tatsächlich auf einem angemessenen Grund beruht, sagt man: Ihre Überzeugung ist *gerechtfertigt*. Die genaue Definition lautet folgendermaßen:

> *Epistemische Rechtfertigung*: Die Überzeugung, dass $p$, ist für eine Person $S$ genau dann gerechtfertigt, wenn die Überzeugung, dass $p$, auf angemessenen Gründen beruht.

Mit „beruhen" wird die Verknüpfung zwischen Überzeugung und angemessenen Gründen ausgedrückt. Gemeint ist, dass die angemessenen Gründe auch die motivierenden Gründe sind; dass die angemessenen Gründe zur Bildung und Erhaltung einer Überzeugung führen oder beitragen; dass die Person im Licht dieser Gründe ihre Überzeugung bildet oder erhält. Es sind Fälle denkbar, in denen die angemessenen Gründe zwar im Bewusstsein einer Person vorhanden sind, aber dennoch nicht zur Bildung oder Erhaltung der Überzeugung beitragen. So könnte es sein, dass Berta zwar die Information der Fingerabdrücke des Gärtners auf der Tatwaffe hat, dennoch aber den Gärtner für den Mörder hält, weil er ihr unsympathisch ist. In diesem Fall würde ihre Überzeugung nicht auf dem angemessenen Grund beruhen, und sie wäre nicht gerechtfertigt. Um gerechtfertigt zu sein, muss die Überzeugung einer Person auf den angemessenen Gründen beruhen.

Angemessene bzw. normative Gründe, auf denen Überzeugungen beruhen sollen, nennt man auch *Erkenntnisgründe* oder *epistemische* Gründe. Das Wort „epistemisch" stammt vom griechischen Wort „episteme", das auf Deutsch „Wissen" bedeutet. Denn epistemische Gründe führen uns im besten Fall zu Wissen. Sie sprechen für die Wahrheit einer Überzeugung. Allerdings garantieren sie die Wahrheit nicht. Eine Überzeugung kann auf angemessenen Gründen beruhen und dennoch falsch sein. So könnte Berta zwar angemessene Gründe für ihre Überzeugung haben, dass der Mörder der Gärtner ist, es aber dennoch falsch sein, dass der Mörder der Gärtner ist.

Angemessene Gründe können auch angefochten und zunichtegemacht werden. Die Fingerabdrücke des Gärtners auf der Tatwaffe sprechen zwar dafür, dass der Mörder der Gärtner war. Aber angenommen durch weitere Befragungen käme heraus, dass der Gärtner ein wasserdichtes Alibi hat. Und seine Fingerabdrücke auf der Tatwaffe kann er damit erklären, dass er kürzlich den Waffenschrank seines Herrn gereinigt und die Waffen angefasst hat. Wenn Berta dies erfährt, hat sie weitere Gründe erworben, die dagegensprechen, dass der Mörder der Gärtner war. Solche Gegengründe oder Anfechtungsgründe nennt man im Englischen *„defeaters"* (Pollock 1986, 37). Es sind Gründe, welche die ursprüngliche Rechtfertigung einer Überzeugung zunichte machen.

## 6.1 Das ABC der Erkenntnistheorie

Es gibt zwei Arten von Gegengründen: widerlegende Gegengründe (*rebutting defeaters*) und untergrabende Gegengründe (*undercutting defeaters*). Widerlegend sind Gegengründe, wenn sie gegen die Wahrheit der ursprünglich für wahr gehaltenen Proposition sprechen. Berta hat das Alibi des Gärtners überprüfen lassen und die Überzeugung gebildet, dass er ein wasserdichtes Alibi hat. Damit erwirbt sie einen widerlegenden Grund gegen ihre Überzeugung, dass er der Mörder ist. Sie hält diese Proposition nun für falsch. Untergrabend hingegen sind Gegengründe, wenn sie die rechtfertigende Beziehung zwischen Gründen und Proposition kappen. Angenommen, Anton geht spazieren, sieht in einiger Entfernung eine Frau und bildet die Überzeugung, dass Dora aus ihrem Urlaub zurück ist. Er hat einen angemessenen Grund für diese Überzeugung, denn er hat den klaren visuellen Eindruck, dass es Dora ist. Nun erzählt ihm Berta, dass Dora eine Zwillingsschwester hat, die genauso aussieht wie Dora. Damit erwirbt er einen untergrabenden Grund gegen seine Überzeugung, dass Dora aus ihrem Urlaub zurück ist. Denn er weiß nun: Wer wie Dora aussieht, muss nicht Dora sein. Er hat zwar keinen angemessenen Grund zu glauben, dass Dora nicht aus dem Urlaub zurück ist, aber auch keinen angemessenen Grund zu glauben, dass sie aus dem Urlaub zurück ist. Sowohl widerlegende als auch untergrabende Gegengründe können ihrerseits wiederum durch weitere Gegengründe (*defeaters-defeaters*) zunichte gemacht werden usw.

Weil hinsichtlich der meisten Überzeugungen, die wir haben, Gegengründe auftauchen können, sagt man, dass die Überzeugungen einer Person in der Regel *prima facie* gerechtfertigt sind. Sie sind gerechtfertigt, bis irgendwelche Gegengründe auftauchen. Eine Überzeugung, die wahr ist und auf unanfechtbaren epistemischen Gründen beruht, könnte man Wissen nennen. Oder anders gesagt: Eine Person weiß, dass $p$, genau dann, wenn es wahr ist, dass $p$, wenn sie überzeugt ist, dass $p$, und wenn ihre Überzeugung, dass $p$, auf unanfechtbaren epistemischen Gründen beruht.

## 6.2 Erkenntnistheorie moralischer Überzeugungen

Diese Bemerkungen dürften als kurze Einführung in die allgemeine Erkenntnistheorie reichen. Die Erkenntnistheorie moralischer Überzeugungen stützt sich einerseits auf die allgemeine Erkenntnistheorie und ist oft lediglich ihre Anwendung auf den Bereich der Moral. Andererseits gibt es auch spezifische Fragen, die besonders im Bereich der Moral auftreten, z. B. ob und wie Wünsche oder Emotionen angemessene epistemische Gründe für moralische Überzeugungen sein können; oder ob ein robuster moralischer Realist erklären kann, wie Menschen zu gerechtfertigten moralischen Überzeugungen kommen.

Bevor wir uns der moralischen Erkenntnistheorie zuwenden, sei daran erinnert, dass sich nach kognitivistischer Auffassung moralische Überzeugungen durch ihre propositionalen Inhalte von nicht-moralischen Überzeugungen unterscheiden. Moralische Überzeugungen haben moralische Propositionen zum Inhalt, z. B.

- dass Vergewaltigung moralisch schlecht ist;
- dass es *pro tanto* moralisch geboten ist, notleidenden Menschen zu helfen;
- dass der Holocaust ein schreckliches moralisches Verbrechen war;
- dass Mahatma Gandhis gewaltloses Vorgehen moralisch richtig war.

Die ersten beiden dieser Propositionen haben einen allgemeinen moralischen Inhalt. Als Platzhalter für solche Propositionen schreibe ich „$p_{am}$". Die letzten beiden Propositionen haben einen partikulären moralischen Inhalt. Als Platzhalter für solche Propositionen schreibe ich „$p_{pm}$". Ist von moralischen Propositionen die Rede, ohne zwischen allgemeinen und partikulären zu differenzieren, wird als Platzhalter dafür einfach „$p_m$" verwendet. Überzeugungen mit moralischen propositionalen Inhalten werden „moralische Überzeugungen" genannt.

Viele Menschen beanspruchen, moralisches Wissen zu haben. Sie erheben z. B. den Anspruch zu wissen, dass Vergewaltigung moralisch schlecht sei, dass der Holocaust ein moralisches Verbrechen sei, dass es *pro tanto* moralisch geboten sei, Versprechen zu halten, notleidenden

## 6.2 Erkenntnistheorie moralischer Überzeugungen

Menschen zu helfen etc. Aber wissen sie es tatsächlich? Welche Bedingungen müssen erfüllt sein, damit jemand moralisches Wissen hat? Ferner meinen viele auch, gut begründete bzw. gerechtfertigte moralische Überzeugungen zu haben. So behaupten viele, sie hätten angemessene Gründe zu glauben, dass es *pro tanto* richtig sei, grausame Verbrecher mit dem Tod zu bestrafen; dass es *pro tanto* falsch sei, Tiere zu töten, um sie zu essen. Aber sind ihre moralischen Überzeugungen epistemisch gerechtfertigt? Welche Bedingungen müssen erfüllt sein, damit jemand eine gerechtfertigte moralische Überzeugung hat?

In Anlehnung an die allgemeine Definition von Wissen könnte man folgende Definition für moralisches Wissen vorschlagen:

Eine Person weiß, dass $p_m$, genau dann,

(i) wenn es wahr ist, dass $p_m$,
(ii) wenn sie die Überzeugung hat, dass $p_m$, und
(iii) wenn ihre Überzeugung, dass $p_m$, auf unanfechtbaren angemessenen Gründen beruht.

Was die Bedingungen (i) und (ii) implizieren, wurde bereits in den bisherigen Kapiteln dieses Buches ausgeführt. Jetzt geht es um die Bedingung (iii). Allerdings wird die Unanfechtbarkeit hier nicht thematisiert. Was nötig ist, um Anfechtbarkeit und so genannte „Gettierfälle"[3] etc. auszuschließen, ist ein eigenes, großes Thema. Hier wird es um die bescheidenere Frage gehen: Was heißt es, dass eine moralische Überzeugung auf angemessenen Gründen beruht? Oder anders gefragt: Was heißt es, dass eine moralische Überzeugung *prima facie* gerechtfertigt ist? Auf diese Frage gibt es verschiedene Antworten. Sie hängen von der Beantwortung zweier weiterer Fragen ab: Was taugt als epistemischer Grund? Worin besteht die Beziehung des Beruhens von Überzeugungen auf Gründen?

---

3 Benannt nach Edmund Gettier (1963), der mit zwei Beispielfällen die klassische Definition von Wissen als wahre gerechtfertigte Überzeugung in große Schwierigkeiten brachte.

## 6.3 Erkenntnistheoretischer Kohärentismus in der Metaethik

Erkenntnistheoretischen Kohärentisten zufolge sind angemessene Gründe wiederum Überzeugungen einer Person und nichts anderes als ihre Überzeugungen. So schrieb Donald Davidson (1986, 126), dass „nichts als Grund für eine Überzeugung gelten kann, außer eine andere Überzeugung". Und das Beruhen einer Überzeugung auf anderen Überzeugungen versteht man im Kohärentismus als inferenzielle Beziehung (vom Englischen „inference"): entweder in dem Sinn, dass die Person tatsächlich deduktive, induktive, abduktive (explanatorische) Schlüsse gezogen hat, oder in dem Sinn, dass inferenzielle Beziehungen zwischen den Inhalten der Überzeugungen bestehen, sodass die Person derartige Schlüsse ziehen könnte. Kohärentisten verwenden gerne das Bild vom Netz, um ihre Idee auszudrücken. So sprach Willard van Orman Quine (1908–2000) von *„connected fabric"* (1960, 11–12), einem verknüpften Gewebe. Gerechtfertigt ist die Überzeugung einer Person, wenn sie in ihr Überzeugungsgewebe hineinpasst. Zwar ist das Überzeugungsgewebe an den Rändern mit der Erfahrung verknüpft. Doch ist diese Erfahrung selbst schon überzeugungsgeladen, und die daraus resultierenden Überzeugungen erhalten ihre Rechtfertigung ausschließlich aus dem Inneren des Netzes, sprich: aus ihrer Kohärenz mit den anderen Überzeugungen. Man kann die Position des erkenntnistheoretischen Kohärentismus folgendermaßen auf den Punkt bringen:

> *Kohärentismus:* Die Überzeugung, dass *p*, ist für eine Person *S prima facie* gerechtfertigt genau dann, wenn die Überzeugung, dass *p*, mit dem Überzeugungssystem von *S* kohäriert.

Damit Überzeugungen miteinander kohärent sind, müssen sie logisch konsistent sein, d. h. sie dürfen sich nicht widersprechen und keine Widersprüche implizieren. Ferner bedarf es für Kohärenz einer Vernetzung der Überzeugungen. Sie müssen sich gegenseitig stützen, das heißt, in den genannten inferenziellen Beziehungen zueinander stehen. Schließlich muss ein Überzeugungssystem eine gewisse Größe aufweisen. Denn nur dann kann man im Fall von auftauchenden Widersprüchen herausfinden, welche der Überzeugungen aufzugeben ist. Dazu bedarf es auch

## 6.3 Erkenntnistheoretischer Kohärentismus in der Metaethik

Überzeugungen höherer Ordnung, z. B. Überzeugungen darüber, unter welchen Bedingungen unsere Wahrnehmung verlässlich ist, ob unser Erinnerungsvermögen verlässlich ist, dass man anderen Menschen in der Regel trauen kann, etc. Kohärenz lässt auch Grade zu. Überzeugungssysteme können mehr oder weniger kohärent sein. Der Grad der Kohärenz eines Überzeugungssystems ergibt sich aus der Vernetzungsdichte und umfassenden Größe des Überzeugungssystems.

Angewandt auf moralische Überzeugungen, lautet die kohärentistische These:

> *Moralischer Kohärentismus*: Die Überzeugung, dass $p_m$, ist für eine Person S *prima facie* gerechtfertigt genau dann, wenn die Überzeugung, dass $p_m$, mit dem Überzeugungssystem von S kohäriert.

Diese Position kommt in der Idee vom Überlegungsgleichgewicht („*reflective equilibrium*) von John Rawls zum Ausdruck, wenn er schreibt:

> [...] Eine Auffassung von Gerechtigkeit kann nicht aus selbstevidenten Prämissen oder Bedingungen an Prinzipien deduziert werden; ihre Rechtfertigung ist vielmehr eine Sache der gegenseitigen Stützung vieler Überlegungen, des Zusammenpassens von Allem in einer kohärenten Sicht. (Rawls 1971, 21)

Weitere Vertreter des Kohärentismus im Zusammenhang mit der Rechtfertigung moralischer Überzeugungen sind Norman Daniels (1979), David Brink (1989), Geoffrey Sayre-McCord (1996) und Paul Thagard (2000). Letzterer (Thagard 2000, 125–144) führt am Beispiel der Befürwortung der Todesstrafe vor, wie moralische Überzeugungen netzartig kohärentistisch gerechtfertigt sein können. Das Beispiel bezieht sich auf den bereits genannten Fall Paul Bernardo, der aufgrund seiner Verbrechen zu lebenslanger Haft verurteilt wurde. Manche, die bisher glaubten, Todesstrafe sei moralisch falsch, und den spektakulären Prozess verfolgten, begannen umzudenken und kamen zur Überzeugung, in diesem Fall sei die Todesstrafe moralisch richtig. Diese Leute haben nun ein inkohärentes Überzeugungssystem, in dem zwei deduktive Schlüsse vorkommen. Der erste besteht aus den Überzeugungen,

Ü$_1$: dass P. B. schwere Verbrechen begangen hat;
Ü$_2$: dass es moralisch falsch ist, schwere Verbrecher mit dem Tod zu bestrafen;

Ü₃: dass es moralisch falsch ist, P. B. mit dem Tod zu bestrafen.

Der zweite deduktive Schluss besteht aus den Überzeugungen,

Ü₁: dass P. B. schwere Verbrechen begangen hat;
Ü₂*: dass es moralisch richtig ist, schwere Verbrecher mit dem Tod zu bestrafen;
Ü₃*: dass es moralisch richtig ist, P. B. mit dem Tod zu bestrafen.

Wie sollen diese Menschen nun vorgehen, um Kohärenz herzustellen? Dazu sollen sie weitere Arten von inferenziellen Beziehungen zwischen Überzeugungen beachten. So könnte Ü₂* gestützt sein von Überzeugungen wie:

Ü₄: dass Todesstrafe wirksam ist, um weitere schwere Verbrechen zu verhindern.
Ü₅: dass es moralisch richtig ist, schwere Verbrechen zu verhindern.

Ü₄ ist eine empirische Hypothese, die durch soziologische und psychologische Befunde weiter gerechtfertigt werden müsste. Hier kommen Ergebnisse aus Schlüssen induktiver und explanatorischer Art zum Zug, z. B. die Überzeugung, dass die beste Erklärung für den Rückgang von Schwerverbrechen im Bundestaat x die Einführung der Todesstrafe ist. Ü₅ könnte durch die Überzeugung gerechtfertigt sein, dass Ü₅ mit keinen anderen moralischen Überzeugungen im eigenen Überzeugungssystem im Widerspruch steht. Daneben spricht Thagard noch von „analoger Kohärenz". So könnte Ü₂* gestützt werden von den Überzeugungen, dass die Hinrichtung eines Schwerverbrechers mit einem Akt der Selbstverteidigung vergleichbar und dass Selbstverteidigung moralisch erlaubt ist.

Auf der anderen Seite könnte Ü₂ gestützt sein von den Überzeugungen,

Ü₆: dass es moralisch schlecht ist, schwere Verbrecher zu töten, wenn sie ausbruchsicher inhaftiert sind;
Ü₇: dass schwere Verbrecher in Kanada ausbruchsicher inhaftiert sind.

Mit diesem Beispiel werden die vielfältigen Vernetzungen von moralischen Überzeugungen mit anderen moralischen und nichtmoralischen Überzeugungen deutlich. Aber es wirft bereits eine wichtige Frage auf: Warum sollte Kohärenz eine substanzielle Beziehung zur Wahrheit haben? Es ist schwer zu sehen, wie die interne Kohärenz einer moralischen

## 6.3 Erkenntnistheoretischer Kohärentismus in der Metaethik 115

Überzeugung mit dem Überzeugungssystem der betroffenen Person es wahrscheinlich macht, dass diese moralische Überzeugung in einem realistischen Sinn von „wahr" wahr ist. Zwei Überzeugungssysteme könnten nämlich gleich kohärent sein, und dennoch könnte in einem die Überzeugung $Ü_3$ gerechtfertigt sein, im anderen $Ü_{3*}$. Thagard gibt zwar verschiedene Anregungen, wie man das eigene Überzeugungssystem prüfen und kohärent machen kann, aber die Frage ist: Welche Überzeugungen können und sollen aufgegeben werden? Manche Überzeugungen werden stärker als andere sein. Überzeugungsstärke ist jedoch kein Wahrheitskriterium. Es besteht die Gefahr, dass starke Überzeugungen von Voreingenommenheiten herrühren, und dass das Überlegungsgleichgewicht durch Vorurteile gesteuert wird.

Auch andere Beispiele (Lemos 2019, 378) zeigen, dass Kohärenz nicht hinreichend für die Rechtfertigung von einzelnen moralischen Überzeugungen ist. Angenommen, Yusuf und Emil bewerben sich bei Berta um eine Stelle. Beide sind gut qualifiziert. Berta glaubt, es sei richtig, Emil die Stelle zu geben. Diese Überzeugung geht jedoch aus ihrem latenten Rassismus gegenüber Menschen wie Yusuf hervor. Von ihrer rassistischen Voreingenommenheit weiß Berta allerdings nichts. Ihre Überzeugung, dass es richtig ist, Emil die Stelle zu geben, kohäriert mit ihrem Überzeugungssystem. Aber sie scheint dennoch nicht gerechtfertigt zu sein. Denn wir nehmen an, dass eine moralische Überzeugung, die aus einer rassistischen Voreingenommenheit hervorgeht, nicht gerechtfertigt ist. Kohärenz ist also nicht hinreichend für Rechtfertigung.

Darüber hinaus kann man fragen, ob Kohärenz für die Rechtfertigung einer moralischen Überzeugung überhaupt notwendig ist. Kommt es nicht immer wieder vor, dass neue Erfahrungen unser bisheriges Überzeugungssystem über den Haufen werfen? Wenn Kohärentisten annehmen, dass Überzeugungen allein durch andere Überzeugungen aus dem Inneren des Überzeugungssystems einer Person gerechtfertigt sind, dann hätten solche Neueinsteiger nie eine Chance, am Überzeugungssystem zu rütteln. Sie wären relativ zum überkommenen Überzeugungssystem nie gerechtfertigt. Da dies aber unplausibel ist, kommt der Verdacht auf, Kohärenz sei nicht einmal notwendig für die Rechtfertigung einer Überzeugung. Nehmen wir als moralisches Beispiel einen Befürworter der Todesstrafe. Er glaubt, dass es richtig ist, diesen Verbrecher mit dem Tod zu bestrafen. Diese Überzeugung kohäriert mit seinem Überzeugungssystem. Nun wohnt er der Hinrichtung bei. Dabei kommt bei ihm völlig unerwartet Mitleid auf, und ihm drängt sich die Überzeugung auf: Das ist nicht richtig. Diese Überzeugung kohäriert nicht mit seinem Überzeugungssystem. Aber könnte sie nicht dennoch für ihn gerechtfertigt sein? Könnte nicht die Emotion des Mitleids selbst ein eigenständiger Grund für seine neue Überzeugung sein? Ein weiteres Beispiel: Ein reicher Egoist ist überzeugt, dass genau das zu tun richtig ist, was seinem eigenen Nutzen dient. Diese Überzeugung kohäriert mit seinem Überzeugungssystem. Eines Tages macht er eine Geschäftsreise nach Mumbai und muss mit dem Taxi durch die Slums fahren. Da sieht er ausgehungerte Kinder am Straßenrand, erlebt zum ersten Mal in seinem Leben so etwas wie Mitleid, und die Überzeugung drängt sich ihm auf: Ich sollte etwas für sie tun. Diese neue Überzeugung kohäriert nicht mit seinem Überzeugungssystem. Sie ist inkonsistent mit allem, was er bisher für richtig hielt. Aber könnte diese Überzeugung nicht dennoch gerechtfertigt sein, obwohl sie mit seinem Überzeugungssystem nicht kohäriert?

Darauf könnten Kohärentisten antworten, spontan gebildete Überzeugungen hätten in ihrer Theorie sehr wohl Platz. Diese könnten durch Überzeugungen höherer Ordnung gerechtfertigt sein, z. B. dass spontane Überzeugungen, welche die Eigenschaft haben, aus Prozessen der Art P hervorzugehen, in der Regel wahr sind. Nun hat unser Egoist aber keine derartige Überzeugung. Aber nehmen wir an, er hätte sie. Nehmen wir an, seine Überzeugung $Ü_1$, dass ich etwas für die Slumkinder tun sollte, wäre gerechtfertigt durch die Überzeugung,

$Ü_2$: dass spontane Überzeugungen mit der Eigenschaft E in der Regel wahr sind.

Der Egoist muss dann noch eine weitere Überzeugung haben, damit $Ü_1$ gerechtfertigt ist, nämlich,

$Ü_3$: dass meine spontane Überzeugung, dass ich etwas für die Slumkinder tun sollte, die Eigenschaft E hat.

Aber auch $Ü_3$ bedarf einer Rechtfertigung durch weitere Überzeugungen, zum Beispiel durch die Überzeugung,

$Ü_4$: dass es mir introspektiv zugänglich ist, dass meine spontane Überzeugung die Eigenschaft E hat.

Aber auch Ü₄ braucht eine Rechtfertigung durch weitere Überzeugungen, beispielsweise durch die Überzeugung höherer Ordnung,

Ü₅: dass introspektiv zugängliche Überzeugungen mit der Eigenschaft F in der Regel wahr sind.

Weiter bedarf es aber noch der Überzeugung,

Ü₆: dass meine introspektive Überzeugung, dass meine spontane Überzeugung die Eigenschaft E hat, die Eigenschaft F hat.

Man sieht, dass diese Theorie Gefahr läuft, in einen unendlichen Regress zu gelangen (siehe Lemos 1994, 168–169).

Zweifelsohne stellt die Kohärenz von Überzeugungen einen Wert dar. Inkonsistenzen innerhalb eines Überzeugungssystems und Inkonsistenzen zwischen Überzeugungssystemen sind ein Zeichen dafür, dass etwas nicht stimmt. Sie sollten uns unruhig machen und uns motivieren, nach Ursachen und Lösungen zu suchen. Dennoch: Die Ansicht, dass moralische Überzeugungen genau dann gerechtfertigt sind, wenn sie mit dem Überzeugungssystem der betroffenen Person kohärieren, scheint problematisch zu sein. Einerseits ist Kohärenz nicht hinreichend für epistemische Rechtfertigung; auch die Herkunft einer Überzeugung scheint eine Rolle zu spielen. Andererseits kann die kohärentistische These in Regressprobleme führen. Die Vermeidung derartiger Probleme war von Anfang an eine Motivation eine andere Position zu favorisieren, in der Regressstopper angenommen werden. Gemeint sind Grundüberzeugungen, die für ihre eigene Wahrheit sprechen und daher keines weiteren Grundes bedürfen. Diese Position nennt man den erkenntnistheoretischen Fundamentismus („*foundationalism*").

## 6.4 Erkenntnistheoretischer Fundamentismus in der Metaethik

Erkenntnistheoretische Fundamentisten teilen mit Kohärentisten die Ansicht, dass als Gründe für Überzeugungen andere Überzeugungen in Frage kommen, und dass die Beziehung des Beruhens zwischen Gründen und Überzeugungen eine inferenzielle Beziehung sein kann. Doch dies sei nicht die ganze Wahrheit. Nehme man nämlich an, dass Überzeugungen durch andere Überzeugungen gerechtfertigt sind, so entstünden Rechtfertigungsketten von Überzeugungen: $Ü_1$ sei gerechtfertigt durch $Ü_2$, $Ü_2$ durch $Ü_3$ etc. Wie gehen solche Ketten weiter? Es gebe vier Möglichkeiten:

1. Sie gehen ins Unendliche.
2. Sie gehen im Kreis.
3. Sie enden bei einer Überzeugung, die nicht gerechtfertigt ist.
4. Sie enden bei einer gerechtfertigten Grundüberzeugung.

Die Möglichkeiten (1) bis (3) seien jedoch unbefriedigend. Die Möglichkeit (1) sei unbefriedigend, weil menschliche Wesen über keine unendliche Menge von Überzeugungen verfügten. Die Möglichkeit (2) sei unbefriedigend, weil ein Kreis wieder zur rechtfertigungsbedürftigen Ausgangsüberzeugung zurückführe: Wenn $Ü_1$ auf $Ü_2$ und $Ü_2$ auf $Ü_3$ und $Ü_3$ auf $Ü_1$ beruhen, dann beruhe $Ü_1$ letztlich auf $Ü_1$. Da aber $Ü_1$ rechtfertigungsbedürftig war, bleibe sie es. Die Möglichkeit (3) sei unbefriedigend, weil eine nicht gerechtfertigte Überzeugung keine Rechtfertigung übertragen könne. Es bleibe also nur Möglichkeit (4): Gerechtfertigte Überzeugungen müssten bei gerechtfertigten Grundüberzeugungen enden. Die fundamentistische These lautet daher folgendermaßen:

> *Fundamentismus:* Die Überzeugung, dass *p*, ist für eine Person *S prima facie* gerechtfertigt genau dann, wenn die Überzeugung, dass *p*, auf anderen gerechtfertigten Überzeugungen dieser Person beruht oder wenn sie für diese Person grundlegend gerechtfertigt ist.

Diese Position ist unter dem Namen „erkenntnistheoretischer Fundamentismus" bekannt, weil sie das rationale Überzeugungssystem einer Person mit einem Gebäude vergleicht, bestehend aus Fundament und Stockwerken. Die Überzeugungen in den oberen Stockwerken beruhten inferenziell auf den Überzeugungen in den unteren Stockwerken. Letztlich beruhten aber die Überzeugungen in den Stockwerken auf den Überzeugungen auf dem Fundament. Diese Überzeugungen im Fundament seien grundlegend gerechtfertigt. Sie seien nicht durch andere Überzeugungen, also nicht inferenziell, gerechtfertigt, sondern unmittelbar. Zu den grundlegend gerechtfertigten Überzeugungen zählen üblicherweise Überzeugungen, die von sich aus einleuchten. Im Englischen spricht man

## 6.4 Erkenntnistheoretischer Fundamentismus in der Metaethik 119

von „self-evident beliefs". Beispiele dafür sind Überzeugungen mit begrifflich wahren oder logischen Propositionen wie, dass Kreise rund sind, oder dass, wenn etwas grün und viereckig ist, es viereckig ist. Ferner gelten auch introspektive Überzeugungen als grundlegend gerechtfertigt, z. B. die Überzeugung, dass ich Zweifel an einem Beweis habe, oder die Überzeugung, dass ich mich gerade einsam fühle. Schließlich gelten auch Überzeugungen, die unserer direkten Wahrnehmung und Erinnerung entspringen, als grundlegend gerechtfertigt. Meine Überzeugung, dass da draußen ein Baum steht, sei in der Regel grundlegend gerechtfertigt für mich, ebenso wie meine Überzeugung, dass ich heute schon gefrühstückt habe. Solche Überzeugungen seien nicht dadurch gerechtfertigt, dass die betroffene Person einen Schluss aus anderen Überzeugungen ziehe. Sie seien für diese Person grundlegend gerechtfertigt, und sie könnten andere Überzeugungen inferenziell rechtfertigen. Dass derartige Überzeugungen grundlegend gerechtfertigt sind, schließt nicht aus, dass sie *auch* inferenziell gerechtfertigt sein könnten. Aber in der Regel sei dies nicht nötig, damit sie gerechtfertigt seien.

Es gibt verschiedene Varianten des Fundamentismus. Strikte Fundamentisten verlangen, dass die Grundüberzeugungen irrtumsimmun und die Folgeüberzeugungen deduktiv abgeleitet sind. Die meisten Fundamentisten in jüngerer Zeit vertreten aber eine moderatere Position. Dieser zufolge müssten gerechtfertigte Grundüberzeugungen nicht irrtumsimmun sein. Die genannten Grundüberzeugungen seien zwar grundlegend gerechtfertigt für eine Person, aber – wie viele andere Überzeugungen auch – bloß *prima facie*, d. h. die Rechtfertigung dieser Überzeugungen könne durch Gegengründe zunichte gemacht werden. Ferner vertreten moderate Fundamentisten, dass die inferenziellen Beziehungen zwischen Überzeugungen nicht bloß deduktiv, sondern auch induktiv oder explanatorisch sein könnten. Schließlich erlauben manche von ihnen, dass die Rechtfertigung von Grundüberzeugungen durch Kohärenz mit den anderen Überzeugungen verstärkt werden könne. Angewandt auf moralische Überzeugungen, lautet die fundamentistische These:

> *Moralischer Fundamentismus*: Die Überzeugung, *dass $p_m$*, ist für eine Person $S$ *prima facie* gerechtfertigt genau dann, wenn die Überzeugung, *dass $p_m$*, auf anderen gerechtfertigten Überzeugungen dieser Person beruht oder wenn sie für diese Person grundlegend gerechtfertigt ist.

Moralische Fundamentisten findet man immer wieder in der Geschichte der Philosophie. So nahm Thomas von Aquin (*Summa Theologiae* I-II, 94, 2) an, die Proposition, dass das Gute getan und verfolgt und das Schlechte gemieden werden soll, sei *„per se notum"*, d. h. durch sich erkennbar. Er meinte damit, dass es zum Begriff des Guten gehöre, getan werden zu sollen, und dass es zum Begriff des Schlechten gehöre, gemieden werden zu sollen. Wenn eine Person diese Begriffe habe, dann sei für diese Person die Überzeugung, dass das Gute getan und verfolgt und das Schlechte gemieden werden soll, grundlegend gerechtfertigt. Diese Überzeugung sei für diese Person nicht dadurch gerechtfertigt, dass sie einen Schluss ziehe. Alles was sie brauche, um diese Überzeugung gerechtfertigterweise zu haben, sei der Besitz und die Beherrschung der entsprechenden Begriffe. Auch substantielle moralische Propositionen wie, dass man menschliches Leben erhalten soll, oder dass man anderen keinen Schaden zufügen darf, hielt Thomas *„quasi per se notum"*. Im Unterschied dazu nennt er moralische Überzeugungen, die *„per alia notum"* seien, also durch andere Überzeugungen erkannt würden. In unserer Terminologie wären dies die inferenziell gerechtfertigten Überzeugungen in den oberen Stockwerken unseres Überzeugungssystems.

### 6.4.1 Intuitionen

Auch die klassischen Intuitionisten sind moralische Fundamentisten. Besonders einflussreich war William D. Ross. Er vertrat die Auffassung, das Erfassen einer Reihe von so genannten „Prima-Facie-Pflichten" könne für eine Person selbstevident (*self-evident*), daher grundlegend gerechtfertigt sein, z. B. die Propositionen, dass man (*pro tanto*) gegebene Versprechen halten soll; dass man (*pro tanto*) Schäden, die man anderen zugefügt hat, wieder gut machen soll; dass man sich (*pro tanto*) jenen gegenüber erkenntlich zeigen soll, die einem Gutes erwiesen haben; dass man (*pro tanto*) eine Verteilung von Wohlstand verhindern soll, die nicht mit dem Verdienst übereinstimmt; dass man (*pro tanto*) anderen Gutes tun soll; dass man (*pro tanto*) seine Tugend und sein Wissen befördern soll; dass man (*pro tanto*) anderen keinen Schaden zufügen soll. All diese Proposi-

## 6.4 Erkenntnistheoretischer Fundamentismus in der Metaethik

tionen sind allgemeinen Inhalts und könnten für eine Person selbstevident sein. Aber was heißt es, dass diese Propositionen „selbstevident" sind? Ross schreibt:

> Dass eine Handlung als Erfüllung eines Versprechens [...] *prima facie* richtig ist, ist selbstevident; nicht in dem Sinn, dass es von Beginn unseres Lebens an evident ist, oder sobald wir das erste Mal auf die Proposition aufmerksam werden, sondern in dem Sinn, dass, wenn wir hinreichende geistige Reife erlangt und der Proposition hinreichend Aufmerksamkeit geschenkt haben, sie für uns evident ist, ohne eines Beweises oder eines weiteren Grundes außerhalb ihrer selbst zu bedürfen. (Ross 1930, 29–30)

Obwohl selbstevidente moralische Überzeugungen nicht auf anderen Überzeugungen beruhen, sind sie nicht grundlos. Sie haben einen Grund, der ein mentaler Zustand ist: das Verstehen der Begriffszusammenhänge, z. B. der Zustand des Verstehens, in dem einer Person erscheint, dass es zum Begriff des Versprechens gehört, gehalten werden zu sollen; oder der Zustand der Einsicht in das moralische Wesen einer Handlungsart. Neuere Intuitionisten sprechen daher von einem intellektuellen Erscheinen („*intellectual appearance*"). Diesen Zustand nennen sie „Intuition". So schreibt Michael Huemer:

> Eine Intuition, dass p, ist ein Zustand des Jemandem-Erscheinens, dass p, welcher nicht abhängig ist von einem Schluss aus anderen Überzeugungen [...]. (Huemer 2005, 102)

Die Intuition, dass $p_{am}$, ist demnach ein angemessener Grund für die Überzeugung, dass $p_{am}$. Die Überzeugung, dass $p_{am}$, ist dadurch *prima facie* gerechtfertigt, dass sie auf dieser Intuition beruht. Erkenntnistheoretische Voraussetzung für diese Ansicht ist folgendes Prinzip (Huemer 2005, 99): Unter sonst gleichen Bedingungen ist es vernünftig anzunehmen, dass die Dinge so sind, wie sie uns erscheinen. Dieses allgemeine Prinzip setzten wir im Alltag aber auch in den Naturwissenschaften ständig voraus. Die Rechtfertigung durch Erscheinen sei freilich nur *prima facie*. Die Dinge seien manchmal nicht so, wie sie uns anfänglich erschienen. Aber wenn wir dies merkten, hätten wir wiederum Erscheinungen, die uns an den ursprünglichen Erscheinungen zweifeln lassen.

Wenn manche moralischen Überzeugungen allgemeinen Inhalts durch intellektuelles Scheinen grundlegend *prima facie* gerechtfertigt sind, wie sind dann moralische Überzeugungen partikulären Inhalts epistemisch gerechtfertigt? Die einfachste Antwort auf diese Frage lautet, dass sie inferenziell durch Deduktion gerechtfertigt sind, z. B.

$Ü_1$: dass man gegebene Versprechen halten soll.
$Ü_2$: dass ich Berta versprochen habe, sie abzuholen.
$Ü_3$: dass ich Berta abholen soll.

$Ü_1$ ist grundlegend gerechtfertigt. $Ü_2$ ist ebenfalls grundlegend gerechtfertigt, wenn Erinnerungsüberzeugungen in der Regel grundlegend gerechtfertigt sind. Also ist $Ü_3$ gerechtfertigt, indem sie auf $Ü_1$ und $Ü_2$ beruht. $Ü_3$ ist inferenziell gerechtfertigt.

Manche Intuitionisten nehmen aber an, dass moralische Überzeugungen partikulären moralischen Inhalts – ähnlich wie unsere Wahrnehmungsüberzeugungen – auch grundlegend gerechtfertigt sein können. Bei Wahrnehmungsüberzeugungen kann man die epistemische Lage so beschreiben: Wir blicken z. B. auf die Straße und haben den visuellen Eindruck, dass sie nass ist. Wir bilden die Überzeugung, dass die Straße nass ist. Diese Überzeugung ist grundlegend gerechtfertigt. Sie beruht nicht auf anderen Überzeugungen, sondern darauf, dass uns scheint, dass die Straße nass ist: auf unserem visuellen Eindruck. Man kann auch sagen: Sie beruht auf unserer Erfahrung, dass die Straße nass ist. Diese Erfahrung ist in der Regel ein angemessener Grund für die entsprechende Überzeugung. Freilich ist die auf dieser Erfahrung beruhende Überzeugung nicht irrtumsimmun. Sie könnte sich als falsch herausstellen. Dennoch sind wir *prima facie* gerechtfertigt zu glauben, dass die Straße nass ist, wenn wir den Eindruck haben, dass sie nass ist. Ähnlich könne es bei moralischen Überzeugungen partikulären Inhalts sein. Sie könnten durch einen Eindruck gerechtfertigt sein, welcher ähnlich sei wie jener der Sinneserfahrung. Manche sprechen von „moralischer Erfahrung" (Sorley 1918, 93). Sie sei ein angemessener Grund für unsere moralischen Überzeugungen partikulären Inhalts. Aber wie kann man die moralische Erfahrung präziser fassen? Max Scheler (1874–1928) gibt dazu einen interessanten Hinweis. Er schreibt, dass

> [...] sich alle ethische Erkenntnis zu stützen hat auf die im Fühlen und Vorziehen erfolgende Werterfahrung – ganz so, wie sich alles theoretische Denken auf Sinneserfahrung zu stützen hat. (Scheler 1916/1954, 339)

Hier werden zwei Kandidaten für moralische Erfahrung ins Spiel gebracht: „Fühlen und Vorziehen". Mit anderen Worten: Emotionen und Wünsche. Betrachten wir sie etwas näher.

## 6.4.2 Emotionen

Zweifelsohne können Emotionen motivierende Gründe für moralische Überzeugungen sein. Aber können sie angemessene Gründe sein? Können sie moralische Erfahrungen oder Komponenten solcher Erfahrungen sein, die moralische Überzeugungen rechtfertigen? Sabine Roeser vertritt in ihrem Buch *Moral Emotions and Intuitions* einen affektiven Intuitionismus und behauptet:

> Emotionen können Rechtfertigung für moralische Überzeugungen liefern: Eine bestimmte Emotion wird mir einen korrekten Sinn für den moralischen Status einer Situation geben. (Roeser 2011, 157)

Um diese These zu verstehen, ist es nötig, kurz eine Theorie der Emotionen vorzustellen. Emotionen gehören mit Empfindungen und Stimmungen zu den affektiven Zuständen. Im Unterschied zu Empfindungen und Stimmungen haben Emotionen ein intentionales Objekt; sie sind auf einen Gegenstand gerichtet. Man liebt etwas oder jemanden, man hasst etwas oder jemanden, man fürchtet sich vor etwas oder jemandem, man ekelt sich vor etwas, man schämt sich einer Sache. Ferner bestehen Emotionen aus mehreren Komponenten:

1. aus der Bewertung einer Situation
2. aus einem charakteristischen Gefühlserlebnis
3. aus körperlichen Veränderungen und
4. aus einer Verhaltenstendenz.

Wer sich z. B. vor etwas fürchtet, (1) bewertet die Situation als bedrohlich, (2) hat ein für Furcht charakteristisches, unangenehmes Gefühlserlebnis, (3) ist Körperveränderungen wie verstärktem Herzklopfen, Zittern usw. ausgesetzt und (4) hat die Verhaltenstendenz, davonzulaufen. Die für unsere Zwecke relevante Frage lautet nun: Wie ist das Verhältnis zwischen Emotionen und Überzeugungen zu verstehen? Wie können Emotionen angemessene Gründe für moralische Überzeugungen sein? Um diese Fragen zu beantworten, ist es nötig, näher auf die Deutung der Emotionskomponente (1) einzugehen: die Bewertung einer Situation. Man könnte geneigt sein anzunehmen, dass diese Bewertung eine Überzeugung ist, welche die entsprechende Emotion auslöst; z. B.: Anton ist überzeugt, dass das Krokodil, das auf ihn zuschwimmt, gefährlich ist. Diese Überzeugung löst dann die Furcht und alles Weitere aus. Es gibt aber gute Gründe anzunehmen, dass die kognitive Bewertung der Situation nicht eine Überzeugung sein muss, welche der Emotion vorausgeht und diese auslöst, sondern ein mentaler Zustand sein kann, welcher konstitutiver Teil der Emotion selbst ist, sodass man sagen kann: Die Emotion der Furcht *ist* – unter anderem – die Bewertung einer Situation als gefährlich. Diese Deutung kann sich auf die Beobachtung bestimmter Phobien stützen. So kann jemand Furcht vor Mäusen haben, obwohl er überzeugt ist, dass Mäuse völlig harmlos sind. Derartige Beobachtungen legen die These nahe, dass Emotionen eigenständige Bewertungen sind, die nicht auf Bewertungsüberzeugungen beruhen. Diese eigenständigen Bewertungen kann man genauer so charakterisieren: Die Emotion präsentiert uns eine Situation unter einer wertenden Beschreibung. Durch die Emotion der Furcht *erscheint* uns die Situation als gefährlich. Linda Zagzebski beschreibt dies so:

> In einem Zustand der Emotion erscheint der Person etwas auf bestimmte Weise, eine Weise, die für die entsprechende Emotionsart charakteristisch und nicht rein deskriptiv ist. (Zagzebski 2012, 77)

Dieser mentale Zustand des Erscheinens ist eine Art nichtsinnlicher Wahrnehmungszustand. Und dieses Erscheinen des Krokodils als gefährlich kann zu den Gründen gehören, welche die Überzeugung *prima facie* rechtfertigen, dass es richtig ist, ganz schnell abzuhauen.

Nehmen wir als weiteres Beispiel die Emotion des Mitleids. Der vorgestellten Theorie zufolge *ist* die Emotion des Mitleids unter anderem die Bewertung einer Person als bemitleidenswert. Diese Emotion präsentiert uns eine Situation unter einer wertenden Beschreibung. Durch das Mitleid *erscheint* uns jemand als bemitleidenswert. Dieses Scheinen, dass die Person bemitleidenswert ist, rechtfertigt *prima facie* die Überzeugung, dass diese Person bemitleidenswert ist, dass ihr geholfen werden sollte. Das auflodernde Mitleid mit dem zum Tode verurteilten Verbrecher kann

## 6.4 Erkenntnistheoretischer Fundamentismus in der Metaethik 125

*prima facie* zur Rechtfertigung der Überzeugung beitragen, dass es nicht richtig ist, diesen Menschen so zu behandeln. Wenn Emotionen uns Situationen auf wertende Weise präsentieren, dann können sie Gründe oder Teil der Gründe für Wert- oder Pflichtüberzeugungen sein, so ähnlich wie visuelle oder auditive Erfahrungen Gründe sein können für Überzeugungen darüber, was wir sehen oder hören. So schreibt Robert Roberts über die Emotion der Empörung:

> [...] wenn die Person, die das Urteil fällt, moralisch normal (tugendhaft) ist, dann fügt ihre Wahrnehmung der Ungerechtigkeit durch die Emotion [der Empörung] Rechtfertigung zu anderer Rechtfertigung hinzu, welche die Person für ihr Urteil durch andere Mittel erreicht (z. B. gesetzliche Gründe, testimoniale Gründe und andere Überlegungen, welche diese stützen). [...] Emotionen im Allgemeinen sind der Weg, durch den wir wahrnehmungsartige (präsentierende, nichtinferenzielle) moralische Information erhalten. (Roberts 2013, 53)

Demnach sind Emotionen so etwas wie Fenster zur Wirklichkeit der Werte, auch zur moralischen Wirklichkeit. Mit dieser kurzen Ausführung sollte verständlich geworden sein, wie Emotionen moralische Überzeugungen *prima facie* grundlegend rechtfertigen oder zu ihrer Rechtfertigung beitragen können.

### 6.4.3 Wünsche

Neben Emotionen werden auch Wünsche („*desires*") als Kandidaten für moralische Erfahrungen gehandelt. So schreibt Graham Oddie:

> Wenn ich es wünsche, dass P, dann hat P eine bestimmte magnetische Anziehung für mich. Es präsentiert sich mir als etwas, das angestrebt oder befördert oder umfasst werden soll. Nun ist das Gute genau das, was angestrebt oder befördert oder umfasst werden soll. Mein Wunsch, dass P, involviert also Ps Erscheinen als gut (das Erscheinen, erstrebenswert zu sein). Der Wunsch, dass P, scheint also einfach die Erfahrung von P als gut zu sein. (Oddie 2005, 41)

Ähnlich schreibt Sergio Tenenbaum:

> Ich argumentiere dafür, dass Wünsche am besten aufgefasst werden als Erscheinungen des Guten aus einer bestimmten Perspektive. (Tenenbaum 2007, 17)

Um diese Thesen zu verstehen, ist es wiederum nötig, kurz darauf einzugehen, was Wünsche sind. Wünsche sind Dispositionen oder Akte des Strebens und haben intentionale Objekte. Wünschen wir, so wünschen wir *etwas*. Genauer: Wir wünschen uns, dass etwas der Fall ist, z. B. dass morgen die Sonne scheint, dass meine Mutter gesund wird, dass ich ein friedfertiger Mensch werde usw. Kurz: Eine Person wünscht, dass *p*. Die nun relevante Frage lautet, wie sich Wünsche zur Bewertung von etwas verhalten. Wiederum seien zwei Möglichkeiten der Deutung genannt:

1. Wünsche setzen immer Bewertungsüberzeugungen voraus. Wünsche sind demnach Reaktionen auf Überzeugungen darüber, was unter irgendeiner Rücksicht wertvoll oder gut ist.
2. Wünsche sind Erfahrungen von Wert. Auf diesen Werterfahrungen können Wertüberzeugungen beruhen. Damit wird nicht behauptet, dass Wünsche überhaupt keine Überzeugungen voraussetzen oder nie auf Bewertungsüberzeugungen beruhen. Es wird lediglich behauptet, dass Werte auch durch Wünsche erfasst werden können.

Die Deutung (2) hat Vorteile. Denn sie wird der Erfahrung gerecht, dass wir manchmal wünschen, dass *p*, ohne zu glauben, dass es wertvoll ist, dass *p*; und umgekehrt, dass wir manchmal die Überzeugung haben, dass es wertvoll ist, dass *p*, ohne zu wünschen, dass *p*.

Vertritt man die Deutung (2), so kann man die Frage, wie Wünsche angemessene Gründe für moralische Überzeugungen sein können, folgendermaßen beantworten: Durch Wünsche erleben wir, dass etwas unter einer bestimmten Rücksicht wertvoll ist. Wünsche sind Werterfahrungen. Sie präsentieren uns Sachverhalte als gut. Wünsche ich, dass *p*, dann erscheint mir, dass *p*, als etwas, das herbeigeführt bzw. vollzogen werden soll. Dieses Scheinen kann als ein der Wahrnehmung ähnlicher Bewusstseinszustand gedeutet werden, welcher ein angemessener Grund für die Überzeugung sein kann, dass *p* herbeigeführt werden soll. Ein Wunsch einer Person kann demnach also nicht nur ihre Überzeugung *prima facie* rechtfertigen, dass sie den entsprechenden Wunsch hat, sondern mehr: Er kann *prima facie* die Überzeugungen rechtfertigen, dass das Gewünschte wertvoll ist, und dass die Person es herbeiführen soll, oder zumindest einen eigenen epistemischen Beitrag zur *prima facie* Rechtfertigung dieser Überzeugungen leisten.

## 6.4.4 Vorstellungen

In moralischen Erfahrungen dürften auch Vorstellungen oder imaginative Prozesse involviert sein. Die Goldene Regel ist z. B. ein Erkenntnisprinzip, das aufgrund des Vorstellungsvermögens funktioniert. Denn sie fordert dazu auf, in der Vorstellung einen Standpunktwechsel vorzunehmen. Die aufgeforderte Person soll sich vorstellen, nicht die handelnde, sondern die von der Handlung betroffene Person zu sein, und sich fragen: Möchte ich in der gleichen Situation so behandelt werden? Nach Adam Smith (1723–1790) ist dieses Versetzen in die Lage eines anderen Menschen in der Vorstellung für moralische Erkenntnis wesentlich. Er schreibt:

> Durch die Imagination versetzen wir uns in seine Lage, wir erfassen uns so, dass wir all die gleichen Qualen durchmachen, wir treten gleichsam in seinen Körper ein und werden bis zu einem gewissen Grad dieselbe Person mit ihm, und bilden von daher eine Idee seiner Empfindungen und fühlen etwas, das, wenn auch graduell schwächer, ihnen nicht ganz ungleich ist. (Smith 1759, The Theory of Moral Sentiments, I, 1, 1)

In den letzten Jahren beobachtet man wachsendes Interesse an der Philosophie und Epistemologie der Vorstellung bzw. Imagination (Currie 1995; Currie/Ravenscroft 2003; McGinn 2004; Nichols 2006; Dorsch 2016; Kind/Kung 2016; Dorsch/MacPherson 2018). Die Frage ist, ob und wie Vorstellungen angemessene Gründe für Überzeugungen sein können, also Gründe, die zur Wahrheit hinführen können? Zur Klärung dieser Frage sind die Ausführungen von Alvin Goldman hilfreich (2006, 47), der zwei Arten von Vorstellung unterscheidet: *supposition-imagination*, die rein begrifflich sei und darin bestehe, einen Sachverhalt anzunehmen, und *enactment-imagination*, die darin bestehe, durch das Vermögen der Vorstellung im eigenen Bewusstsein einen bestimmten mentalen Zustand hervorzubringen. Dabei denkt er an sinnliche Formen der Vorstellung, durch die wahrnehmungsähnliche Zustände erzeugt werden, wie etwa Zustände, die dem Sehen und Hören ähnlich sind. Er denkt aber auch an handlungsorientierte repräsentierende Zustände in der Vorstellung, freilich ohne Absicht, diese Handlungen auszuführen. Derartige Vorstellungen könnten laut Goldman willentlich aber auch unwillentlich hervorgebracht werden. Er argumentiert dafür, dass *enactment-imagination* (kurz: E-Vorstellung) beteiligt sei, wenn sich jemand in die Charaktere einer Geschichte einfühlt, sich mit ihnen identifiziert, in ihren Schuhen geht. Man simuliere die Charaktere einer Geschichte. Goldman behauptet, dass diese durch Vorstellung generierten Zustände den Zuständen echter Wahrnehmungen und Repräsentationen echter Handlungsausführungen gleichen würden. So versucht er zu erklären, warum sie ähnliche emotionale Reaktionen und Handlungsbereitschaften auslösen wie echte Wahrnehmungen:

> Der Grund, warum das Vorstellen der Episode und das echte Wahrnehmen der Episode die gleichen psychologischen Mechanismen auslösen (die dann die affektiven Reaktionen hervorrufen) besteht darin, dass die echte Erfahrung und die E-Vorstellung von ihr (wenn angemessen) in sich ziemlich ähnlich sind. Aufgrund dieser neuronalen Ähnlichkeiten ist der Vorstellungszustand mit vielen der gleichen neuronalen Kreisläufe verkabelt wie jener Zustand, der vorhanden sein würde, wenn die Episode wirklich wäre. (Goldman 2006, 48).

In der Literatur werden besonders häufig Überzeugungen über die mentalen Zustände anderer Personen untersucht, z. B. Bertas Überzeugung, *dass Anton zornig ist* (Shanton & Goldman 2010). Wie sind derartige Überzeugungen gerechtfertigt? Auf diese Frage gibt es zwei verschiedene Antworten. Vertreter der sogenannten *Theorietheorie* nehmen an, dass jede und jeder von uns eine alltagspsychologische Theorie habe. Zu dieser Theorie gehöre die Überzeugung, dass Menschen sich in der Regel so und so fühlen, wenn sie sich so und so verhalten oder sich in einer bestimmten Situation befinden. Aufgrund dieser Überzeugung und der Beobachtung oder Beschreibung des Verhaltens einer Person gelangten wir dann zu Überzeugungen über den mentalen Zustand dieser Person. Wir zögen also Schlüsse aus gesetzesmäßigen Verallgemeinerungen und Beobachtungen oder Beschreibungen über die Verhaltensweisen anderer Personen. In dieser Theorie hat die Vorstellung aber keine kognitive Rolle inne, und die Rechtfertigung der resultierenden Überzeugungen ist rein inferenziell. Anders verhält es sich gemäß der sogenannten *Simulationstheorie*. Ihr zufolge bildeten wir Überzeugungen über mentale Zustände anderer Personen, indem wir uns in der Vorstellung in ihre Lage versetzten, auf diese Weise herausfänden, wie es für uns wäre, in der gleichen Lage zu sein, und dann einen Schluss von uns auf die andere Person zögen. Shanton und Goldman schreiben dazu: Die Person

> simuliert eine andere Person, indem sie zuerst in ihrem Bewusstsein vorgespiegelte Zustände (z. B. vorgespiegelte Wünsche und Überzeugungen) kreiert, die jenen der Zielperson entsprechen. Dann gibt sie diese vorgespiegelten Zustände in einen geeigneten kognitiven Mechanismus ein, der damit operiert und einen neuen Output erzeugt (z. B. eine Entscheidung). Dieser neue Zustand wird *offline* genommen und der Zielperson zugeschrieben oder übertragen. (Shanton/Goldman 2010, 527)

Mit Hilfe von Vorstellungen würden Menschen zweierlei in Erfahrung bringen können: erstens, in welchem Zustand sich die andere Person befinde; zweitens, wie es sich anfühle, in einer derartigen Situation zu sein. Im Unterschied zur Theorietheorie spielt die Vorstellung in der Simulationstheorie eine wichtige kognitive Rolle, und die resultierende Überzeugung sei nur zum Teil inferenziell oder überhaupt nicht inferenziell gerechtfertigt. Manche Vertreter von Simulationstheorien nehmen an, dass es noch eines Schlusses von uns auf den anderen bedürfe; andere hingegen verneinen dies. Diese Theorien über die kognitive Rolle von Vorstellungen hängen von Hypothesen in den Neurowissenschaften ab und sind umstritten. Dennoch liefern sie Modelle, die uns verstehen lassen, wie Vorstellungen und die durch sie wachgerufenen Emotionen und Wünsche eine kognitive Rolle in der moralischen Überzeugungsbildung spielen könnten.

### 6.4.5 Einwände und Lösungsvorschläge

Ausgangspunkt der vorhergehenden Überlegungen war die Tatsache, dass manchmal von „moralischer Erfahrung" gesprochen wird, welche imstande sei, moralische Überzeugungen auf ähnliche Weise zu rechtfertigen wie Sinneserfahrung Wahrnehmungsüberzeugungen rechtfertige, nämlich auf grundlegende Weise. Moralische Erfahrung, so wurde hier nahegelegt, kann näher analysiert werden als Prozess, der u. a. Vorstellungen, Wünsche und Emotionen involviert. Es wurde dargelegt, wie diese Zustände verstanden werden müssen, um als epistemische Gründe für moralische Überzeugungen überhaupt in Frage zu kommen. Es gibt jedoch auch eine Reihe von Einwänden.

Ein erster Einwand lautet: Zustände wie Emotionen, Wünsche und Vorstellungen seien subjektive Zustände. Wie könne etwas, das subjektiv ist, objektive Wahrheit anzeigen? Hinter diesem Einwand kann die Meinung stecken, dass subjektive Zustände prinzipiell nicht als angemessene epistemische Gründe taugen. Doch diese Meinung ist unhaltbar. Denn alle erkenntnismäßig relevanten Zustände sind in dem Sinn subjektiv, als sie Zustände eines Subjekts sind. Der Eindruck, dass die Straße nass ist, und der geeignet ist, die Überzeugung *prima facie* zu rechtfertigen, dass die Straße nass ist, ist ein subjektiver Zustand einer Person. Auch eine Biologin, die in ein Elektronenmikroskop schaut und eine Überzeugung über die Beschaffenheit einer Zelle bildet, formt diese Überzeugung aufgrund ihres Eindrucks, in dem ihr die Zelle als so und so erscheint. Wenn ein Logiker einen Schluss zieht, so beruht die Einsicht der Folgerichtigkeit auf dem Eindruck, dass er folgerichtig ist. Auch dieser Eindruck ist ein subjektiver Zustand. Sogar selbstevidente Überzeugungen sind selbstevident für eine Person, welcher erscheint, dass bestimmte Begriffszusammenhänge bestehen. Die Tatsache also, dass Emotionen, Wünsche und Vorstellungen subjektive Zustände sind, spricht noch nicht gegen ihre Tauglichkeit als angemessene Gründe.

Ein zweiter Einwand besagt: Emotionen und Wünsche seien zu unzuverlässige Anzeiger von moralischer Wahrheit, um als angemessene Gründe taugen zu können. Emotionen führten zwar häufig dazu, moralische Überzeugungen zu bilden. Diese stellten sich aber oft als falsch heraus. Im Zorn erscheine es uns richtig, dem Nachbarn die Autoreifen aufzuschlitzen. Aber im abgekühlten Zustand erscheine es uns nicht mehr als richtig. Noch unzuverlässiger als Emotionen seien Wünsche. Menschen wünschten sich vieles. Wünsche seien Paradebeispiele für nicht angemessene Gründe. Wunschdenken werde mit Recht als unzuverlässige Überzeugungsbildungsweise angesehen. Daher könnten moralische Überzeugungen, die nur auf Wünschen beruhen, nicht gerechtfertigt sein. Auch Vorstellungen seien viel zu willkürlich, um zuverlässig zu sein.

Darauf ist zu antworten, dass zunächst nur gezeigt werden sollte, wie Emotionen, Wünsche und Vorstellungen eine Rolle als epistemische Gründe für moralische Überzeugungen spielen könnten. Damit wurde noch nicht gezeigt, dass sie diese Rolle oft oder immer spielen.

## 6.4 Erkenntnistheoretischer Fundamentismus in der Metaethik 131

Ferner wurde nur die schwache These vertreten, dass Zustände wie Emotionen, Wünsche und Vorstellungen moralische Überzeugungen *prima facie* rechtfertigen können. Es ist eine Rechtfertigung, die durch Gegengründe zunichte gemacht werden kann. Sollte eine Person aus Erfahrung wissen, dass sie in bestimmten Bereichen emotional unangemessen reagiert, so hat sie einen untergrabenden Grund gegen die Rechtfertigungskraft der auflodernden Emotion. Auch allgemeine moralische Überlegungen können dazu führen, eine durch Emotion *prima facie* gerechtfertigte moralische Überzeugung zu Fall zu bringen.

Andererseits müssen Emotionen gegenüber Überzeugungen hinsichtlich ihrer Rechtfertigungskraft nicht immer den Kürzeren ziehen. Einiges spricht dafür, dass Gefühle hinsichtlich einer Handlung unter Umständen eher die Wahrheit treffen als Rationalisierungen. So könnten Emotionen auch die *prima facie* Rechtfertigung von moralischen Überzeugungen zunichte machen. Ein Beispiel aus der Literatur kann dies veranschaulichen: In Fjodor Dostojewskijs Roman *Verbrechen und Strafe* bildet Raskolnikow aufgrund utilitaristischer Überlegungen die Überzeugung, dass es richtig ist, die Gläubigerin zu ermorden und zu berauben, um sein Studium fortsetzen und so einen größeren Nutzen für die Menschheit hervorbringen zu können. Zugleich hat er von Anfang an eine emotionale Abneigung gegen diesen Gedanken:

> Raskolnikow war völlig verstört, als er die Wohnung verlassen hatte. Diese Verstörung wuchs zusehends. Während er die Stufen hinabstieg, hielt er sogar einige Male an, wie verblüfft. Und schließlich, bereits auf der Straße, rief er aus: „O mein Gott! Wie widerlich ist das alles! Ist es möglich, dass ich ... Nein, Unsinn, das ist absurd!" fügte er entschieden hinzu. „Ist es möglich, auf so etwas Entsetzliches zu verfallen? Wessen ist mein Herz nicht alles fähig! Vor allem: schmutzig, ekelhaft, widerwärtig, widerwärtig! ... Und ich, ich habe einen ganzen Monat lang ..." (Dostojewskij 1996, 15)

Hier taucht die Emotion der Abscheu als Anfechtungsgrund gegen die inferenziell gebildete moralische Überzeugung auf.

Wenn eingewendet wird, Wünsche seien Paradebeispiele für unangemessene epistemische Gründe, so muss man unterscheiden. Freilich rechtfertigen Wünsche nicht die Überzeugung, dass das Gewünschte eintritt. Wünscht sich Anton, dass seine Mutter gesund wird, so rechtfertigt dieser Wunsch nicht die Überzeugung, dass sie gesund wird. Das wäre

Wunschdenken. Was der Wunsch rechtfertigt, ist vielmehr die Überzeugung, dass es gut ist, dass die Mutter gesund wird. Der Wunsch zeigt an, dass das Gewünschte unter einer Rücksicht gut oder richtig ist. Es stimmt auch, dass Wünsche das Gewünschte aus einer Perspektive präsentieren. Graham Oddie (2005, 63) nennt Wünsche eine perspektivische Erfahrung von Werten. Dies macht sie aber epistemisch nicht wertlos. So können sie einen Beitrag zur Rechtfertigung von moralischen Überzeugungen leisten, auch wenn sie mit einiger Vorsicht zu genießen sind. Ferner könnten auch Wünsche die *prima facie* Rechtfertigung von moralischen Überzeugungen außer Kraft setzen. Oddie (2005, 65) nennt ein Beispiel aus der Literatur: In Mark Twains Roman *The Adventures of Huckleberry Finn* glaubt Huck zunächst, es sei falsch, dem Sklaven Jim zur Flucht vor seinem rechtmäßigen Besitzer zu verhelfen. Er sieht darin zunächst Mithilfe bei einem Diebstahl. Zugleich stellt er zu seinem eigenen Erstaunen fest, dass er es wünscht, Jim den Kopfgeldjägern nicht auszuliefern. Dieser Wunsch könnte ein widerlegender Grund gegen seine ursprüngliche Überzeugung sein.

Ein dritter Einwand lautet: Emotionen, Wünsche und Vorstellungen seien überzeugungs- oder theoriegeladen. Beim Erleben von Emotionen, Wünschen und Vorstellungen seien viele Hintergrundüberzeugungen oder gar Theorien im Spiel, von denen sie abhängten. Wenn Emotionen, Wünsche und Vorstellungen etwas zur Rechtfertigung von moralischen Überzeugungen beitrügen, so täten sie dies nicht aus sich, sondern nur aufgrund der Hintergrundüberzeugungen, die ihrerseits gerechtfertigt sein müssten.

Dass das Auftreten von Emotionen, Wünschen und Vorstellungen andere Wahrnehmungen, darauf beruhende Überzeugungen, Hintergrundüberzeugungen etc. involviert, soll nicht in Frage gestellt werden. Aber die Zusammenhänge und Probleme genauer darzustellen wäre ein breites Feld, das hier nicht beackert werden kann. Es soll lediglich in Frage gestellt werden, ob Emotionen, Wünsche und Vorstellungen aufgrund der bei ihrem Auftreten involvierten Wahrnehmungen und Hintergrundüberzeugungen jegliche eigenständige rechtfertigende Kraft einbüßen. Man sollte unterscheiden zwischen Wahrnehmungen und Überzeugungen, von denen Emotionen, Wünsche und Vorstellungen abhängen, und den Emotionen, Wünschen und Vorstellungen selbst. Viele epistemische

## 6.4 Erkenntnistheoretischer Fundamentismus in der Metaethik

Gründe dürften für ihre Existenz von Hintergrundüberzeugungen abhängen. Dies heißt aber nicht, dass sie überhaupt keine eigenen rechtfertigenden Beiträge leisten können. Auch wenn z. B. unsere Wahrnehmung der nassen Straße von Hintergrundüberzeugungen abhängt, so heißt dies nicht, dass der Wahrnehmungseindruck selbst nicht dennoch einen eigenständigen rechtfertigenden Beitrag leisten kann, sodass es egal wäre, ob er vorhanden wäre oder nicht.

Der Einwand gibt jedoch zu bedenken, dass in die epistemische Rechtfertigung von Überzeugungen mit partikulärem moralischem Inhalt eine Vielfalt von epistemischen Gründen eingehen kann, und dass Gründe auf vielfältige Weise ineinander verzahnt sein können. Dies allgemein darzustellen, ist schwer möglich. Daher verlagern manche Erkenntnistheoretiker ihre Reflexion auf ganze Überzeugungsbildungsweisen oder Überzeugungsbildungsprozesse. Eine solche Verlagerung hat William Alston (1991, 100) im Hinblick auf Wahrnehmungsüberzeugungen und religiöse, mystische Überzeugungen durchgeführt. Er untersucht ganze doxastische Praktiken, d. h. Überzeugungsbildungspraktiken, z. B. die Praxis der Überzeugungsbildung von Wahrnehmungsüberzeugungen oder mystischen Überzeugungen, und fragt, ob diese Praktiken als Ganze verlässlich seien. Aus ähnlicher Motivation schlägt Russ Shafer-Landau im Hinblick auf Überzeugungen partikulären moralischen Inhalts einen Prozessreliabilismus vor. Er schreibt:

> [...] wir sollten unsere Aufmerksamkeit auf erfolgreiche Prozesse lenken, die uns von einer vielfältigen, ungleichartigen Menge von grundlegenden Überzeugungen zu festen, beständigen partikulären moralischen Überzeugungen bringen. Diese Prozesse könnten verlässlich sein, auch wenn es keine inferenzielle Beziehung gibt, welche die Rechtfertigung von den grundlegenden Überzeugungen auf partikulären moralischen Überzeugungen überträgt.
> (Shafer-Landau 2003, 274)

Moralische Überzeugungsbildungsprozesse haben, wie andere Überzeugungsbildungsprozesse auch, *Inputs* und *Outputs*. *Outputs* sind die Überzeugungen partikulären moralischen Inhalts ($Üp_{pm}$). Als *Inputs* erwähnt Shafer-Landau Überzeugungen. Zu diesen Überzeugungen müssten neben Überzeugungen allgemeinen moralischen Inhalts auch Überzeugungen über die konkreten Handlungsumstände und weitere Hintergrundüberzeugungen gezählt werden. Auf der *Input*seite sollten m. E. aber auch

Gründe, die selbst keine Überzeugungen sind, genannt werden, z. B. Emotionen, Wünsche, Vorstellungen, Wahrnehmungen, Erinnerungen etc. Die erkenntnistheoretische These lautete dann: Damit der *Output*, also die Üp$_{pm}$, epistemisch gerechtfertigt sei, müsse ein *verlässlicher* Prozess ablaufen. Die Üp$_{pm}$ am Ende des Prozesses sei *prima facie* gerechtfertigt allein aufgrund der Tatsache, dass sie aus einem Prozess hervorgehe, der zu den verlässlichen Prozesstypen gehöre. Verlässlich sei ein Prozesstyp genau dann, wenn er mehrheitlich wahre Überzeugungen hervorbringe.

Der Prozessreliabilismus gehört zu den externalistischen Theorien epistemischer Rechtfertigung. „Externalistisch" werden sie genannt, weil sie nicht verlangen, dass die Gründe für Überzeugungen bzw. die Angemessenheit dieser Gründe einer Person introspektiv zugänglich sein müssen, damit die Überzeugungen dieser Person gerechtfertigt sind. Sie verlangen z. B. nicht, dass die betroffene Person gerechtfertigt ist zu glauben, dass ihre Gründe angemessen sind oder dass der Überzeugungsbildungsprozess, der bei ihr abgelaufen ist, unter einen verlässlichen Typ fällt. Die Gründe müssen nur angemessen *sein*. Der Überzeugungsbildungsprozess muss lediglich ein Fall eines verlässlichen Typs *sein*.

Der einfache Prozessreliabilismus hat jedoch mit einer Reihe von Problemen zu ringen. Eine Frage lautet: Ist Verlässlichkeit hinreichend für epistemische Rechtfertigung? Man denke an Norman, der eines Tages, während er die Straße entlangläuft, die Überzeugung bildet, dass der Bundespräsident in Innsbruck weilt. Die Überzeugung, so nehme man an, sei Ergebnis eines hellseherischen Prozesses, der in höchstem Maß verlässlich ist. Aber Norman wisse nichts davon, dass in ihm solche Prozesse ablaufen. Normans Überzeugung wäre durch einen verlässlichen Prozess erzeugt. Aber ist sie gerechtfertigt? Wir würden wohl eher sagen: Nein. Ebenso haben wir unsere Zweifel bei einer Schülerin der Mathematik, die zufälligerweise den richtigen Algorithmus anwendet und so zu einer wahren Überzeugung über die Lösung kommt. Sie wendet zufälligerweise einen verlässlichen Prozesstyp an und gelangt so zu einer wahren Überzeugung. Ist ihre Überzeugung gerechtfertigt? Prozessreliabilisten müssten diese Frage bejahen. Viele werden aber eher zur Annahme neigen, eine solche Überzeugung sei nicht gerechtfertigt, weil Zufall im Spiel war. Prozessreliabilisten könnten darauf erwidern, dass der Prozess im Fall der Schülerin komplex war, zusammengesetzt aus Raten plus Anwendung eines richtigen Algorithmus. Dies sei ein unzuverlässiger Prozesstyp, daher sei die Überzeugung der Schülerin auch nicht gerechtfertigt. Aber müsste man dann nicht hinzufügen, dass eine Person verlässlich (im Unterschied zu bloß zufällig) verlässliche Prozesstypen anwenden muss, damit sie gerechtfertigte Überzeugungen hat? Solche Überlegungen führten in der allgemeinen Erkenntnistheorie dazu, den einfachen Prozessreliabilismus zugunsten einer Theorie zu verändern, wonach eine Person verlässliche Prozesstypen verlässlich anwenden müsse, damit ihre Überzeugungen gerechtfertigt seien. Sie müsste dauerhafte Haltungen, Einstellungen oder Neigungen haben, verlässliche Prozesstypen anzuwenden. Solche Haltungen nennt man traditionell „Tugenden".

## 6.5 Die kognitive Tugend der Klugheit

Tugenden sind dauerhafte, schwer veränderliche, verlässliche Dispositionen, die dazu befähigen, ein Gut auf richtige Weise zu erreichen. Man unterscheidet zwischen moralischen und kognitiven Tugenden. In unserem Kontext sind die kognitiven Tugenden relevant. Ihr Gut besteht im Erreichen von Wahrheit. Eine kognitive Tugend ist die Exzellenz eines kognitiven Vermögens. Man könnte auch sagen: Ein tugendhaftes kognitives Vermögen ist ein verlässliches, richtig funktionierendes kognitives Vermögen. Überzeugungen sind dann dadurch epistemisch gerechtfertigt, dass sie aus solchen kognitiven Tugenden hervorgehen. Man denke z. B. an das Vermögen, aus Wahrnehmungen zu Wahrnehmungsüberzeugungen zu gelangen. Wenn dieses Vermögen verlässlich ist, wenn es richtig funktioniert, wenn es ein tugendhaftes Vermögen ist, dann sind die Überzeugungen, die daraus resultieren, *prima facie* gerechtfertigt, auch wenn die betroffene Person keinen Einblick in all die Gründe hat, die involviert sind, und in die Prozesse, die bei der Überzeugungsbildung ablaufen. Oder man denke an das Erinnerungsvermögen: Wenn dieses Vermögen verlässlich ist, wenn es richtig funktioniert, wenn es tugendhaft ist, dann sind die daraus resultierenden Erinnerungsüberzeugungen epistemisch gerechtfertigt. Tugendepistemologen (Sosa 1991, Zagzebski 1996, Greco 2010) vertreten daher die These:

*Kognitive Tugend*: Die Überzeugung, dass p, ist für eine Person S prima facie gerechtfertigt genau dann, wenn diese Überzeugung durch Ausübung einer kognitiven Tugend bzw. eines Verbundes kognitiver Tugenden hervorgebracht und gestützt wird.

Ähnlich kann man nun für moralische Überzeugungen die These aufstellen (Niederbacher 2012):

*Moralische kognitive Tugend*: Die Überzeugung, dass $p_{pm}$, ist für eine Person S prima facie gerechtfertigt genau dann, wenn diese Überzeugung durch Ausübung einer kognitiven Tugend bzw. eines Verbundes kognitiver Tugenden hervorgebracht und gestützt wird.

Diese These kann man bereits in klassischen Texten wiederfinden. Dort wird die für moralische Überzeugungen relevante kognitive Tugend „phrónesis", „prudentia", „recta ratio", „Klugheit" genannt. Manche sprechen von „Intuition", andere von „illative sense". Ich möchte an diesem Punkt etwas näher auf Aristoteles eingehen. Er behandelt Klugheit als eine der dianoetischen (kognitiven) Tugenden. Kognitive Tugenden zielen auf Wahrheit. Klugheit zielt auf praktische Wahrheit, sie befähigt, wahre Propositionen partikulären moralischen Inhalts gerechtfertigterweise für wahr zu halten. Auch Aristoteles erwähnt eine Mehrzahl von Gründen, welche in kluge Überlegungsprozesse eingehen. Er schreibt:

> Auch betrifft die Klugheit nicht nur das Allgemeine, sondern sie muss auch das Einzelne erkennen. (Aristoteles, Nikomachische Ethik 1141b15)

Und etwas später heißt es: Klugheit hat es mit dem Letzten zu tun,

> von dem es keine wissenschaftliche Erkenntnis gibt, sondern nur Wahrnehmung; eine Wahrnehmung freilich, die sich nicht mit dem Eigentümlichen begnügt, sondern eine wie die, mit der wir wahrnehmen, dass das Letzte in der Mathematik das Dreieck ist. Denn auch in der Mathematik wird man hier stehen bleiben. (Aristoteles, Nikomachische Ethik 1142a27–29)

Von welcher Wahrnehmung spricht er? Es ist nicht Wahrnehmung durch die fünf Sinne. Mit den Sinnen können wir nicht wahrnehmen, was wir tun sollen. Aristoteles versteht hier „Wahrnehmung" in einem weiteren Sinn, ein Gewahrsein der moralisch relevanten Umstände der Handlung. Diese Fähigkeit der moralischen Überzeugungsbildung setzt nach Aristoteles Lebenserfahrung voraus. Aufgrund der Erfahrung sei die kluge Person fähig, eine Situation spontan auf bestimmte Weise zu erfassen. So wie wir spontan etwas als ein Dreieck sehen können, könne die kluge Person eine Handlungssituation als etwas sehen, z. B. als grausam oder gerecht. Bei dieser Art von Wahrnehmung spielen nach Aristoteles auch Vorstellungskraft und Emotionen eine Rolle. Emotionen folgen auf Wahrnehmungen und Vorstellungen. Und Vorstellungen werden ihrerseits von Emotionen beeinflusst. Was einem in einer Situation zu tun als richtig erscheint, hängt auch vom emotionalen Zustand ab, in dem man sich befindet. Ein Beispiel: Ängstliche Leute neigen dazu, sich zu viele Schwierigkeiten vorzustellen. Draufgänger hingegen neigen dazu, nur die anziehenden Aspekte einer Situation zu sehen und die Schwierigkeiten nicht zu registrieren. Aufgrund ihrer Haltungen greifen die beiden Charaktere unterschiedliche Aspekte der Situation heraus, beurteilen sie unterschiedlich und kommen zu unterschiedlichen Überzeugungen darüber, was hier zu tun richtig ist. Nach Aristoteles wird nur die Person, die emotional angemessen auf eine Situation reagiert, zu einer richtigen Einschätzung der Lage kommen und daher auch zu einer wahren Überzeugung darüber, was sie tun soll. Die Fähigkeiten, emotional angemessen zu reagieren, sind ethische Tugenden wie Tapferkeit oder Mäßigung. Nach Aristoteles kann man nur dann klug sein, wenn man auch die ethischen Tugenden hat. So hätte er eine eigene Antwort auf den Einwand, wonach Emotionen und Wünsche unzuverlässige Indikatoren für moralische Wahrheit seien. Er würde sagen: Nicht alle, sondern nur die Emotionen und Wünsche von tugendhaften Personen sind angemessene epistemische Gründe für moralischen Überzeugungen. Man kann die tugendepistemologische These hinsichtlich moralischer Überzeugungen partikulären Inhalts im Anschluss an Aristoteles nun folgendermaßen formulieren:

> *Klugheit:* Die Überzeugung, dass $p_{pm}$, ist für eine Person S *prima facie* gerechtfertigt genau dann, wenn diese Überzeugung durch Ausübung der Klugheit im Verbund mit weiteren kognitiven und ethischen Tugenden hervorgebracht und gestützt wird.

Für Aristoteles waren Tugenden Ideale mit hundertprozentiger Trefferquote. Diese Sicht wurde hier abgeschwächt, sodass man von einer kognitiven Tugend schon dann sprechen kann, wenn sie zum Großteil wahre Überzeugungen hervorbringt. Die aristotelische Tugend der Klugheit kann als eine durch Erfahrung erworbene Fähigkeit zur moralischen

Überzeugungsbildung verstanden werden. Sie besteht nicht einfach nur darin, moralische Regeln deduktiv auf eine Situation anzuwenden, sondern darin, aufgrund einer Vielfalt von Gründen zu erfassen, was in einer Situation zu tun richtig ist. Zu diesen Gründen gehören Überzeugungen allgemeinen moralischen Inhalts, Überzeugungen über die Umstände, aber auch Emotionen und Wünsche. Das richtige Einbeziehen-Können all dieser Gründe in die Urteilsbildung ist eine Kunst, ein Können, eine Tugend eben.

## 6.6 Anfechtungen

Moralische Skeptiker werden nun einwenden: Es mag sein, dass die These *Klugheit* wahr ist. Aber haben wir angemessene Gründe anzunehmen, dass *unsere* moralischen Überzeugungen die Bedingungen erfüllen, die dort genannt werden? Haben wir angemessene Gründe anzunehmen, dass *unsere* menschliche Praxis bzw. unsere Vermögen der moralischen Überzeugungsbildung in tugendhafter Verfassung sind, dass sie auf moralische Wahrheit ausgerichtet, dieser auf der Spur und daher verlässlich sind? Nein, so moralische Skeptiker, das haben wir nicht! Im Gegenteil, wir hätten Gründe anzunehmen, dass sie es nicht sind. Daher seien die moralischen Überzeugungen von menschlichen Personen generell nicht gerechtfertigt. *A fortiori* haben Menschen auch kein moralisches Wissen, wenn Wissen unanfechtbare gerechtfertigte wahre Überzeugung ist. Im Folgenden werden einige Argumente für diese skeptische These vorgestellt und geprüft.

### 6.6.1 Argument aus der epistemischen Zirkularität

Haben wir angemessene Gründe anzunehmen, dass unsere Vermögen der moralischen Überzeugungsbildung in tugendhafter Verfassung und somit verlässlich sind? Moralische Skeptiker werden behaupten, dass wir keine angemessenen Gründe dafür haben können. Denn die Verlässlich-

## 6.6 Anfechtungen

keit eines kognitiven Vermögens werde an der Wahrheitsbilanz gemessen. Nun sei aber moralische Wahrheit nicht unabhängig von unseren kognitiven Vermögen zur moralischen Überzeugungsbildung zugänglich. Um herauszufinden, dass unser moralisches Überzeugungsbildungsvermögen verlässlich sei, müssten wir es bereits anwenden und dabei annehmen, dass es verlässlich sei. Dies führe in einen vitiösen Zirkel.

Dieser Einwand kann wahrscheinlich nicht völlig zufriedenstellend entkräftet werden. Wohl aber kann er etwas relativiert werden. Erstens kann man feststellen, dass nicht nur die moralischen Überzeugungsbildungsweisen, sondern alle Überzeugungsbildungsweisen vom Problem des epistemischen Zirkels betroffen sind. Man denke an die am weitesten verbreiteten und am besten etablierten, alltäglichen Überzeugungsbildungsweisen, z. B. das Vermögen, aus Sinneseindrücken Wahrnehmungsüberzeugungen zu bilden. Wie William Alston (1993) ausführlich dargelegt hat, lässt sich auch nicht beweisen, dass dieses Vermögen verlässlich ist, ohne seine Verlässlichkeit vorauszusetzen. Das hieße zumindest, dass moralische Überzeugungen nicht schlechter dastehen als andere Überzeugungen auch.

Zweitens, auch wenn man nicht beweisen kann, dass ein kognitives Vermögen verlässlich ist, so kann man zumindest sagen, wann es nicht verlässlich ist. Sollte es massive und andauernde Widersprüche in seinen *Outputs* aufweisen, wäre dies ein angemessener Grund, ein kognitives Vermögen für unzuverlässig zu halten. Oder sollte es zu Überzeugungen führen, die in Widerspruch stehen zu Überzeugungen aus anderen, besser etablierten kognitiven Vermögen, so wäre auch dies ein Grund, dieses Vermögen für unzuverlässig zu halten. Damit wird das Problem des epistemischen Zirkels zwar nicht gelöst, wohl aber entschärft. Man muss nicht annehmen, dass alle Überzeugungsbildungsweisen epistemisch gleich gut oder schlecht dastehen. Überzeugungen, die aufgrund von Kristallkugel-Lesen gebildet werden, dürften ein höheres Maß an internen und externen Widersprüchen aufweisen als die Wahrnehmungsüberzeugungsbildungsweise. Es gibt also einige Kriterien, um zuverlässige von unzuverlässigen Überzeugungsbildungsweisen zu unterscheiden.

Skeptiker werden hier einhaken und sagen, genau diese Kriterien würden von unseren moralischen Überzeugungsbildungsweisen nicht erfüllt. Denn es gebe zu viele widersprüchliche moralische Überzeugungen, wie die massiven existierenden moralischen Meinungsverschiedenheiten deutlich belegten. Betrachten wir diesen Einwand etwas näher.

## 6.6.2 Argument aus moralischen Meinungsverschiedenheiten

Dieses Argument geht von der Beobachtung aus, dass die Menschen im Lauf der Geschichte unterschiedliche, zum Teil gegensätzliche Auffassungen darüber vertraten, was moralisch richtig oder falsch ist. Man denke an Sklaverei, Diskriminierung von Frauen, Kindstötung. Das Argument geht ferner von der Beobachtung aus, dass es auch heute große Meinungsverschiedenheiten bezüglich Moral gibt. Man denke an Abtreibung, Homosexualität, Folter, Todesstrafe, Migration, Verteilungsgerechtigkeit, Tötung von Tieren usw. Diese Meinungsverschiedenheiten würden sich von anderen, z. B. naturwissenschaftlichen Meinungsverschiedenheiten stark unterscheiden. Denn in den Naturwissenschaften sei klar, was als Beweis oder Bestätigung gelte, es gebe Fortschritt und ein Ende von Debatten mit eindeutigen, allgemein akzeptierten Ergebnissen. Bei moralischen Meinungsverschiedenheiten hingegen gebe es dies nicht. Wenn eine Überzeugungsbildungsweise so viele miteinander inkonsistente Überzeugungen hervorbringe, so das Argument weiter, dann sei sie nicht verlässlich. Dann seien die daraus resultierenden Überzeugungen nicht gerechtfertigt. Wenn unsere sinnliche Wahrnehmung dazu führte, dass wir ständig inkompatible Überzeugungen über Größe und Form von Dingen bildeten, und wir die Divergenzen mit der Zeit nicht auflösen könnten, dann müssten wir annehmen, dass die Überzeugungsbildung durch Wahrnehmung nicht verlässlich sei und die daraus entspringenden Wahrnehmungsüberzeugungen nicht gerechtfertigt seien. Nun sei die moralische Überzeugungsbildungsweise bei Menschen derart, dass sie viele miteinander inkompatible moralische Überzeugungen hervorbringe. Dies sei ein untergrabender Grund gegen die Rechtfertigung unserer moralischen Überzeugungen. Daher seien diese nicht gerechtfertigt.

Dass es Meinungsverschiedenheiten in der Moral gibt, kann man nicht bestreiten; dass sie schwer aufzulösen sind, ebenfalls nicht. Wohl

## 6.6 Anfechtungen

aber kann man bestreiten, dass die tatsächlichen moralischen Meinungsverschiedenheiten die These stützen, keine moralischen Überzeugungen von Menschen seien gerechtfertigt. Zunächst muss man Arten von moralischen Meinungsverschiedenheiten unterscheiden:

1. Manche sind nur scheinbare Meinungsverschiedenheiten. Sie beruhen auf sprachlichen Missverständnissen und lassen sich leicht auflösen.
2. Andere moralische Meinungsverschiedenheiten ergeben sich aus einer Kombination von moralischen Prinzipien mit nichtmoralischen Überzeugungen, z. B. empirischen, metaphysischen, weltanschaulichen und religiösen Überzeugungen. Dabei stehen nicht die moralischen Prinzipien zur Diskussion, sondern die nichtmoralischen Überzeugungen. So könnten zwei Parteien zwar die Überzeugung teilen, dass Todesstrafe erlaubt wäre, wenn sie in hohem Maße abschreckend wirken würde. Die eine glaubt aber, Todesstrafe wirke nicht in hohem Maße abschreckend, die andere hingegen, sie tue es. Die moralische Meinungsverschiedenheit beider Parteien ergibt sich hier aus den unterschiedlichen nichtmoralischen Überzeugungen.
3. Schließlich gibt es *genuin* moralische Meinungsverschiedenheiten z. B. zwischen jenen, die Todesstrafe unter Umständen für moralisch richtig erachten und jenen, die sie prinzipiell für falsch erachten. Bezüglich solcher Meinungsverschiedenheiten gibt es zwei Einstellungen: Einige glauben, dass sie unauflöslich seien, andere hingegen meinen, dass sie sich unter idealen Erkenntnisbedingungen auflösen würden und irgendwann auflösen werden.

Um die moralische Überzeugungsbildungsweise als unzuverlässig zu überführen, müsste das Ausmaß der *genuin* moralischen Meinungsverschiedenheiten groß sein. Wie groß sind die Übereinstimmungen relativ zu den Divergenzen? Dies festzustellen dürfte schwierig sein. Es spricht aber einiges dafür, dass die Übereinstimmungen, sowohl synchron als auch diachron gesehen, größer sind als die Divergenzen. Synchron gesehen, finden wir kulturübergreifend und innerhalb von Kulturen viele derselben moralischen Grundwerte: Achtung des menschlichen Lebens, Hilfsbereitschaft, Ehrlichkeit, Gerechtigkeit, Meiden von Mord und Diebstahl, etc. Die allgemeine Erklärung der Menschenrechte zeigt ebenfalls, in welch großem Ausmaß sich fast alle Staaten dieser Erde über Grundwerte einig sind, auch wenn sie dagegen verstoßen. Diachron gesehen sind durchaus Entwicklungen und massive Änderungen festzustellen, zum Beispiel bei Themen wie Sklaverei, Wahlrecht und Gleichstellung von Frauen, etc. Dennoch ist auch das Ausmaß gleichbleibender Werte groß: Die Werte, die in den zehn Geboten der Bibel, im Kodex des babylonischen Königs Hammurapi, im Konfuzianismus, in der Nikomachischen Ethik oder in anderen religiösen oder philosophischen Schriften zum Ausdruck kommen, decken sich mit vielen unserer heutigen Moralvorstellungen. Hier gibt es Konstanz über Jahrtausende hinweg. Dies kann von naturwissenschaftlichen Überzeugungen nicht behauptet werden (Ernst 2008, 125). Man sollte also die moralischen Meinungsverschiedenheiten in Relation zu den vielen diachronen und synchronen moralischen Übereinstimmungen sehen. Zieht man die moralischen Meinungsverschiedenheiten der Art (1) und (2) ab, dann bleiben aufs Ganze gesehen weniger genuin moralische Meinungsverschiedenheiten übrig als vielleicht ursprünglich gedacht wurde. Die moralische Überzeugungsbildungsweise wäre nicht zu hundert Prozent verlässlich, doch dies verlangen Erkenntnistheoretiker nicht. Ein kognitives Vermögen mit einer Trefferquote von sechzig bis siebzig Prozent könnte noch als verlässlich durchgehen. Dann könnten moralische Überzeugungen *prima facie* gerechtfertigt sein.

### 6.6.3 Zweites Argument aus moralischen Meinungsverschiedenheiten

Ein weiteres Argument aus den moralischen Meinungsverschiedenheiten ist ein Argument auf die beste Erklärung. Das zu Erklärende sind massive, andauernde, zum Teil bisher unaufgelöste moralische Divergenzen. Die beste Erklärung für diese moralischen Meinungsverschiedenheiten sei die Annahme, dass Menschen durch moralische Behauptungen ihre unterschiedlichen Lebensformen zum Ausdruck bringen. Diese Hypothese sei eine bessere Erklärung für die Meinungsverschiedenheiten als die Hypothese, dass es moralische Tatsachen gebe, zu denen manche besseren, manche schlechteren kognitiven Zugang hätten. Mackie spricht vom „Argument aus der Relativität", das

> eine bestimmte Kraft hat, weil die tatsächlichen Unterschiede in den moralischen Normen einfacher durch die Hypothese erklärt werden, dass diese Lebensweisen widerspiegeln als durch die Hypothese, dass sie oft schwerwiegend unangemessene und schlimm verzerrte Wahrnehmungen von objektiven Werten widerspiegeln. (Mackie 1977, 37)

Als schlechtere Erklärungshypothese nennt Mackie hier eine nicht weiter spezifizierte Wahrnehmungstheorie, welche die moralischen Meinungsverschiedenheiten dadurch erklärt, dass die moralische Wahrnehmung nicht besonders gut funktioniere. Doch dieses Bild von moralischer Überzeugungsbildung ist viel zu einfach. Man kann die moralischen Meinungsverschiedenheiten auch plausibel erklären, wenn man bedenkt, dass moralische Wirklichkeit zu erfassen schwieriger ist, als mittelgroße Gegenstände bei gutem Licht zu sehen. Man kann auch die verzerrenden Faktoren ziemlich genau benennen: emotionale Über- oder Unterreaktion, Egoismus, Eigeninteresse, Vorurteile, schräge Neigungen, Ausgang von falschen empirischen Voraussetzungen, Ignoranz der Umstände, Missachten von Ratschlägen erfahrener Mitmenschen, schlampiges und übereiltes Überlegen. Der Einfluss dieser Kräfte kann die moralischen Meinungsverschiedenheiten auch sehr gut erklären. Welche Erklärung für besser gehalten wird, hängt immer auch von weiteren Voraussetzungen ab. Wem, wie Mackie, die Annahme einer einstellungsunabhängigen moralischen Wirklichkeit seltsam vorkommt, weil er eine empiristisch-szientistische Weltanschauung vertritt, wird eine Erklärung, die ohne diese Annahme auskommt, besser erscheinen. Wer hingegen eine empiristische Weltanschauung ablehnt, kann dazu neigen, eine andere Erklärung für besser zu halten.

### 6.6.4 Argument aus der kausalen Unwirksamkeit moralischer Tatsachen

Dieses Argument richtet sich vor allem gegen moralische Realisten, die annehmen, es gebe einstellungsunabhängige moralische Tatsachen. Das Argument verläuft ungefähr so:

1. Moralische Tatsachen sind kausal unwirksam.
2. Wenn moralische Tatsachen kausal unwirksam sind, können wir nicht erklären, wie moralische Überzeugungsbildungsweisen moralische Tatsachen verlässlich aufspüren.
3. Also können wir nicht erklären, wie moralische Überzeugungsbildungsweisen moralische Tatsachen verlässlich aufspüren.
4. Wenn wir nicht erklären können, wie moralische Überzeugungsbildungsweisen moralische Tatsachen verlässlich aufspüren, haben wir keinen angemessenen Grund zu glauben, dass die daraus resultierenden moralischen Überzeugungen wahr sind.
5. Also haben wir keinen angemessenen Grund zu glauben, dass unsere moralischen Überzeugungen wahr sind.

Das Argument enthält voraussetzungsreiche Prämissen, und eine gründliche Auseinandersetzung mit ihnen ist hier nicht möglich. Es seien lediglich einige Hinweise gegeben, wie man sich dem Argument nähern kann. Bei der Prämisse (1) müsste man unterscheiden zwischen allgemeinen moralischen Tatsachen (AMT) und partikulären moralischen Tatsachen (PMT). Wenn die AMT, wie im Kapitel 5 ausgeführt, aus Universalien bestehen, scheint die Prämisse (1) wahr zu sein. Für die PMT ist dies nicht offensichtlich. Diese könnten kausal wirksam sein, indem sie z. B. Wünsche in uns auslösen. So schreibt Oddie:

> Werte können kausal auf uns einwirken, und es ist aufgrund dieses kausalen Einflusses, dass wir Wissen über Wert haben können. (Oddie 2005, 2)

Auch die Prämisse (2) kann man in Frage stellen. Sie setzt voraus, dass kognitiver Kontakt zu Tatsachen nur aufgrund einer kausalen Beziehung zwischen den Tatsachen und unserem kognitiven Apparat zustande kommen kann; und dass ohne kausale Einwirkung die Übereinstimmung unserer moralischen Überzeugungen mit den moralischen Tatsachen ein gigantischer glücklicher Zufall wäre. Diese Annahme mag zwar bei empirischen Tatsachen stimmen, nicht jedoch bei nichtempirischen Tatsachen. Manche Tatsachen erfassen wir, indem wir Einsicht in begriffliche Zusammenhänge haben, z. B. dass Junggesellen ledig sind oder dass Unschuldige nicht bestraft werden dürfen. Andere Tatsachen erfassen wir durch gültiges Denken, z. B. die mathematische Tatsache, dass zwei plus zwei gleich vier ist. Mathematische Tatsachen sind kausal nicht wirksam.

Trotzdem können Computer verlässlich wahre Antworten auf mathematische Fragen erzeugen. Sie können es, ohne kausal von diesen Tatsachen beeinflusst zu sein. Sie können es, weil sie so gebaut sind, dass ihre Hard- und Software sie befähigen, auf Weisen zu operieren, die den gültigen Formen logischen oder mathematischen Denkens entsprechen. So können auch wir wahre mathematische Überzeugungen bilden, indem wir auf gültige Weisen denken. Ähnlich könnte es mit moralischen Tatsachen sein. Auch wenn sie kausal unwirksam sind, könnten wir sie erfassen und die Fähigkeit dazu hoffentlich irgendwann durch die komplexen Strukturen unseres Gehirns erklären.

Nun kann man einwenden: Wir können erklären, warum Computer in der Lage sind, bestimmte Operationen durchzuführen. Wir Menschen bauen sie so, dass sie dies können. Aber wie kommt es dazu, dass unser Gehirn so strukturiert ist, dass es die moralischen oder normativen Tatsachen erfassen kann? Um diese Frage zu beantworten, bringen manche Philosophen Gott ins Spiel (siehe Kapitel 7.4), andere die Evolution. So schreibt Parfit:

> Es mag wahr sein: Wie Geparden wegen ihrer Geschwindigkeit und Giraffen wegen ihrer langen Hälse selektiert wurden, so wurden Menschen wegen ihrer Rationalität selektiert. [...] natürliche Selektion könnte erklären, wie unsere Vorfahren fähig wurden, ohne kausalen Kontakt auf solche [normativen] Gründe zu reagieren, weil sie dies befähigte, viele wahre Überzeugungen über die Welt zu bilden, von denen einige ihnen halfen, zu überleben und sich fortzupflanzen. (Parfit 2011, Vol. 2, 494, 497)

Gegen solche Überlegungen werden jedoch evolutionäre Entlarvungsargumente eingebracht.

## 6.6.5 Argument der evolutionären Entlarvung

Evolutionäre Entlarvungsargumente (*evolutionary debunking arguments*) wurden entwickelt, um zu zeigen, dass und wie evolutionstheoretische Überlegungen die epistemische Rechtfertigung unserer moralischen Überzeugungen zunichte machen. Diese Argumente sind meistens gegen moralische Realisten gerichtet, die glauben, dass es einstellungsunabhängige moralische Tatsachen gibt und dass wir Menschen in der Lage sind, manche von ihnen gerechtfertigterweise zu erfassen. Die Argumente verlaufen ungefähr so (nach einer Rekonstruktion von Parfit 2011, Vol. 2, 525): Moralische Überzeugungen seien oft von Vorteil gewesen, weil sie uns (unsere Vorfahren und die meisten Menschen) dazu führten, so zu handeln, dass wir überlebten und uns fortpflanzten. Weil sie von Vorteil waren, habe natürliche Selektion uns dazu disponiert, diese Überzeugungen zu bilden. Nun hätten diese Überzeugungen dieselbe Wirkung, unabhängig davon, ob sie wahr oder falsch sind. Zum Beispiel: Die moralische Überzeugung, dass Inzest moralisch schlecht ist, hätte die Wahrscheinlichkeit erhöht, Inzest zu unterlassen, und wäre so von Überlebensvorteil gewesen, auch wenn diese Überzeugung falsch wäre. Oder die moralische Überzeugung, dass man einem in Not geratenen Menschen helfen soll, hätte die Wahrscheinlichkeit erhöht, Menschen zu helfen und wäre so von Überlebensvorteil gewesen, auch wenn diese Überzeugung falsch wäre. Diese Überzeugungen wären also von Vorteil gewesen, unabhängig davon, ob sie wahr oder falsch sind. Natürliche Selektion habe uns folglich dazu disponiert, diese Überzeugungen zu bilden, unabhängig davon, ob sie wahr oder falsch sind. Wenn dies stimme, so seien wir nicht gerechtfertigt zu glauben, dass sie wahr sind.

Diese evolutionstheoretische Überlegung will einen untergrabenden Gegengrund (*undermining defeater*) gegen die Rechtfertigung von moralischen Überzeugungen liefern. Moralische Überzeugungen, die aus solchen Neigungen oder Vermögen resultierten, seien epistemisch nicht gerechtfertigt. So schreibt Richard Joyce:

> [...] der Prozess, der moralische Urteile hervorbringt, erweist eine Unabhängigkeitsbeziehung zwischen Urteil und Wahrheit, und diese Urteile sind daher nicht gerechtfertigt. (Joyce 2001, 163)

Nun kann man fragen: Stimmt es, dass Selektion und Adaption die einzigen Kräfte hinter unseren moralischen Überzeugungsbildungen waren? Stimmt es, dass wir die moralischen Überzeugungen, die wir haben, nur deshalb haben, *weil* sie von Überlebensvorteil sind, weil sie helfen, unsere Gene zu streuen? Eine Bejahung dieser Frage wird schwer zu beweisen sein. Ihre Verneinung wird ebenfalls schwer zu beweisen sein, aber es gibt doch eine Reihe von Einwänden gegen die These der evolutionären Entlarvung (FitzPatrick 2015; Parfit 2011, Vol.2, 534–542). Ein Einwand besagt, dass viele weit verbreitete moralische Überzeugungen offensichtlich nicht das Ziel haben, unsere Gene zu streuen. Zwar gibt es moralische Überzeugungen, die uns helfen, unser Überleben zu sichern und uns fortzupflanzen, z. B. die Überzeugung, dass wir Verletzungen vermeiden, unser Wohlbefinden befördern, unseren Nachwuchs schützen sollen etc. Diese moralischen Überzeugungen sind von Überlebensvorteil. Es gibt aber auch viele weit verbreitete moralische Überzeugungen, die offensichtlich nicht diese Ziele verfolgen. Es nützt der Streuung unserer Gene nichts, wenn wir glauben, dass wir uns um unsere alten Eltern kümmern sollen. Dennoch ist dies eine weit verbreitete moralische Überzeugung. Auch der Glaube an die Goldene Regel ist nicht offensichtlich evolutionär vorteilhaft. Evolutionär vorteilhaft ist vielleicht der Glaube an die *Tit-for-Tat*-Regel, aber nicht an die Goldene Regel, die von uns fordert, *jede* andere Person so zu behandeln, wie wir in der gleichen Situation behandelt werden möchten, unabhängig davon, ob sie uns einmal so behandelt hat oder behandeln würde. Auch die in alten und neuen Kulturen auf der ganzen Welt verbreiteten Überzeugungen, dass man nicht lügen, nicht stehlen, nicht morden soll, dass man Versprechen halten soll: All diese Überzeugungen haben keine eindeutige evolutionäre Erklärung. Sie sind zwar nicht von evolutionärem Nachteil, aber sie stützen auch nicht die These, dass sie allein durch evolutionäre Kräfte hervorgebracht wurden.

Sharon Street weitet ihre Entlarvungskritik aber über natürliche Selektion hinaus auf jeden anderen moralischen Überzeugungsbildungsprozess aus. Sie schreibt:

> [...] es gibt keinen Grund zu glauben, dass natürliche Selektion oder jedweder andere kausale Prozess uns so formen würde, dass wir fähig wären, [einstellungsunabhängige] normative Wahrheiten aufzuspüren. (Street 2016, 322)

Dies ist eine starke Behauptung. Sie setzt voraus, dass ein kausaler Prozess zwischen den erfassten Tatsachen und der Überzeugungsbildung über diese Tatsachen bestehen muss. Doch dies kann man, wie bereits oben angedeutet, hinterfragen. Wir haben viele Überzeugungen mit analytischen, mathematischen, modalen Inhalten. Bei ihnen gibt es keine kausalen Relationen zu den sie wahr machenden Tatsachen. Dennoch haben wir Gründe anzunehmen, dass sie wahr sind. Ähnlich kann es auch bei moralischen Überzeugungen sein. Manche moralischen Überzeugungen allgemeinen Inhalts leuchten von sich aus ein, andere sind deduktiv oder induktiv gerechtfertigt. Obwohl es keine kausalen Relationen zwischen den Überzeugungsbildungsprozessen und den moralischen Tatsachen gibt, können ihre epistemischen Gründe *prima facie* als verlässlich angesehen werden.

Eine Spur zu erklären, warum wir Menschen fähig sein könnten, einstellungsunabhängige moralische Tatsachen aufzuspüren, führt in die Ansicht mancher Religionsphilosophen, wonach Gott die Menschen mit kognitiven Fähigkeiten für Moral geschaffen habe. Mit einem solchen Argument werden wir uns im nun folgenden Kapitel unter 7.4 beschäftigen.

**Weiterführende Literatur:**

Czaniera 2001; Huemer 2005; Tersman 2006; Sinnott-Armstrong 2006; Zimmerman 2010; Niederbacher 2012; Heinrichs 2013; Kulp 2017; Zimmerman/Jones/Timmons (eds.) 2019.

# 7 Was hat Moral mit Gott zu tun?

„In Deutschland und Österreich wurde das Suizidbeihilfeverbot nun gekippt. Höchste Zeit!", sagt Berta. „Was redest du da?", reagiert Anton entsetzt. „Mein Leben gehört mir", erwidert Berta, „ich kann damit machen was ich will. Und wenn ich es beenden will, und eine andere Person mir dabei hilft, ist das auch richtig." „Vielleicht gehört dein Leben nicht dir, sondern Gott. Dann darfst du damit nicht machen, was du willst. Oder wenn Gott verbietet, sich das Leben zu nehmen, dann ist es moralisch falsch, dies zu tun." Darauf sagt Berta: „Gott? Wer weiß, ob's den gibt. Und selbst wenn es ihn gibt: Moral ist autonom. Sie hängt nicht von Gott ab."

Dieses Kapitel liefert einen kleinen Ausschnitt metaethischer Überlegungen zum Verhältnis von Moral und Religion. Es beschränkt sich auf monotheistische Religionen. Diesen zufolge existiert ein Gott, d. h. ein notwendigerweise existierendes, ewiges, immaterielles, personales, allmächtiges, allwissendes, vollkommen gutes Wesen, das die Welt erschafft, im Dasein erhält und sich den Menschen offenbart. Dieses Wesen wird nicht als eine Entität neben anderen Entitäten in der Welt, sondern als erste Ursache von allem verstanden: als das, von dem alles Geschaffene ontologisch abhängt, und das selbst von nichts abhängt. Vertreter dieser Sicht seien hier „Theisten" genannt.

Manche Theisten liefern Argumente aus der Existenz von Werten oder moralischen Gesetzen auf die Existenz Gottes. So schreibt William Sorley:

> Die Gültigkeit dieser Werte oder Gesetze und dieses Ideals [des Gutseins] hängt aber nicht von ihrer Anerkennung ab: sie ist objektiv und ewig; und wie könnte diese Gültigkeit allein dastehen, weder verkörpert in Materie noch gesehen oder verwirklicht durch endlichen Geist, außer es gäbe einen ewigen Geist, dessen Gedanke und Wille darin ausgedrückt wäre? Gott muss also existieren und sein Wesen Gutsein sein. (Sorley 1918, 352–353)

In neuester Zeit versuchte William Lane Craig (2004, 17–21; 67–69) folgendes Argument zu verteidigen:

1. Es gibt objektive moralische Tatsachen.
2. Wenn es keinen Gott gibt, gibt es keine objektiven moralischen Tatsachen.
3. Also gibt es Gott.

Moralische Realisten werden mit der Prämisse (1) keine Probleme haben. Aber die Prämisse (2) ist äußerst umstritten. Manche Theisten, z. B. David Baggett und Jerry L. Walls (2011), ersetzen (2) durch eine Prämisse, die leichter zu verteidigen sein dürfte, nämlich:

2.* Gottes Existenz ist eine bessere Erklärung für (1) als naturalistische Erklärungen.

Die Prämissen (1) und (2*) ergeben einen probabilistischen Schluss: Es ist wahrscheinlich, dass Gott existiert. Wenn eine Weltanschauung (1) besser erklärt als eine andere, so spricht dies epistemisch für diese Weltanschauung.

In derartigen Argumenten wird angenommen, dass es eine bestimmte Beziehung zwischen Moral und Gott geben kann und gibt. Um diese Beziehung klar herauszuarbeiten, seien einige Fragen genannt, um die es hier nicht geht. Es geht nicht um Fragen wie: Müssen Personen an Gott glauben, damit sie moralisch vollkommen gut handeln können? Oder: Müssen sie an Gott glauben, damit sie moralisch gut handeln? Oder: Müssen sie an Gott glauben, damit sie Grund haben, moralisch zu sein? Oder: Müssen sie eine spezielle göttliche Offenbarung haben, damit sie wissen können, was moralisch richtig oder gut ist?

Es geht vielmehr um die metaphysischen Fragen: Wie ist die Beziehung zwischen moralischen Tatsachen und Gott zu verstehen: Sind moralische Tatsachen metaphysisch von Gott abhängig? Ist Gott die metaphysische Grundlage der Moral? Theisten werden behaupten: Moral hänge metaphysisch von Gott ab. Aber können sie dies kohärenterweise behaupten? Dieser Frage soll hier nachgegangen werden, indem verschiedene theistische Ansichten vorgestellt und diskutiert werden.

## 7.1 Theistische Reduktionismen

Unter „theistischen Reduktionismen" werden hier Positionen verstanden, wonach M-Eigenschaften identisch sind mit bestimmten theistischen Eigenschaften (T-Eigenschaften) und daher M-Tatsachen identisch sind mit bestimmten theistischen Tatsachen (T-Tatsachen). Die M-Eigenschaft, moralisch richtig zu sein, sei z. B. identisch mit der T-Eigenschaft, von Gott geboten zu sein; und die M-Eigenschaft, moralisch falsch zu sein, sei identisch mit der T-Eigenschaft, von Gott verboten zu sein. Derartige Identitätsthesen kennen wir bereits aus der Auseinandersetzung mit den metaethischen Naturalismen im Kapitel 5.2.2. Und die Begründungen sind strukturell ähnlich.

Eine erste Begründung für die Identitätsthese könnte über die Bedeutung von M-Ausdrücken verlaufen. Theisten könnten behaupten, der M-Ausdruck „moralisch richtig" bedeute dasselbe wie „von Gott geboten", und der M-Ausdruck „moralisch falsch" bedeute dasselbe wie „von Gott verboten" (Adams 1973, 318). Weil die beiden Ausdrücke dasselbe bedeuteten, seien auch die M-Eigenschaften identisch mit den T-Eigenschaften und die M-Tatsachen identisch mit den T-Tatsachen. Die Eigenschaft, moralisch falsch zu sein, sei identisch mit der Eigenschaft, von Gott geboten zu sein, und die Tatsache, dass diese Handlung moralisch falsch ist, sei identisch mit der Tatsache, dass diese Handlung von Gott verboten ist.

Diese Argumentationslinie kann auf dieselbe Weise zurückgewiesen werden wie der analytische Naturalismus (siehe Kapitel 5.2.2). Ferner kann man hinzufügen, dass es offensichtlich nicht stimmt, dass M-Ausdrücke dasselbe bedeuten wie T-Ausdrücke. Auch Atheisten fällen moralische Urteile, z. B. „Es war moralisch falsch, das vier Monate alte Baby Amy zu vergewaltigen und zu töten." Atheisten meinen damit sicher nicht, dass es von Gott verboten ist, eine solche Handlung zu begehen. Theisten könnten ihre Behauptung nun einschränken und z. B. behaupten, nur für Monotheisten bedeute „moralisch falsch" dasselbe wie „von Gott verboten". Aber auch diese These wäre schwer haltbar; denn dann könnten Atheisten und Monotheisten schwerlich über Moral reden, ohne aneinander vorbeizureden, weil sie die M-Ausdrücke in verschiedener Bedeutung verwendeten.

Eine zweite Begründung für die Identitätsthese ist plausibler und verbreiteter. Sie geht davon aus, dass die M-Ausdrücke zwar nicht dasselbe wie die T-Ausdrücke bedeuteten. Beide hätten eine unterschiedliche Intension, seien aber extensionsgleich und bezögen sich daher auf dieselbe Eigenschaft. Obwohl also der M-Ausdruck „moralisch falsch" nicht dasselbe bedeute wie der T-Ausdruck „von Gott verboten zu sein", würde die Eigenschaft, moralisch falsch zu sein, mit der Eigenschaft, von Gott verboten zu sein, identisch sein. Robert Adams bringt diese Auffassung auf den Punkt:

> Meine neue *Divine Command* Theorie des Wesens des moralischen Schlechtseins ist also, dass moralisches Schlechtsein die Eigenschaft *ist* (d. h. identisch ist mit der Eigenschaft), gegen die Gebote eines liebenden Gottes zu sein. Ich erachte dies als eine metaphysisch notwendige, aber nicht analytische oder *a priorische* Wahrheit. Weil es nicht eine begriffliche Analyse ist, bezieht sich diese Behauptung nicht auf eine religiöse Untergruppe der größeren Sprachgemeinschaft. Sie beansprucht die korrekte Theorie des Wesens des moralischen Schlechtseins zu sein, über das *jeder* (oder fast jeder) spricht. (Adams 1979, 76)

Im Hintergrund dieser Auffassung steckt eine externalistische Semantik, auf die hier kurz einzugehen ist. Diese externalistische Semantik wurde zunächst für Eigennamen entwickelt. Wir verstehen z. B. den Satz „Sokrates war zwar ein kleiner Mann, aber ein großer Philosoph." Wie kommt es aber, dass wir uns mit „Sokrates" erfolgreich auf Sokrates beziehen, dass wir mit „Sokrates" genau jenes menschliche Individuum herausgreifen, das von 469–399 vor Christus in Athen lebte, die Menschen mit seinen seltsamen Fragen aus der Bahn warf, mit Xanthippe verheiratet war und zum Tod durch den Schierlingsbecher verurteilt wurde? Gemäß der so genannten *Beschreibungstheorie* – sie wird oft mit Gottlob Frege (1848–1925) und Bertrand Russell (1872–1970) in Zusammenhang gebracht – steht der Name „Sokrates" nicht direkt für Sokrates, sondern für eine Beschreibung von Sokrates, die wir in unseren Köpfen haben, z. B. der berühmte griechische Philosoph, der mit den Leuten auf dem Markt philosophierte. Eigennamen haben demnach auch eine Bedeutung, nämlich diese Beschreibung, die wir in unserem Bewusstsein haben, wenn wir diese Namen verwenden. Aufgrund dieser Bedeutung in unserem Bewusstsein sind wir imstande, uns erfolgreich auf Sokrates zu beziehen, auf ihn zu referieren, ihn zu meinen, wenn wir „Sokrates" sagen. Kurz gesagt: Die Bedeutung in unserem Bewusstsein fixiert das, worauf wir uns beziehen: das Referenzobjekt. Das Referenzobjekt ist jenes Objekt, welches die Beschreibung erfüllt. Und diese Beschreibung ist Teil der Bedeutung des Satzes „Sokrates war zwar ein kleiner Mann, aber ein großer Philosoph." Eine Konkurrentin der Beschreibungstheorie ist die *Theorie der direkten Referenz*. Sie wird üblicherweise mit Saul Kripke (1980) und Hilary Putnam (1975) in Zusammenhang gebracht. Ihr zufolge können wir uns erfolgreich auf Sokrates beziehen, ohne eine genaue Beschreibung von ihm im Kopf haben zu müssen. Wir könnten sogar falsche Beschreibungen von Sokrates im Kopf haben und uns dennoch erfolgreich auf ihn beziehen. „Sokrates" sei wie ein Etikett, das direkt für Sokrates stehe. Der Bezug zu ihm komme nicht durch eine Beschreibung zustande, die wir im Kopf haben, sondern dadurch, dass seine Eltern ihn getauft und gesagt haben: „Sokrates sollst du heißen." Die Verwandten hätten es gehört und beabsichtigt, „Sokrates" in derselben Weise zu verwenden wie die Eltern. Und von den Verwandten sei dieser Gebrauch zu anderen Leuten gekommen und so durch die ganze Geschichte herauf bis zu uns. Wir stünden in einer Kommunikationskette von Menschen, an deren Anfang die Eltern von Sokrates waren, die direkten kausalen Kontakt zu Sokrates hatten.

Diese Theorie der direkten Referenz wurde auf Ausdrücke für natürliche Arten, Eigenschaften, Tätigkeiten und auch Artefakte ausgeweitet. Bekannt geworden ist das Beispiel vom Wasser. Gemäß der Beschreibungstheorie haben wir eine Beschreibung von Wasser im Kopf und aufgrund dieser Beschreibung sind wir in der Lage, uns auf Wasser zu beziehen, wenn wir „Wasser" sagen. Sagen wir etwas über Wasser oder bilden wir eine Überzeugung über Wasser, so würden wir über etwas sprechen und denken, das der Beschreibung in unserem Bewusstsein entspreche. Die Beschreibung von etwas in unserem Bewusstsein lege fest, was unter diese Beschreibung falle und worauf wir uns bezögen, wenn wir einen Ausdruck für eine natürliche Art verwendeten. Kurz gesagt: Die Bedeutung eines Ausdrucks, die jemand im Bewusstsein habe, bestimme seinen Bezug, seine Referenz, seine Extension.

Aber können wir uns nicht auch mit ungenauen oder gar falschen Beschreibungen erfolgreich auf Wasser beziehen? Die Menschen haben sich über Jahrtausende erfolgreich auf Wasser bezogen, ohne seine wahre chemische Beschreibung ($H_2O$) in ihrem Kopf zu haben. Sie hatten vielleicht oberflächliche Beschreibungen im Kopf wie „die durchsichtige

Flüssigkeit, die vom Himmel fällt, in Seen und Flüssen ist, mit der man sich waschen und die man trinken kann". Aber es war nicht diese Beschreibung, welche festlegte, dass sie sich auf Wasser bezogen. Dies könne man, so Putnam, verstehen, wenn man ein Gedankenexperiment durchführe. Man stelle sich vor, dass unsere Erde einen Zwilling habe. Dort sei alles gleich wie bei uns. Die Menschen dort haben beim Wort „Wasser" dieselbe Beschreibung im Kopf wie sie die Menschen auf unserer Erde hatten, bevor bekannt wurde, dass Wasser aus $H_2O$ besteht: „die durchsichtige Flüssigkeit, die vom Himmel fällt, in Seen und Flüssen ist, mit der man sich waschen und die man trinken kann". Nun stelle man sich aber vor, dass die Flüssigkeit, auf die man sich auf der Zwillingserde mit dem Ausdruck „Wasser" bezieht, gar kein Wasser ist, also nicht etwas, das aus $H_2O$ besteht, sondern eine andere Flüssigkeit, die aus XYZ besteht, die aber auch durchsichtig ist, vom Himmel fällt, in Seen und Flüssen ist, mit der man sich waschen und die man trinken kann. Die Menschen auf der Zwillingserde würden also den Ausdruck „Wasser" verwenden, sie hätten dieselbe Beschreibung im Kopf wie wir, und dennoch würden sie sich bei der Verwendung des Ausdrucks „Wasser" nicht auf Wasser beziehen. Dies sei ein Grund anzunehmen, dass die direkte Theorie der Referenz auch auf Ausdrücke für natürliche Arten passe. Der Bezug zwischen einem sprachlichen Ausdruck und dem Objekt, auf das er sich bezieht, werde nicht durch die Bedeutung des Ausdrucks festgelegt, den jemand im Kopf habe. Vielmehr komme dieser Bezug dadurch zustande, dass man irgendwann auf ein Musterexemplar einer natürlichen Art direkt gezeigt und in etwa gesagt habe: „Das da ist Wasser und alles, was von derselben Natur ist wie das da."

Diese Theorie der direkten Referenz ist eine externalistische semantische Position, weil behauptet wird, dass die Referenz von Ausdrücken nicht oder nicht allein durch bewusstseinsinterne Beschreibungen festgelegt wird, sondern durch die externen Objekte, auf die wir uns direkt beziehen. Sie wird auch „kausale Theorie der Referenz" genannt, weil ihr zufolge die Referenz von Ausdrücken durch kausale Zusammenhänge erzeugt wird. Auch wenn nicht jede Person, die einen sprachlichen Ausdruck verwendet, direkt mit dem Ding kausal in Kontakt stehe, auf das sie sich mit dem Ausdruck beziehe, so stehe sie doch indirekt mit ihm in Kontakt. Dies geschehe über eine Kommunikationskette von Menschen, an

## 7.1 Theistische Reduktionismen

deren Anfang ein Mensch in direktem kausalem Kontakt zu dem Ding gestanden habe. Eine Person könne erfolgreich mit dem Ausdruck „Ulmen" auf Ulmen und mit dem Ausdruck „Buchen" auf Buchen referieren, auch wenn sie selbst solche Bäume nie gesehen habe und den Unterschied zwischen den beiden Arten von Bäumen nicht kenne. Entscheidend sei, dass sie über eine Kommunikationskette mit mindestens einem Menschen verbunden sei, der in direktem Kontakt zu Buchen und Ulmen stehe und sie zu unterscheiden wisse.

Diese Theorie könne erstens erklären, warum wir uns auch dann erfolgreich auf etwas beziehen könnten, wenn wir sein Wesen nicht kennen oder nur seine oberflächlichen Eigenschaften kennen. Zweitens könne sie erklären, wie es möglich sei, dass z. B. „Wasser" sich vor und nach der naturwissenschaftlichen Entdeckung seiner molekularen Struktur auf dieselbe Flüssigkeit beziehe.

Die Theorie der direkten Referenz unterscheidet zwischen oberflächlichen Merkmalen einer natürlichen Art und seiner Tiefenstruktur bzw. seinen Wesenseigenschaften. Es seien die Wesenseigenschaften, z. B. aus $H_2O$ zu bestehen, die Wasser zu Wasser machten. Und die Wesenseigenschaften erklärten die oberflächlichen Merkmale. Es ist eine notwendige Wahrheit, dass Wasser aus $H_2O$ besteht bzw. $H_2O$ ist. Diese notwendige Wahrheit erkennen wir nach Kripke und Putnam durch Beobachtung, das heißt: *a posteriori*. Demnach gibt es also notwendige Wahrheiten, die *a posteriori* erkannt würden.

Kommen wir nach dieser Exkursion in die Semantik zum Zitat von Adams zurück. Er sagte, die Eigenschaft, moralisch falsch zu sein, sei identisch mit der Eigenschaft, gegen das Gebot eines liebenden Gottes zu sein. Dies sei keine analytische oder *apriorische* Wahrheit. Sie ergebe sich nicht aus der Bedeutung der M-Ausdrücke und der T-Ausdrücke. So wie „Wasser" nicht dasselbe bedeutet wie „$H_2O$", so bedeute „moralisch falsch" nicht dasselbe wie „gegen das Gebot eines liebenden Gottes". Dennoch habe sich herausgestellt, dass die Eigenschaft, Wasser zu sein, identisch sei mit der Eigenschaft, aus $H_2O$ zu bestehen. Und in ähnlicher Weise können nun Theisten den Vorschlag machen, die Eigenschaft, moralisch falsch zu sein, sei identisch mit der Eigenschaft, gegen die Gebote eines liebenden Gottes zu verstoßen (Adams 1999, 15). Strukturell entspricht diese Position dem nichtanalytischen Naturalismus und sie kann mit ähnlichen Einwänden konfrontiert werden. Ich verweise dazu auf das Kapitel 5.2.2.

Die für Theisten aussichtsreichste Position besteht wohl darin, die Relation zwischen M-Eigenschaften und T-Eigenschaften nicht als Identitätsrelation, sondern als Gründungsrelation zu verstehen. Demnach gründen die M-Eigenschaften einer Handlung in bestimmten T-Eigenschaften. So könnte man sagen: Die M-Eigenschaft einer Handlung, moralisch schlecht zu sein, gründet in der T-Eigenschaft dieser Handlung, gegen das Gebot eines liebenden Gottes zu verstoßen. Und die M-Eigenschaft einer Handlung, moralisch richtig zu sein, gründet in der T-Eigenschaft dieser Handlung, von Gott geboten zu sein. Auf Tatsachen bezogen formuliert lautet die These: M-Tatsachen und die relevanten T-Tatsachen sind zwei verschiedene Tatsachen. Die M-Tatsachen gründen in den relevanten T-Tatsachen. Die Tatsache, dass diese Handlung bzw. Handlungsart moralisch richtig ist, gründet in der Tatsache, dass diese Handlung bzw. Handlungsart von Gott geboten ist. Allerdings läuft diese Ansicht Gefahr, von einem der beiden Hörner des so genannten „Euthyphron Dilemmas" aufgespießt zu werden.

## 7.2 Das Euthyphron Dilemma

Dieses Dilemma ist nach dem Dialog *Euthyphron* von Platon (428/27–348/47 v. Chr.) benannt. Darin behauptet der Priester Euthyphron, das Fromme[4] sei das, was alle Götter lieben, und umgekehrt, was alle Götter hassen, sei ruchlos. Daraufhin stellt Sokrates die entscheidende Frage (10a), „ob wohl das Fromme, weil es fromm ist, von den Göttern geliebt wird, oder ob es, weil es geliebt wird, fromm ist?" Auf unser Thema angewandt, kann man die Frage so formulieren:

---

4 Das griechische Wort „to hosion" wird üblicherweise mit „das Fromme" übersetzt. Nach Bordt (1999, 60) bezeichnet es „ein Verhalten, das nicht nur in Bezug auf die menschliche Gemeinschaft gerecht und richtig ist, sondern auch in Bezug darauf, wie die Götter wollen, dass die Menschen miteinander leben."

## 7.2 Das Euthyphron Dilemma

1. Will/gebietet Gott Handlungen, weil sie moralisch richtig sind?

oder:

2. Sind Handlungen moralisch richtig, weil Gott sie will/gebietet?

Diese Frage, so wird gesagt, stelle ein negatives Dilemma für Theisten dar. Es gebe nur diese zwei Möglichkeiten, und beide führten in eine Sackgasse. Dies könne man leicht sehen. Nehmen wir an, Theisten wollen eine starke metaphysische Abhängigkeit von Moral und Gott behaupten. Sie wollen behaupten, dass M-Tatsachen in der T-Tatsache gründen, von Gott gewollt oder geboten zu sein. Sie werden also die Frage (2) bejahen. Gott sei die alles bestimmende Wirklichkeit. Alles hänge von Gott ab, auch die M-Tatsache, dass eine Handlung oder Handlungsart moralisch gut/schlecht, richtig/falsch, moralisch geboten/verboten/erlaubt sei. Diese M-Tatsachen hingen davon ab, dass Gott sie will, oder dass er sie gebietet oder etwas dergleichen. Gott lege also durch sein Wollen oder sein Gebieten den moralischen Status von Handlungen fest.

Mit dieser Antwort handelten sich Theisten aber gleich mehrere unliebsame Probleme ein. Erstens, wenn der moralische Status von Handlungen allein von Gottes Wollen oder Gebieten abhinge, dann scheine dieser Status willkürlich zu sein. Mord wäre nur deshalb moralisch verboten, weil Gott ihn verbietet. Es gäbe keine weiteren Gründe dafür. Würde Gott Mord gebieten, wäre er moralisch geboten. Würde Gott gebieten, dass man Menschen missbraucht, wäre dies moralisch geboten usw. Zweitens, angenommen der moralische Status von Handlungen hänge allein von Gottes grundlosem Wollen oder Gebieten ab: Wie sollte dieses Gebieten zu Verpflichtungen führen? Wie könnte eine Handlung geboten sein, wenn sie nur auf einem grundlosen Willensakt Gottes beruhte? Drittens, wenn der moralische Status von Handlungen allein von Gottes Wollen oder Gebieten abhinge, wäre es schwierig, das moralische Gutsein Gottes zu verstehen. Wir sagen von Gott, dass er vollkommen gut ist. Würde jedes moralische Gutsein allein durch die Tatsache konstituiert, dass Gott es wolle, dann laufe die Rede von Gottes Gutsein darauf hinaus, dass Gott irgendetwas wolle und entsprechend tätig sei. Aber das meinten Theisten nicht, wenn sie sagen: „Gott ist gut". So schreibt Gottfried Wilhelm Leibniz (1646–1716) in *Die Theodizee*:

> Wer da glaubt, Gott hätte den Unterschied zwischen Gut und Böse willkürlich festgesetzt, verfällt in die seltsame Ansicht einer reinen Indifferenz, und in andere, noch seltsamere Verkehrtheiten. Er nimmt ihm den Titel eines guten Gottes; denn welche Veranlassung könnte man haben, seine Taten zu loben, wenn er ebensogut etwas ganz anderes hätte machen können. (Leibniz, Die Theodizee II, 176)

Dies sind unliebsame Folgen für jene, die (2) bejahen, aber manche Theisten, so genannte „Voluntaristen", schlucken diese bitteren Pillen.

Andere Theisten hingegen suchen einen Ausweg. Nehmen wir an, dieser bestehe darin, die Frage (1) zu bejahen: Gott will/gebietet Handlungen oder Handlungsarten, weil sie moralisch richtig sind. Gottes Wollen und Gebieten wäre dann nicht willkürlich. Es gäbe Gründe für dieses Wollen und Gebieten, die von diesem Gebieten unabhängig seien. Aber auch diese Antwort habe eine für Theisten unerfreuliche Folge: Eine Handlung wäre unabhängig von Gottes Gebieten moralisch gut. Gott wäre hinsichtlich des Bestehens der Moral eigentlich überflüssig und könnte aus der Ethik gestrichen werden. Gott wäre nicht Gesetzgeber, sondern höchstens Gesetzlehrer, der für die Grundlagen der Moral keine wesentliche Rolle spielte. Gott wäre nicht derjenige, von dem alles ontologisch abhänge. Es gäbe eine moralische Ordnung, einen moralischen Maßstab, moralische Werte, das Gute, das Richtige, normative Handlungsgründe, vorrangig und unabhängig von Gott. Mit einem Satz gesagt: Gott wäre nicht souverän.

## 7.3 Zwei Lösungsvorschläge

Es gibt mehrere Lösungsvorschläge für dieses Dilemma. Zwei davon seien hier vorgestellt. Der erste Vorschlag geht von der Unterscheidung zwischen notwendigen und kontingenten moralischen Wahrheiten aus. Der zweite Vorschlag geht von der Unterscheidung zwischen deontischen und axiologischen moralischen Eigenschaften aus.

## 7.3.1 Notwendige und kontingente moralische Wahrheiten

Richard Swinburne (1974; 2008; 2009; ebenso Mawson 2002; 2008) unterscheidet zunächst zwischen notwendigen und kontingenten moralischen Wahrheiten. Mit „notwendigen moralischen Wahrheiten" meint er moralische Aussagen, deren Wahrheit sich aus der Bedeutung ihrer Wörter ergibt. Genauer formuliert: Die Wahrheit der durch diese Aussagen ausgedrückten Propositionen ergibt sich aus der Beziehung der Begriffe, aus denen sie bestehen. Als Beispiele für notwendige moralische Wahrheiten werden die Propositionen genannt, dass Menschen ihre Schulden zurückbezahlen sollen; dass man Unschuldige nicht bestrafen darf; dass man nicht foltern und morden darf; dass man Wohltätern gegenüber dankbar sein soll. Es gehöre zum Begriff der Schuld, dass sie bezahlt werden soll, und es gehöre zum Begriff des Unschuldigen, dass er nicht bestraft werden darf, so wie es zum Begriff des Junggesellen gehöre, ledig zu sein. Es handelt sich also um Propositionen mit allgemeinem moralischem Inhalt ($p_{am}$). Sie seien notwendigerweise wahr, würden also in allen möglichen Welten gelten. Man kann auch sagen, es gelte notwendigerweise: Wann und wo immer eine Handlung ein Fall der Handlungsart des Folterns ist, ist diese Handlung moralisch schlecht; so wie es notwendigerweise gilt: Wann und wo immer jemand ein Fall der Art des Junggesellen ist, ist er ledig.

Mit „kontingenten moralischen Wahrheiten" meint Swinburne hingegen wahre moralische Propositionen, die kontingenterweise wahr sind, z. B. die wahre Proposition, dass Yusuf Anton gegenüber dankbar sein soll, weil er ihm eine Wohltat erwiesen hat. Eine solche kontingenterweise wahre moralische Proposition ergebe sich aus der notwendigerweise wahren moralischen Proposition, dass man Wohltätern gegenüber dankbar sein soll, und der kontingenterweise wahren Proposition, dass Antons Handeln an Yusuf ein Fall der Handlungsart des Wohltätig-Seins ist.

Wie kann man nun mit dieser Unterscheidung zwischen notwendigen und kontingenten moralischen Wahrheiten das Euthyphron Dilemma lösen? Die Antwort lautet: Es sei nicht ein „Entweder-oder", sondern ein „Sowohl-als-auch". Für Handlungen, über die notwendige wahre moralische Aussagen gemacht werden, gelte die Bejahung der Frage (1): Gott will/gebietet diese Handlungen, weil sie richtig sind. Für Handlungen hingegen, über die kontingente wahre moralische Aussagen gemacht werden, gelte die Bejahung der Frage (2): Diese Handlungen sind richtig, weil Gott sie will/gebietet.

Die für Theisten unliebsamen Probleme wären ausgeräumt. Das Problem, dass Gott angesichts vorgeordneter moralischer Wahrheiten nicht mehr souverän sei, ergebe sich nicht mehr. Gott könne ebenso wenig eine Welt schaffen, in der es moralisch gut ist, Unschuldige zu bestrafen, wie er eine Welt schaffen könne, in der Junggesellen verheiratet sind. Alles, was wir mit dem Begriff der Bestrafung Unschuldiger herausgreifen, müsse moralisch schlecht sein, genauso wie alles, was wir mit dem Begriff des Junggesellen herausgreifen, ledig sein müsse. Dies sei keine Einschränkung der Souveränität Gottes. Denn das logisch Unmögliche sei nichts, nicht einmal eine Möglichkeit. Andererseits werden dem Willen Gottes bezüglich der kontingenten moralischen Wahrheiten keine Grenzen gesetzt. Gott könne diese oder jene Welt schaffen. Gott könne eine Welt schaffen, in der Menschen furchtbar leiden, wenn man eine gewisse Stärke elektrischen Stroms durch ihren Körper leitet. Es sei dann kontingenterweise moralisch schlecht, dies zu tun. Unsere Welt ist eine solche Welt. Gott könne aber auch eine Welt schaffen, in welcher Menschen die schönsten Glücksgefühle erleben, wenn man sie elektrisierte. Dann wäre es moralisch nicht schlecht, sie unter Strom zu setzen. Damit werde aber nicht behauptet, Gott habe es herbeigeführt, dass es erlaubt bzw. geboten sei, Menschen zu foltern. Denn der Begriff der Folter impliziere Zufügung von unerträglichem Schmerz, und dies sei nicht gegeben, wenn Menschen die schönsten Glücksgefühle erlebten. Ferner bleibe Raum für Gebote Gottes. Gott könne Handlungen gebieten, die ohne dieses Gebieten indifferent oder supererogatorisch wären, beispielsweise den Feiertag zu heiligen, Schuldigen zu vergeben, Feinde zu lieben; und er könne Handlungen verbieten, die von ihrer Art her moralisch indifferent wären. Diese Handlungen wären dann allein aufgrund von Gottes Gebieten bzw. Verbieten moralisch geboten oder verboten.

Dieser Lösungsvorschlag wird jenen zusagen, die annehmen, dass es notwendige moralische Wahrheiten gibt bzw. ontologisch ausgedrückt: M-Tatsachen, bestehend aus Handlungen bzw. Handlungsarten, zu deren

## 7.3 Zwei Lösungsvorschläge

Wesen es gehört, moralisch richtig oder falsch zu sein. Allerdings könnten manche Theisten einwenden, bei diesem Lösungsvorschlag würden bereits zu viele Zugeständnisse gemacht, vor allem, dass die notwendigen moralischen Wahrheiten von Gott unabhängig seien. Dies sei unakzeptabel. Swinburne hingegen meint: Was notwendigerweise wahr sei, sei in allen möglichen Welten wahr. Wenn es in allen möglichen Welten wahr sei, sei es wahr, was auch immer sonst der Fall sei. Wie könnte es dann von etwas anderem abhängen?

Man kann versuchen, eine Antwort auf diese Frage aus der augustinisch-thomistischen Sicht zu entwickeln, wonach abstrakte Gegenstände, z. B. Universalien, Propositionen, Zahlen etc. im Geist Gottes existieren. Ebenso könnten notwendige moralische Wahrheiten von Gott abhängen. Sie seien zwar nicht in dem Sinn von Gott abhängig, dass Gott willkürlich ihren Wahrheitswert ändern könne. Wohl aber seien sie von Gott abhängig in dem Sinn, dass sie nur deshalb existierten, weil Gott sie denke. Wenn es notwendigerweise wahr ist, dass man Versprechen halten soll, dann könne Gott den Wahrheitswert dieser Proposition ebenso wenig ändern wie er den Wahrheitswert der Proposition, dass die Winkelsumme im Dreieck 180 Grad beträgt, ändern kann. Dennoch seien dies keine unabhängigen Wahrheiten. Sie existierten nicht aus sich. Es gebe sie nur, weil sie von Gott gedacht würden. Diese Position wird manchmal „theistischer Aktivismus" genannt. Thomas V. Morris schreibt:

> Gemäß der Sicht des theistischen Aktivismus können moralische Wahrheiten objektiv, unveränderlich und notwendig sein und dennoch von Gott abhängen. (Morris, 1987, 171)

Morris unterscheidet also zwischen Abhängigkeit und Kontrolle. Obwohl Gott moralische Wahrheiten nicht ändern oder kontrollieren könne, bestünden sie doch nicht aus sich, sondern seien ontologisch von Gott abhängig.

Aber wie kann etwas, $x$, das notwendigerweise existiert, ontologisch von etwas anderem, $y$, abhängen? Die Antwort lautet: Wenn $y$ ebenfalls notwendigerweise existiert, und $x$ notwendigerweise hervorbringt. Wenn Gott notwendigerweise existiert, und wenn Gott bestimmte Denkinhalte notwendigerweise hervorbringt, so existieren diese Inhalte notwendigerweise und sind dennoch von Gottes Denken abhängig.

Nehmen wir als Beispiel für eine notwendige Wahrheit die Proposition, dass es moralisch richtig ist, Versprechen zu halten. Eine Proposition ist eine komplexe Entität, die aus Begriffen besteht. Die genannte Proposition besteht aus dem Begriff des Haltens von Versprechen und dem Begriff des moralisch Richtigen. Der theistische Aktivismus würde dann Folgendes besagen: Gott bringt diese Begriffe kausal hervor, indem er sie denkt. Sie sind Inhalte seiner Denkakte. In ihrer Hervorbringung ist Gott durch nichts anderes bestimmt als durch sich selbst, durch sein Wesen, seine Natur. Und Gott bringt die Proposition, dass es moralisch richtig ist, Versprechen zu halten, ebenfalls kausal hervor, indem er die genannten Begriffe in einer Proposition auf geordnete Weise verbindet. Die Verbindung ist nicht willkürlich, sondern durch die Begriffe vorgegeben, die er denkt. Wenn Gott den Begriff des Dreiecks denkt, so muss er die Proposition denken, dass die Winkelsumme im Dreieck 180 Grad beträgt. Ebenso ist zu sagen: Wenn Gott den Begriff des Versprechen-Haltens denkt, so muss er die Proposition denken, dass Versprechen zu halten moralisch richtig ist. Gott denkt also die Begriffe und aufgrund dieser Begriffe die Propositionen, die er denkt, notwendigerweise.

Wie verhalten sich nun die moralischen Begriffe, die Gott denkt, zu den moralischen Eigenschaftsuniversalien? Und wie verhalten sich die notwendigerweise wahren moralischen Propositionen, die Gott denkt, zu den notwendigen allgemeinen moralischen Tatsachen (AMT)? Gemäß dem theistischen Aktivismus müsste man sagen: Die moralischen Begriffe, die Gott denkt, sind identisch mit den moralischen Eigenschaftsuniversalien, und die notwendigerweise wahren moralischen Propositionen, die Gott denkt, sind identisch mit den allgemeinen moralischen Tatsachen (AMT) bzw. den Moralgesetzen.

Anders als menschliche Begriffe, mit denen wir u. a. Eigenschaftsuniversalien erfassen, die unabhängig von diesem Erfassen existieren, sind göttliche Begriffe diese Eigenschaftsuniversalien selbst. Und anders als menschliche wahre Propositionen allgemeinen Inhalts, mit denen wir allgemeine moralische Tatsachen erfassen, sind göttliche wahre moralische Propositionen allgemeinen Inhalts diese Tatsachen selbst. So erweist sich der theistische Aktivismus als eine Art Konzeptualismus.

Dieser entspricht Ansichten der mittelalterlichen Philosophie, in denen zwischen *universalia ante rem, in re* und *post rem* unterschieden wurde. Mit *universalia ante rem* verstand man die Ideen im Geist Gottes. Sie seien logisch und ontologisch vor der kontingenten Schöpfung. Sie seien wie die Vorstellung von etwas, die Produktkonzeption, die eine Person im Kopf hat, bevor sie etwas herstellt. Sie seien Universalien, weil sie öfter realisiert werden könnten. Sie seien wie die Idee, die eine Architektin im Kopf habe, bevor sie ein Haus baue. Mit *universalia in re* sind meiner Auffassung nach die Instanzen von Universalien gemeint. Wenn man sagt, die Universalie Mensch sei in Sokrates, so deute ich diese Redeweise so: Sokrates instanziiert die Universalie Mensch. Unter *Universalia post rem* schließlich verstand man die von den Partikularien abstrahierten Objekte unseres menschlichen Denkens. Entsprechend sagt man: Die Universalien gehen in Gottes Denken den Dingen vorher, sind in den Partikularien instantiiert und werden nachher durch das abstrahierende Denken der Menschen erfasst.

Diese These könnte auch eine Antwort auf die Frage sein, die im Kapitel 5.2.6 aufgetreten war: Sind Moralgesetze „*brute facts*" oder gibt es für sie eine Erklärung? Theistische Aktivisten erklären die Existenz der Moralgesetze, indem sie sagen, sie existierten nicht aus sich wie platonische Ideen, sondern seien vielmehr ontologisch von Gott abhängig. Moralgesetze seien identisch mit den notwendigerweise wahren moralischen Propositionen, die Gott denke.

## 7.3.2 Deontische und axiologische moralische Eigenschaften

Ein anderer Lösungsversuch des Euthyphron Dilemmas stammt von Vertretern von *Divine Command* Theorien (Alston 1989; Adams 1999; Quinn 2006; Craig 2010; Baggett/Walls 2011). Sie unterscheiden zwischen deontischen und axiologischen Eigenschaften von Handlungen. *Deontische* Eigenschaften von Handlungen sind die Eigenschaften, moralisch geboten, verboten, erlaubt zu sein. *Axiologische* Eigenschaften von Handlungen, Personen, Motiven sind die Eigenschaften, moralisch gut/schlecht zu sein.

Wie kann man mit dieser Unterscheidung das Euthyphron Dilemma lösen? Man kann es lösen, indem man in zwei Schritten vorgeht: Erstens behauptet man, nicht jegliche moralische Eigenschaft sei durch Gottes

Gebieten/Verbieten erklärt, sondern lediglich moralische *deontische* Eigenschaften. Entsprechend definiert man deontische Eigenschaften folgendermaßen (Quinn 2006, 72–73):

1. Eine Handlung ist moralisch geboten, genau dann wenn und weil Gott gebietet, sie zu vollziehen.
2. Eine Handlung ist moralisch verboten, genau dann wenn und weil Gott gebietet, sie nicht zu vollziehen.
3. Eine Handlung ist moralisch erlaubt, genau dann wenn und weil Gott nicht gebietet, sie nicht zu vollziehen.

Es sind dieser Theorie zufolge also nur diese deontischen Eigenschaften, nicht jedoch die axiologischen Eigenschaften, welche von Gottes Gebieten abhängen. Dies ist der erste Schritt des Lösungsvorschlags. Der zweite Schritt besteht darin, axiologisches Gutsein mit Gott zu identifizieren. Diese Behauptung, dass Gott identisch mit Gottes Gutsein ist, kann man mit Hilfe der traditionellen Auffassung der Einfachheit Gottes verstehen (vgl. Kretzmann 1983). Gemäß dieser Auffassung ist Gott vollkommen einfach (*simplex*), d. h. auf keine Weise aus Teilen zusammengesetzt. Welche intrinsischen Eigenschaften man daher auch immer Gott zuschreibt: Gott ist identisch mit diesen Eigenschaften. Aufgrund der Transitivität der Identitätsrelation gilt dann auch, dass alle intrinsischen Eigenschaften Gottes miteinander identisch sind. Dies kann man so erläutern: Sagen wir „Anton ist gut", so haben wir es mit einer Prädikation zu tun. Wir sprechen Anton die Eigenschaft zu, gut zu sein. Auch von Gott reden wir auf diese Weise. Wir sagen „Gott ist gut", „Gott ist allmächtig", „Gott ist allwissend". Diese Sätze haben zwar die äußere Form von Prädikationen. Aber aufgrund der Einfachheit Gottes muss es sich jeweils um Identitätsbehauptungen handeln, wonach Gott identisch ist mit Gottes Gutsein, Gott identisch ist mit Gottes Allmacht, Gott identisch ist mit Gottes Allwissenheit. Und aufgrund der Transitivität der Identitätsbeziehung gilt dann auch, dass Gottes Gutsein identisch ist mit Gottes Allmacht und Gottes Allmacht mit Gottes Allwissenheit und Gottes Allwissenheit mit Gottes Gutsein. Demnach haben die Ausdrücke „Gottes Gutsein" und „Gottes Allmacht" zwar eine unterschiedliche Intension, sie beziehen sich aber immer auf dasselbe, nämlich auf Gott. So wird nun verständlich, wie Gott selbst Maßstab für moralisches Gutsein sein kann. Handlungen sind gut,

## 7.3 Zwei Lösungsvorschläge

insofern und weil sie mit Gott übereinstimmen oder ihm relevant ähnlich sind. So kann man nun sagen:

4. Eine Handlung ist moralisch gut, genau dann wenn und weil sie Gott ähnlich ist.

Diese Ansicht erläutert Alston mit einem Vergleich:

> Was diesen Tisch einen Meter lang macht, ist nicht seine Übereinstimmung mit einer platonischen Wesenheit, sondern seine Übereinstimmung mit einem bestimmten existierenden Individuum. In ähnlicher Weise gilt gemäß dieser Ansicht: Was eine Tat der Liebe zu etwas Gutem macht, ist nicht ihre Übereinstimmung mit einem allgemeinen Prinzip, sondern ihre Übereinstimmung mit oder Annäherung an Gott, der sowohl die letztliche Quelle der Existenz aller Dinge und der höchste Maßstab ist, in Bezug auf den sie beurteilt werden sollen. (Alston 1989, 269)

Dass Gott Exemplarursache des Guten und alles andere gut ist, sofern es eine Ähnlichkeit mit Gottes Gutsein hat, ist eine uralte These. Man findet sie auch bei Thomas von Aquin:

> Was aufgrund von Teilhabe irgendwie beschaffen genannt wird, wird nur insofern so genannt, als es eine Ähnlichkeit mit dem hat, was aufgrund seines Wesens so genannt wird: wie das Eisen feurig genannt wird, insofern es an irgendeiner Ähnlichkeit des Feuers teilhat. Nun ist Gott durch sein Wesen gut, alles andere aber durch Teilhabe, wie gezeigt wurde. Also wird nichts gut genannt, außer es hat eine Ähnlichkeit mit dem göttlichen Gutsein. Er ist also das Gute alles Guten. (Thomas von Aquin, Summa contra gentiles I, 40)

Der Lösungsvorschlag der ausgefeilten *Divine Command* Theorien entgeht den unliebsamen Problemen, mit denen das Euthyphron Dilemma Theisten belastet. Gott setze nicht willkürlich den Maßstab von Gut und Schlecht, sondern Gott sei seiner Natur nach vollkommen gut: liebend, gerecht, barmherzig, treu, etc. Und göttliches Gebieten sei nicht willkürlich, denn es sei Ausdruck dieses vollkommenen moralischen Gutseins des Wesens Gottes. Ferner sei die Rede von Gottes Gutsein nicht mehr leer. Sie laufe nicht darauf hinaus, dass Gott irgendetwas wolle oder gebiete und entsprechend tätig sei, sondern darauf, dass Gott seiner Natur nach vollkommen gut sei. Schließlich sei Gott nicht von einem unabhängigen, vorrangigen, externen Maßstab von Gut und Schlecht abhängig, sondern Gott *sei* dieser Maßstab. William Lane Craig (2010, 135) bringt diesen Lösungsvorschlag des Euthyphron Dilemmas auf den Punkt, wenn

er schreibt: Es ist weder so, dass eine Handlung gut ist, weil Gott sie gebietet, noch ist es so, dass Gott eine Handlung gebietet, weil sie gut ist, sondern: Gott gebietet eine Handlung, weil Gott gut ist.
Das Euthyphron Dilemma lässt sich also lösen. Damit können Theisten kohärenterweise behaupten, dass M-Tatsachen in bestimmten T-Tatsachen gründen. Dies ist ein wichtiger Schritt, wenn man die Prämisse (2.*) des eingangs angeführten Arguments verteidigen will, dass die Annahme von Gottes Existenz eine bessere Erklärung für objektive moralische Tatsachen darstellt als eine naturalistische Erklärung.

## 7.4 Gott und die Erklärung der Erkenntnis moralischer Tatsachen

Vertritt man die Position eines robusten moralischen Realismus, vertritt man also die Auffassung, dass es einstellungsunabhängige M-Tatsachen gibt, so stellt sich die herausfordernde Frage, ob wir erklären können, wie Menschen kognitiven Kontakt zu diesen M-Tatsachen haben (Street 2006; Enoch 2011, 151–184). Vertretern von evolutionären Entlarvungsargumenten zufolge hätten wir angesichts dessen, dass unsere Überzeugungsbildungsweisen Produkte der Evolution seien, keinen guten Grund anzunehmen, dass sie geeignet sind, einstellungsunabhängige M-Tatsachen zu erfassen. Nennen wir ein Wissen um solche Tatsachen „objektives moralisches Wissen". Das evolutionäre Entlarvungsargument kann dann folgendermaßen dargestellt werden:

1. Wenn die Evolution (und andere natürliche Prozesse) allein unsere moralischen Überzeugungsbildungsweisen geformt haben, dann haben wir kein objektives moralisches Wissen.
2. Die Evolution (und andere natürliche Prozesse) allein haben unsere moralischen Überzeugungsbildungsweisen geformt.
3. Also haben wir kein objektives moralisches Wissen.

In den Kapiteln 6.6.4 und 6.6.5 haben wir gesehen, wie man dieses Argument angreifen kann. Manche Theisten teilen die Prämisse (1) und meinen: Die Evolutionstheorie, kombiniert mit einem Naturalismus, könne nicht erklären, wie ein verlässlicher kognitiver Kontakt zu einstellungsunabhängigen M-Tatsachen zustande komme und wie Menschen Wissen von solchen Tatsachen erreichen könnten. Daher formulieren sie (Swinburne ²2004, 217; Evans 2018):

4. Wahrscheinlich gilt: Wenn Gott nicht existiert, haben Menschen kein objektives moralisches Wissen.

Sie nehmen aber ferner an:

5. Nun haben Menschen objektives moralisches Wissen.

Und sie ziehen daraus den Schluss:

6. Also ist es wahrscheinlich, dass Gott existiert.

In diesem Argument wird (5) vorausgesetzt. Dies ist freilich umstritten. Dennoch: Viele beanspruchen zu wissen, dass es z. B. falsch sei, Menschen zum Spaß zu foltern, dass der Holocaust ein furchtbares Verbrechen gewesen sei etc.; und dass diese Handlungen falsch seien, unabhängig davon, wie Menschen dazu eingestellt sind. Dies sei für sie gewisser als vieles andere, das sie für wahr hielten. In den Kapiteln 2, 5 und 6 wurde ausgeführt, dass einiges für einstellungsunabhängige moralische Tatsachen und die Rechtfertigung mancher Überzeugungen darüber spricht. Die evolutionären Entlarvungsargumente stellen infrage, dass wir solches Wissen haben können, weil wir nicht erklären könnten, wie M-Tatsachen verlässlich durch unsere Überzeugungsbildungsvermögen aufgespürt werden. Darauf haben Theisten nun aber folgende Antwort: Wenn es Gott gibt, und wenn Gott das Ziel verfolgt, dass Menschen aus freien Stücken das Gute tun und das Böse meiden und so eine persönliche Beziehung zu ihm entwickeln, dann hätte er einen Grund, sie mit kognitiven Vermögen auszustatten, mit denen sie erkennen können, was zu tun richtig oder falsch ist. Diese kognitiven Vermögen wären dann verlässlich, auch wenn keine kausale Beziehung zwischen ihnen und den M-Tatsachen bestünde, so ähnlich wie auch die von Menschen gebauten Computer verlässlich sind, Operationen durchzuführen und wahre mathematische Resultate hervorzubringen, obwohl keine kausale Beziehung zwischen ihnen und den mathematischen Tatsachen besteht. Computer sind so gebaut, dass sie dies können. Ebenso seien Menschen so gebaut, dass sie mit ihren kognitiven Vermögen zu objektivem moralischem Wissen gelangen könnten.

Wie in Leibnizens Idee von der prästabilierten Harmonie wird ein dritter Faktor angenommen – Gott – der für die Korrelation zwischen den menschlichen moralischen Überzeugungen und den moralischen Tatsachen sorge. Das probabilistische Argument (4) bis (6) für sich genommen ist nicht sehr stark. Aber zusammen mit anderen Argumenten für die Existenz Gottes kann es die Wahrscheinlichkeit der Wahrheit erhöhen, dass Gott existiert.

**Weiterführende Literatur:**

Zagzebski 2004; Linville 2009; Baggett/Walls 2011; Baggett/Walls 2016; Gensler 2016; Evans 2018.

# Übersichtliche Darstellung einiger metaethischer Positionen[5]

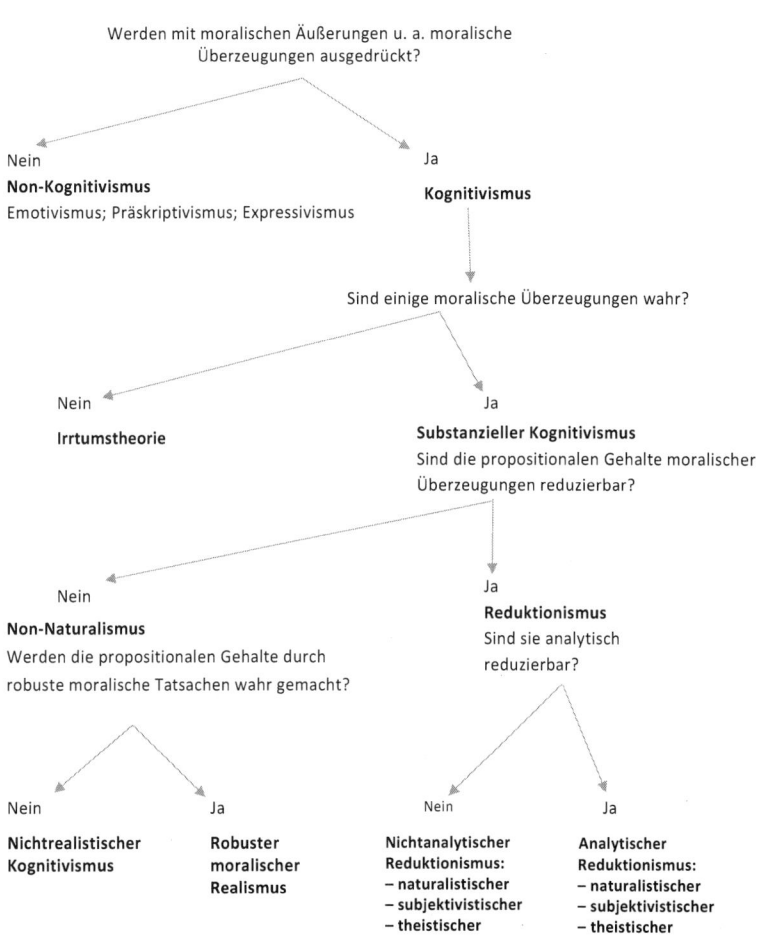

---

5   In Anlehnung an Parfit 2011, Vol. 2, 263.

# Glossar

**Akrasie:** Handeln wider besseres Wissen. Beispiel: Ich weiß, dass ich nicht rauchen soll, und rauche trotzdem.

**Anfechtungsgründe (Defeaters):** Gründe, welche die *prima facie* Rechtfertigung einer Überzeugung zunichte machen.

**Aktivismus, theistischer:** These, wonach Gott durch seine intellektuelle Aktivität abstrakte Objekte erschafft und im Dasein erhält.

**Antirealismus, moralischer:** Verneinung des moralischen Realismus.

**Argument der offenen Frage (Open Question Argument):** Ein G. E. Moore zugeschriebenes Argument, das zeigen soll, dass moralische Eigenschaften nicht identisch sein können mit natürlichen oder übernatürlichen (theistischen) Eigenschaften.

**Cornell Realismus:** Metaethischer nicht-reduktiver Naturalismus, der hauptsächlich von Philosophen der Universität Cornell entwickelt wurde.

**Deontologismus:** Nicht-konsequentialistische ethische Theorienfamilie, der zufolge es in sich richtige und falsche Handlungsarten gibt: Pflichten, die auch dann zu erfüllen sind, wenn sie eventuell schlechte Folgen zeitigen.

**Divine Command Theorien:** Familie von Theorien, die den moralischen Status von Handlungen auf Gottes Gebote zurückführen.

**Einstellung, propositionale:** Eine Beziehung, in der sich eine Person zu einer Proposition befindet. Zu ein und derselben Proposition, $p$, können verschiedene Einstellungen bestehen: wünschen, dass $p$; hoffen, dass $p$; befürchten, dass $p$; überzeugt sein, dass $p$ etc.

**Eliminativismus:** Verneinung der Existenz bestimmter Entitäten, die im Alltag, in der Philosophie oder Wissenschaft angenommen werden. Beispiel: Verneinung der Existenz von mentalen Eigenschaften oder von moralischen Eigenschaften.

**Emotivismus:** Ein metaethischer Non-Kognitivismus, wonach moralische Äußerungen Ausdruck von Emotionen sind.

**Entlarvung, evolutionäre (evolutionary debunking):** Argumente aus der Evolutionstheorie, die zeigen wollen, dass die menschlichen Vermögen der moralischen Überzeugungsbildung nicht auf die Erkenntnis von einstellungsunabhängigen moralischen Tatsachen ausgerichtet sind.

**Erklärung:** Antwort auf eine Warum-Frage.

**Euthyphron Dilemma:** Negatives Dilemma, das sich für jene ergeben soll, welche eine Abhängigkeit zwischen Moral und Gott annehmen. Benannt nach Platons Dialog *Euthyphron*, in dem Sokrates die Frage stellt, ob das Fromme, weil es fromm ist, von den Göttern geliebt wird, oder ob es, weil es geliebt wird, fromm ist.

**Expressivismus:** Ein metaethischer Non-Kognitivismus, wonach moralische Äußerungen Ausdruck von nicht-kognitiven mentalen Zuständen sind, z. B. von Wünschen, Pro-Einstellungen, Akzeptanzen von Normen etc.

**Extension:** Die Extension (im Unterschied zur Intension) eines sprachlichen Ausdrucks ist die Menge alle Entitäten, die unter diesen Ausdruck fallen.

**Externalismus, motivationaler:** Auffassung, wonach die Beziehung zwischen moralischem Urteil (bzw. Überzeugungen oder Gründen) und Handlungsmotivation kontingent ist.

**Fiktionalismus:** Metaethische Position, wonach moralische Überzeugungen zwar falsch sind (siehe Irrtumstheorie), wir aber dennoch so handeln sollen, als ob sie wahr wären.

**Fundamentismus, erkenntnistheoretischer:** Auffassung, wonach die rationale Überzeugungsstruktur einer Person aus Grund- und Folgeüberzeugungen besteht. Die Grundüberzeugungen sind grundlegend epistemisch gerechtfertigt, die Folgeüberzeugungen sind durch Schlüsse aus anderen Überzeugungen (inferenziell) epistemisch gerechtfertigt.

**Frege-Geach-Problem:** Ein Einwand gegen den Non-Kognitivismus, den P. Geach formulierte und auf G. Frege zurückführte. Der Einwand läuft darauf hinaus, dass komplexe moralische Sätze wie z. B. „Wenn es schlecht ist zu lügen, dann ist es auch schlecht, den kleinen Bruder zum Lügen anzustiften" schwerlich non-kognitivistisch verstanden werden können.

**Gründungsbeziehung (Grounding):** Asymmetrische Beziehung zwischen Eigenschaften oder Arten von Eigenschaften derart, dass eine Eigenschaft *kraft* einer anderen Eigenschaft besteht.

**Humesche Theorie der Motivation:** Auffassung, die auf D. Hume zurückgeführt wird, wonach die Motivation zum Handeln ausschließlich von nicht-kognitiven Zuständen herkommt, z. B. von Wünschen (desires).

**Internalismus, motivationaler:** Auffassung, wonach die Beziehung zwischen moralischem Urteil (bzw. Überzeugung oder Grund) und Handlungsmotivation notwendig ist.

**Intuitionismus:** Erkenntnistheoretische Position, wonach bestimmte moralische Überzeugungen grundlegend gerechtfertigt sind durch Intuition.

**Intension:** Die Intension (im Unterschied zur Extension) eines sprachlichen Ausdrucks ist die Bedeutung dieses Ausdrucks, der definierbare Begriff, der durch diesen Ausdruck ausgedrückt wird.

**Irrtumstheorie:** Theorie, die vor allem J. L. Mackie vertrat, wonach alle Aussagen, in denen einer Handlung eine moralische Eigenschaft zugesprochen wird, falsch sind.

**Klugheit (Phrónesis):** Kognitive Tugend, die Menschen befähigt zu erkennen, was in einer Situation zu tun moralisch richtig ist.

**Kohärentismus, erkenntnistheoretischer:** Auffassung, wonach nur Überzeugungen Überzeugungen epistemisch rechtfertigen können, indem sie sich gegenseitig stützen.

**Kognitivismus, metaethischer:** Auffassung, wonach moralische Äußerungen oft Ausdruck von kognitiven Zuständen sind, z. B. von moralischen Überzeugungen oder Wissenszuständen.

**Konsequenzialismus:** Ethische Theorienfamilie, wonach der moralische Wert von Handlungen letztlich vom Wert ihrer Ergebnisse abhängt.

**Konstitution:** Asymmetrische Beziehung ohne Identität zwischen Eigenschaften oder Dingen, derart, dass eine Eigenschaft kraft einer anderen Eigenschaft besteht, oder ein Ding durch ein anderes realisiert ist. Beispiel: Die Wellington-Statue ist durch den Bronzeklumpen konstituiert.

**Konstruktivismus, ethischer:** Familie von Theorien, wonach Moral letztlich von Menschen konstruiert ist.

**Kontraktualismus:** Ethische Position, der zufolge Handlungen genau dann moralisch richtig sind, wenn sie einer Regel entsprechen, auf die sich rationale Personen einigen würden.

**Naturalismus, metaethischer, nicht-reduktiver:** Auffassung, der zufolge moralische Eigenschaften naturwissenschaftlich erforscht werden und eine kausale Rolle einnehmen können.

**Naturalismus, metaethischer, reduktiver:** Auffassung, wonach moralische Eigenschaften mit bestimmten natürlichen Eigenschaften identisch sind.

**Naturalistischer Denkfehler (naturalistic fallacy):** Ein Fehler, den G. E. Moore ethischen Naturalisten vorwirft, wonach diese die gutmachenden Eigenschaften einer Handlung mit der Eigenschaft dieser Handlung, gut zu sein, verwechseln.

**Non-Kognitivismus, metaethischer:** Leugnung des metaethischen Kognitivismus. Moralische Äußerungen seien nicht Ausdruck von kognitiven, sondern von konativen Zuständen (des Strebens, Wünschens, Fühlens).

**Non-Naturalismus, metaethischer:** Leugnung des metaethischen Naturalismus. Auffassung, wonach moralische Eigenschaften keine natürlichen Eigenschaften, sondern Eigenschaften eigener Art sind.

**Partikularismus, ethischer:** Auffassung, (1) wonach es zur Erkenntnis dessen, was in einer Situation zu tun richtig ist, keiner Prinzipien bedürfe; oder (2) wonach es nur partikuläre moralische Tatsachen gebe.

**Präskriptivismus:** Ein metaethischer Non-Kognitivismus, wonach moralische Äußerungen Ausdruck von Aufforderungen, Imperativen (Präskriptionen) sind.

**Prinzipien, moralische:** Erste moralische Grundsätze, in denen festgelegt ist, welche Eigenschaften eine Handlung haben muss, um moralisch richtig zu sein.

**Proposition:** Inhalt eines Aussagesatzes, einer Behauptung, eines Urteils.

**Quasi-Realismus:** Auffassung, die auf S. Blackburn und A. Gibbard zurückgeht, wonach die Rede von moralischer Wahrheit und moralischen Tatsachen auch non-kognitivistisch rekonstruiert werden kann.

**Realismus, moralischer:** Auffassung, wonach es eine einstellungsunabhängige moralische Wirklichkeit gibt.

**Rechtfertigung, epistemische:** wahrheitszuträgliche Eigenschaft von Überzeugungen, durch die sie rational, vernünftig, angemessen sind.
**Relativismus, metaethischer:** Auffassung, wonach moralische Überzeugungen nicht absolut, sondern relativ zu einem bestimmten Standard wahr sind.
**Semantik:** Philosophische Disziplin, die sich mit der Bedeutung sprachlicher Ausdrücke beschäftigt.
**Skeptizismus, ethischer:** Auffassung, wonach moralische Überzeugungen nicht epistemisch gerechtfertigt sind oder sein können.
**Subjektivismus, metaethischer:** Kognitivistische Auffassung, wonach moralische Äußerungen Ausdruck von Überzeugungen über konative Einstellungen zu Handlungen sind.
**Supernaturalismus:** Ansicht, der zufolge es neben natürlichen Entitäten auch übernatürliche Entitäten (Gott, Götter, Engel, das Gute etc.) gibt.
**Supervenienz:** Eine asymmetrische Kovarianzrelation zwischen Eigenschaften oder Arten von Eigenschaften. In der Ethik: Zwei Handlungen, die in ihren natürlichen Eigenschaften übereinstimmen, müssen auch in ihren moralischen Eigenschaften übereinstimmen.
**Tatsache, moralische:** Bestehender moralischer Sachverhalt, der zusammengesetzt ist z. B. aus einer Handlung und einer moralischen Eigenschaft, welche diese Handlung besitzt; oder aus einer Person und einer moralischen Eigenschaft, welche diese Person besitzt.
**Theismus:** Auffassung, wonach Gott oder Götter existieren; darunter der Monotheismus, dem zufolge nur ein Gott existiert, meistens aufgefasst als übernatürliches, notwendigerweise existierendes, ewiges, immaterielles, personales, allmächtiges, allwissendes, vollkommen gutes Wesen, das die Welt erschafft, im Dasein erhält und sich den Menschen offenbart.
**Tugendethik:** Ethische Theorienfamilie, in denen der Begriff der Tugend eine vorgeordnete Rolle spielt.
**Überzeugung, moralische:** Einstellung des Für-wahr-Haltens einer moralischen Proposition.
**Utilitarismus, klassischer:** Ethische Position, die auf J. Bentham und J. S. Mill zurückgeht, denen zufolge eine Handlung genau dann richtig ist, wenn sie den Nutzen maximiert. Der Nutzen wird an Lustempfindung bzw. Schmerzvermeidung gemessen.
**Wahrheit, eine moralische:** Wahre moralische Proposition.
**Wahrheitstheorie:** Auffassung darüber, was es für eine Proposition heißt, wahr zu sein.
**Wahrmacher:** Jene Entität, kraft welcher eine Proposition wahr ist.
**Verifikation:** Nachweis, dass eine Proposition wahr ist.

# Literaturverzeichnis

Adams, Robert M. 1973: A Modified Divine Command Theory of Ethical Wrongness. In: Outka, Gene H./Reeder, John P. (eds.): *Religion and Morality. A Collection of Essays.* Garden City, N. Y.: Anchor Press, 318–347.
Adams, Robert M. 1979: Divine Command Metaethics Modified Again. In: *The Journal of Religious Ethics* 7.1, 66–79.
Adams, Robert M. 1999: *Finite and Infinite Goods. A Framework for Ethics.* Oxford: OUP.
Alston, William P. 1989: Some Suggestions for Divine Command Theorists. In: Alston, William P. 1989: *Divine Nature and Human Language. Essays in Philosophical Theology.* Ithaca: Cornell University Press, 253–273.
Alston, William P. 1991: *Perceiving God. The Epistemology of Religious Experience.* Ithaca: Cornell University Press.
Alston, William P. 1993: *The Reliability of Sense Perception.* Ithaca: Cornell University Press.
Alston, William P. 1996: *A Realist Conception of Truth.* Ithaca: Cornell University Press.
Alston, William P. 2005: *Beyond "Justification". Dimensions of Epistemic Evaluation.* Ithaca: Cornell University Press.
Aristoteles: *Kategorien.* Übersetzt und herausgegeben von Rath, Ingo W. Stuttgart: Reclam, 1998.
Aristoteles: *Nikomachische Ethik.* Übersetzt und herausgegeben von Krapinger, Gernot. Stuttgart: Reclam, 2020.
Aristoteles: *Metaphysik.* Mit Einleitung und Kommentar herausgegeben von Seidl, Horst. Hamburg: Felix Meiner 1989/1991.
Audi, Robert 1997: *Moral Knowledge and Ethical Character.* Oxford: OUP.
Ayer, Alfred J. 1936: *Language, Truth and Logic.* Oxford: OUP.
Badura, Jens 2002: Kohärentismus. In: Düwell, Marcus/Hübenthal, Christoph/Werner, Micha H. (Hg.): *Handbuch Ethik.* Stuttgart: J. B. Metzler Verlag, 194–205.
Baggett, David/Walls, Jerry L. 2011: *Good God. The Theistic Foundations of Morality.* Oxford: OUP.
Baggett, David/Walls, Jerry L. 2016: *God and Cosmos. Moral Truth and Human Meaning.* Oxford: OUP.
Blackburn, Simon 1984: *Spreading the Word.* Oxford: OUP.
Blackburn, Simon 1998: *Ruling Passions. A Theory of Practical Reasoning.* Oxford: OUP.

BonJour, Laurence 1985: *The Structure of Empirical Knowledge*. Cambridge, Mass: Harvard University Press.
BonJour, Laurence 1999: The Dialectic of Foundationalism and Coherentism. In: Greco, John/Sosa, Ernest (eds.): *The Blackwell Guide to Epistemology*. Malden, Ma: Blackwell, 117–144.
BonJour, Laurence/Sosa, Ernest 2003: *Epistemic Justification. Internalism vs. Externalism, Foundations vs. Virtues*. Oxford: OUP.
Bordt, Michael 1999: *Platon*. Freiburg i. Breisgau: Herder.
Boyd, Richard N. 1988: How To Be a Moral Realist. In: Sayre-McCord, Geoffrey (ed.): *Essays on Moral Realism*. Ithaca: Cornell University Press, 181–228.
Brink, David O. 1989: *Moral Realism and the Foundation of Ethics*. Cambridge: Cambridge University Press.
Broad, Charlie D. 1934: Is 'Goodness' a Name of a Simple Non-Natural Quality? In: *Proceedings of the Aristotelian Society* 34, 249–268.
Brogaard, Berit 2012: Moral Relativism and Moral Expressivism. In: *The Southern Journal of Philosophy* 50.4, 538–556.
Byerly, Ryan 2018: Moral Property Eliminativism. In: *Philosophical Studies* 175, 2695–2713.
Carnap, Rudolf 1937: *Philosophy and Logical Syntax*. London: Kegan Paul, Trench, Trubner & Co.
Cima, Maaike/Hauser, Marc D./Tonnaer, Franca 2010: Psychopaths Know Right from Wrong but Don't Care. In: *Social Cognitive and Affective Neuroscience* 5.1, 59–67.
Correia, Fabrice/Schnieder, Benjamin (eds.) 2012: *Metaphysical Grounding. Understanding the Structure of Reality*. Cambridge: Cambridge University Press.
Craig, William Lane/Sinnott-Armstrong, Walter 2004: *God? A Debate between a Christian and an Atheist*. New York: OUP.
Craig, William Lane 2010: *On Guard. Defending Your Faith With Reason and Precision*. Colorado Springs: David C. Cook.
Cuneo, Terrence/Shafer-Landau, Russ 2014: The Moral Fixed Points. New Directions for Moral Nonnaturalism. In: *Philosophical Studies* 171.3, 399–443.
Currie, Gregory 1995: *Image and Mind. Film, Philosophy and Cognitive Science*. Cambridge: Cambridge University Press.
Currie, Gregory/Ravenscroft, Ian 2003: *The Recreative Mind. Imaginations in Philosophy and Psychology*. Oxford: OUP.
Czaniera, Uwe 2001: *Gibt es moralisches Wissen? Die Kognitivismusdebatte in der analytischen Moralphilosophie*. Paderborn: Mentis.
Dancy, Jonathan 2004: *Ethics Without Principles*. Oxford: OUP.
Daniels, Norman 2007: Wide Reflective Equilibrium and Theory Acceptance in Ethics. In: Shafer-Landau, Russ/Cuneo, Terence (eds.): *Foundations of Ethics*. Oxford: OUP, 389–401.
Darwall, Stephen 1996: Reasons, Motives and the Demands of Morality. An Introduction. In: Darwall, Stephen/ Gibbard, Allan/ Railton, Peter (eds.): *Moral Discourse and Practice. Some Philosophical Approaches*. Oxford: OUP, 305–312.

Davidson, Donald 1986: A Coherence Theory of Truth and Knowledge. In: LePore, Ernest (ed.): *Truth and Interpretation. Perspectives on the Philosophy of Donald Davidson.* New York: Blackwell, 307–319.

Descartes, René 1641: *Meditationes de prima philosophia. Meditationen über die Grundlagen der Philosophie.* Herausgegeben von Lüder Gäbe. Hamburg: Meiner Verlag 1993.

Dorsch, Fabian 2015: Focused Daydreaming and Mind-Wandering. In: *Review of Philosophy and Psychology* 6.4, 791–813.

Dorsch, Fabian 2016: Knowledge By Imagination – How Imaginative Experience Can Ground Factual Knowledge. In: *Teorema* 35.3, 87–116.

Dorsch, Fabian/MacPherson, Fiona (eds.) 2018: *Perceptual Memory and Perceptual Imagination.* Oxford: OUP.

Dostojewskij, Fjodor, *Verbrechen und Strafe.* Übersetzt von Swetlana Geier. Frankfurt am Main: Fischer, 1996.

Dreier, James (ed.) 2006: *Contemporary Debates in Moral Theory.* Oxford: OUP.

Enoch, David 2011: *Taking Morality Seriously. A Defense of Robust Realism.* Oxford: OUP.

Ernst, Gerhard 2008: *Die Objektivität der Moral.* Paderborn: Mentis.

Evans, C. Stephen 2018: Moral Arguments for the Existence of God. In: Zalta, Edward N. (ed.): *The Stanford Encyclopedia of Philosophy.*, URL = <https://plato.stanford.edu/archives/fall2018/entries/moral-arguments-god/>.

Ewing, Alfred C. 1937: Meaninglessness. In: *Mind* 46.3, 347–364.

FitzPatrick, William J. 2015: Debunking Evolutionary Debunking of Ethical Realism. In: *Philosophical Studies* 172, 883–904.

Firth, Roderick 1952: Ethical Absolutism and the Ideal Observer. In: *Philosophy and Phenomenological Research* 12.3, 317–345.

Geach, Peter T. 1960: Ascriptivism. In: *The Philosophical Review* 69.2, 221–225.

Geach, Peter T. 1965: Assertion. In: *The Philosophical Review* 74.4, 449–465.

Gensler, Harry 2016: *Ethics and Religion.* Cambridge: Cambridge University Press.

Gettier, Edmund 1963: Is Justified True Belief Knowledge? In: *Analysis* 23.6, 121–123.

Gibbard, Allan 1992: *Wise Choices, Apt Feelings.* Cambridge MA: Harvard University Press.

Gibbard, Allan 2003: *Thinking How to Live.* Cambridge, Mass: Harvard University Press.

Goldman, Alvin 2006: Imagination and Simulation in Audience Responses to Fiction. In: Nichols, Shaun (ed.): *The Architecture of the Imagination. New Essays on Pretence, Possibility and Fiction.* Oxford: OUP, 41–56.

Greco, John 2010: *Achieving Knowledge. A Virtue-Theoretic Account of Epistemic Normativity.* Cambridge: Cambridge University Press.

Grundmann, Thomas 2003: *Der Wahrheit auf der Spur. Eine Verteidigung des erkenntnistheoretischen Externalismus.* Paderborn: Mentis.

Grundmann, Thomas 2008: *Analytische Einführung in die Erkenntnistheorie.* Berlin: De Gruyter.

Habermas, Jürgen 1999: *Wahrheit und Rechtfertigung. Philosophische Aufsätze.* Frankfurt am Main: Suhrkamp/Insel.

Halbig, Christoph 2007: *Praktische Gründe und die Realität der Moral.* Frankfurt am Main: Vittorio Klostermann.

Hare, Richard M. 1952: *The Language of Morals.* Oxford: OUP.

Hare, Richard M. 1996: Foundationalism and Coherentism in Ethics. In: Sinnott-Armstrong, Walter/Timmons, Mark (eds.): *Moral Knowledge? New Readings in Moral Epistemology*. Oxford: OUP, 190–199.

Hare, Richard 1998: Prescriptivism. In: Craig, Edward (ed.): *Routledge Encyclopedia of Philosophy*. London: Routledge, 667–671.

Hare, Robert D. 1999: *Without Conscience. The Disturbing World of the Psychopaths Among Us*. New York: The Guilford Press.

Harman, Gilbert 1977: *The Nature of Morality*. Oxford: OUP.

Heinrichs, Jan-Hendrik 2013: *Moralisches Wissen. Grundriss einer reliabilistischen Moralepistemologie*. Münster: Mentis.

Herodot: *Geschichten und Geschichte*. Übersetzt von Walter Marg. Zürich: Artemis, 1973.

Hoffmann, Martin 2008: *Kohärenzbegriffe in der Ethik*. Berlin: De Gruyter.

Hoffmann, Thomas 2014: *Das Gute*. Berlin: De Gruyter.

Huemer, Michael 2005: *Ethical Intuitionism*. New York: Palgrave Macmillan.

Hume, David 1739/40: *A Treatise of Human Nature*. Edited by Norton, David Fate/Norton, Mary J. Oxford: OUP, 2000.

Jackson, Frank 2017: In Defense of Reductionism in Ethics. In: Singer, Peter: *Does Anything Really Matter? Essays on Parfit on Objectivity*. Oxford: OUP, 195–211.

Joyce, Richard 2001: *The Myth of Morality*. Cambridge: Cambridge University Press.

Kind, Amy/Kung, Peter (eds.) 2016: *Knowledge Through Imagination*. Oxford: Oxford University Press.

Kind, Amy 2018: How Imagination Gives Rise to Knowledge. In: Dorsch, Fabian/MacPherson, Fiona (eds.): *Perceptual Memory and Perceptual Imagination*. Oxford: OUP, 227–246.

Korsgaard, Christine M. 1996: *The Sources of Normativity*. Cambridge: Cambridge University Press.

Kretzmann, Norman 1983: Abraham, Isaac, and Euthyphro. God and the Basis of Morality. In: Stump, Donald et al. (eds.): *Hamartia. The Concept of Error in the Western Tradition. Essays in Honor of John M. Crossett*. New York: Edwin Mellen Press, 27–50.

Kripke, Saul 1980: *Naming and Necessity*. Oxford: OUP.

Kulp, Christopher 2017: *Knowing Moral Truth. A Theory of Metaethics and Moral Knowledge*. New York: Palgrave Macmillan.

Kulp, Christopher 2019: *Metaphysics of Morality*. New York: Palgrave Macmillan.

Kutschera, Franz von 1998: *Die Teile der Philosophie und das Ganze der Wirklichkeit*. Berlin: Walter de Gruyter.

Kutschera, Franz von 2010: *Wert und Wirklichkeit*. Paderborn: Mentis.

Kühler, Michael 2016: Aufgaben und Ziele – Wozu eigentlich Metaethik. In: Rüther, Markus (Hg.): *Grundkurs Metaethik*. Münster: Mentis, 53–65.

Laskowski, Nicholas/Finlay, Stephen 2018: Conceptual Analysis in Metaethics. In: McPherson, Tristram/Plunkett, David (eds.): *The Routledge Handbook of Metaethics*. New York: Routledge, 536–551.

Lehrer, Keith 1990: *Theory of Knowledge*. London: Routledge.

Leibniz, Gottfried W. 1710: *Die Theodizee*. Übersetzt von Artur Buchenau. Hamburg: Meiner, 1968.

Lemos, Noah M. 1994: *Intrinsic Value. Concept and Warrant.* Cambridge: Cambridge University Press.
Lemos, Noah M. 2002: Epistemology and Ethics. In: Moser, Paul K. (ed.): *The Oxford Handbook of Epistemology.* Oxford: OUP, 479–512.
Lemos, Noah M. 2019: Foundationalsim and Coherentism in Moral Epistemology. In: Zimmerman, Aaron/Jones, Karen/Timmons, Mark (eds.): *The Routledge Handbook of Moral Epistemology.* London: Routledge, 375–386.
Linville, Mark 2009: The Moral Argument. In: In Craig, William Lane/Moreland, James Porter (eds.): *The Blackwell Companion to Natural Theology.* Malden, MA: Blackwell, 391–448.
Lowe, Jonathan E. 1999: Abstraction, Properties, and Immanent Realism. In: Rockmore, Tom (ed.): *The Proceedings of the Twentieth World Congress of Philosophy, Vol. 2, Metaphysics.* Bowling Green: Bowling Green State University Philosophy, 195–205.
Lowe, Jonathan E. 2006: *The Four-Category-Ontology. A Metaphysical Foundation for Natural Science.* Oxford: OUP.
Lowe, Jonathan 2010: A Neo-Aristotelian Substance Ontology: Neither Relational Nor Constituent. In: Tahko, Tuomas E. (ed.): *Contemporary Aristotelian Metaphysics.* Cambridge: Cambridge University Press, 229–248.
Mackie, John L. 1977: *Ethics. Inventing Right and Wrong.* London: Penguin.
Mawson, Tim J. 2002: God's Creation of Morality. In: *Religious Studies* 38.1, 1–25.
Mawson, Tim J. 2008: The Euthyphro Dilemma. In: *Think* 20.7, 25–33.
McDowell, John 1985: Values and Secondary Qualities. In: Honderich, Ted (ed.): *Morality and Objectivity. A Tribute to J. L. Mackie.* London: Routledge & Kegan Paul, 110–129.
McGinn, Collin 2004: *Mindsight. Image, Dream, Meaning.* Cambridge, Mass.: Harvard University Press.
McPherson, Tristram/Plunkett, David (eds.) 2018: *The Routledge Handbook of Metaethics.* New York: Routledge.
McPherson, Tristram/Plunkett, David 2018: The Nature and Explanatory Ambitions of Metaethics. In: McPherson, Tristram/Plunkett, David (eds.): *The Routledge Handbook of Metaethics.* New York: Routledge, 1–25.
Miller, Alexander 2003: *An Introduction to Contemporary Metaethics.* Cambridge: Polity Press.
Moore, George E. 1903: *Principia Ethica.* Cambridge: Cambridge University Press.
Morris, Thomas V. 1987: *Anselmian Explorations. Essays in Philosophical Theology.* Notre Dame: University of Notre Dame Press.
Muders, Sebastian 2015: *Richtig und doch falsch. Der Wahrheits- und Rechtfertigungsbegriff des metaethischen Relativismus.* Münster: Mentis.
Muders, Sebastian 2016: Nicht-realistischer Kognitivismus. In: Rüther, Markus (Hg.): *Grundkurs Metaethik.* Münster: Mentis, 111–122.
Nagel, Thomas 1970: *The Possibility of Altruism.* Oxford: OUP.
Nichols, Shaun (ed.) 2006: *The Architecture of Imagination. New Essays on Pretence, Possibility and Fiction.* Oxford: OUP.
Niederbacher, Bruno 2011: Metaphysische Naturalismen in der Ethik - Eine Orientierung. In: *Zeitschrift für katholische Theologie* 133.3–4, 382–397.

Niederbacher, Bruno 2012: *Erkenntnistheorie moralischer Überzeugungen. Ein Entwurf.* Heusenstamm: ontos.

Niederbacher, Bruno 2017: Wie Moral von Gott abhängen kann. In: Gasser, Georg/Jaskolla, Ludwig/Schärtl, Thomas (Hg.): *Handbuch Analytische Theologie.* Münster: Aschendorff (= Studien zur systematischen Theologie, Ethik und Philosophie, 11), 781–803.

Niederbacher, Bruno 2017: Was ist ein moralisches Gesetz? In: *Zeitschrift für katholische Theologie* 139.4, 373–386.

Niederbacher, Bruno 2018: *An Ontological Sketch for Robust Non-Reductive Realists.* In: Topoi 37.4, 549–559.

Nietzsche, Friedrich: *Nachgelassene Fragmente Herbst 1885 bis Herbst 1887,* herausgegeben von Müller-Lauter, Wolfgang/Gerhardt, Volker, in: F. Nietzsche, *Werke. Kritische Gesamtausgabe.* Band 8/1, Berlin/New York: De Gruyter 1974.

Oddie, Graham 2005: *Value, Reality and Desire.* Oxford: OUP.

Olsson, Erik J. 2005: *Against Coherence. Truth, Probability, and Justification.* Oxford: OUP.

Parfit, Derek 1997: Reasons and Motivation. In: *Proceedings of the Aristotelian Society.* Supplementary Volumes, 71, 99–130.

Parfit, Derek 2011/2017: *On What Matters.* Vol. I-III. Oxford: OUP.

Pietroski, Paul M. 1993: Prima Facie Obligations, Ceteris Paribus Laws in Moral Theory. In: *Ethics* 103.3, 489–515.

Plantinga, Alvin 1993: *Warrant: The Current Debate.* New York: OUP.

Plantinga, Alvin 1993a: *Warrant and Proper Function.* New York: OUP.

Plantinga, Alvin 2000: *Warranted Christian Belief.* New York: OUP.

Platon: *Euthyphron.* Übersetzt und herausgegeben von Leggewie, Otto. Stuttgart: Reclam, 1993.

Platon: *Protagoras.* Übersetzt und kommentiert von Krautz, Hans-Wolfgang. Stuttgart: Reclam, 1986.

Pollock, John L. 1986: *Contemporary Theories of Knowledge.* London: Rowman & Littlefield Publishers.

Putnam, Hilary 1975: The Meaning of "Meaning". In: *Minnesota Studies in the Philosophy of Science* 7, 131–193.

Putnam, Hilary 1981: *Reason, Truth and History.* Cambridge: Cambridge University Press.

Quine, Willard van Orman 1960: *Word and Object.* Cambridge, Mass: MIT Press.

Quinn, Philip L. 2006: Theological Voluntarism. In: Copp, David (ed.): *The Oxford Handbook of Ethical Theory.* Oxford: OUP, 63–90.

Radtke, Burkhard 2009: *Wahrheit in der Moral. Ein Plädoyer für einen moderaten Moralischen Realismus.* Paderborn. Mentis.

Rawls, John 1971: *A Theory of Justice.* Cambridge, Mass.: Harvard University Press.

Ricken, Friedo $^5$2012: *Allgemeine Ethik.* Stuttgart: Kohlhammer.

Roberts, Robert 2013: *Emotions in the Moral Life.* Cambridge: Cambridge University Press.

Roeser, Sabine 2011: *Moral Emotions and Intuition.* London: Palgrave Macmillan.

Rosen, Gideon 2017: What is a Moral Law? In: Shafer-Landau, Russ (ed.): *Oxford Studies in Metaethics,* Vol. 12. Oxford: OUP, 135–159.

Ross, William D. 1930: *The Right and the Good.* Oxford: OUP.

Ross, William D. 1939: *Foundations of Ethics*. Oxford: OUP.
Rudder Baker, Lynne 1997: Why Constitution is not Identity. In: *Journal of Philosophy* 94.12, 599–621.
Rüther, Markus 2013: *Objektivität und Moral*. Münster: Mentis.
Rüther, Markus 2015: *Metaethik zur Einführung*. Hamburg: Junius.
Rüther, Markus (Hg.) 2016: *Grundkurs Metaethik*. Münster: Mentis.
Sans, Georg 2018: *Philosophische Gotteslehre*. Stuttgart: Kohlhammer.
Sayre-McCord, Geoffrey (ed.) 1988: *Essays on Moral Realism*. Ithaca: Cornell University Press.
Sayre-McCord, Geoffrey 1996: Coherentist Epistemology and Moral Theory. In: Sinnott-Armstrong Walter/Timmons Mark (eds.): *Moral Knowledge? New Readings in Moral Epistemology*. Oxford: OUP, 137–189.
Scarano, Nico 2001: *Moralische Überzeugungen. Grundlinien einer antirealistischen Theorie der Moral*. Paderborn. Mentis.
Scarano, Nico 2016: Normative und motivierende Gründe. In: Rüther, Markus (Hg.) 2016: *Grundkurs Metaethik*. Münster: Mentis, 149–159.
Schaber, Peter 1997: *Moralischer Realismus*. München: Karl Alber Verlag.
Schaber, Peter/Hüntelmann, Rafael (Hg.) 2003: *Grundlagen der Ethik. Normativität und Objektivität*. Heusenstamm: ontos.
Scheler, Max 1916: *Der Formalismus in der Ethik und die materiale Wertethik*. Band 2 der Gesammelten Werke, Bern: Francke Verlag, 1954.
Schirach, Ferdinand von 2016: *Terror. Ein Theaterstück und eine Rede*. München: btb.
Schmidt, Thomas/Tarkian, Tatiana (Hg.) 2011: *Naturalismus in der Ethik. Perspektiven und Grenzen*. Paderborn: Mentis.
Schroeder, Mark 2007: *Slaves of the Passions*. Oxford: OUP.
Schroeder, Mark 2010: *Noncognitivism in Ethics*. New York: Routledge.
Searle, John 1979: *Expression and Meaning. Studies in the Theory of Speech Acts*. Cambridge: Cambridge University Press.
Shafer-Landau, Russ 2003: *Moral Realism. A Defense*. Oxford: OUP.
Shafer-Landau, Russ 2006: Ethics as Philosophy. A Defense of Ethical Nonnaturalism. In: Horgan, Terrence/Timmons, Mark (eds.): *Metaethics after Moore*. Oxford: OUP, 209–232.
Shafer-Landau, Russ 2019: *A Concise Introduction to Ethics*. Oxford: OUP.
Shanton, Karen/Goldman, Alvin 2010: Simulation Theory. In: *Wiley Interdisciplinary Reviews: Cognitive Science* 1.4, 527–538.
Sidgwick, Henry 1874/1907: *The Methods of Ethics*. London: Macmillan & Co.
Sinnott-Armstrong, Walter 1996: Moral Skepticism and Justification. In: Sinnott-Armstrong, Walter/Timmons, Mark (eds.): *Moral Knowledge? New Readings in Moral Epistemology*. Oxford: OUP, 3–48.
Sinnott-Armstrong, Walter 2006: *Moral Skepticisms*. Oxford: OUP.
Smith, Adam 1759: *The Theory of Moral Sentiments*. London: Penguin, 2009.
Smith, Michael 1994: *The Moral Problem*. Oxford: OUP.
Sorley, William R. 1918: *Moral Values and the Idea of God. The Gifford Lectures Delivered in the University of Aberdeen in 1914 and 1915*. Cambridge: Cambridge University Press.

Sosa, Ernest 1991: *Knowledge in Perspective. Selected Essays in Epistemology*. Cambridge: Cambridge University Press.

Stahl, Titus 2013: *Einführung in die Metaethik*. Stuttgart: Reclam.

Stevenson, Charles L. 1937: The Emotive Meaning of Ethical Terms. In: *Mind* 46.181, 14–31.

Stevenson, Charles L. 1944: *Ethics and Language*. New Haven, CT: Yale University Press.

Street, Sharon 2006: A Darwinian Dilemma for Realist Theories of Value. In: *Philosophical Studies* 127, 109–166.

Street, Sharon 2008: Constructivism about Reasons. In: Shafer-Landau, Russ (ed.): *Oxford Studies in Metaethics*, Vol. 3. Oxford: OUP, 207–245.

Street, Sharon 2010: What is Constructivism in Ethics and Metaethics? In: *Philosophy Compass* 5.5, 363–384.

Street, Sharon 2016: Objectivity and Truth: You'd Better Rethink it. In: Shafer-Landau, Russ (ed.): *Oxford Studies in Metaethics*, Vol. 11. Oxford: OUP, 293–334.

Sturgeon, Nicholas 1988: Moral Explanations. In: Sayre-McCord, Geoffrey (ed.): *Essays on Moral Realism*. Ithaca: Cornell University Press, 229–255.

Sturgeon, Nicholas 2006: Moral Explanations Defended. In: Dreier, James (ed.): *Contemporary Debates in Moral Theory*. Oxford: OUP, 241–262.

Swinburne, Richard 1974: Duty and the Will of God. In: *Canadian Journal of Philosophy* 4.2, 213–227.

Swinburne, Richard ²2004: *The Existence of God*. Oxford: OUP.

Swinburne, Richard 2008: God and Morality. In: *Think* 20.7, 7–15.

Swinburne, Richard 2009: What Difference Does God Make to Morality? In: Garcia, Robert K./King, Nathan L. (eds.): *Is Goodness without God Good Enough?* Lanham: Rowman & Littlefield, 151–166.

Tarkian, Tatjana 2008: Moralische Wahrheit als stabile gerechtfertigte Behauptbarkeit. In: *Zeitschrift für philosophische Forschung* 62.3, 385–414.

Tarkian, Tatjana 2009: *Moral, Normativität und Wahrheit. Zur neueren Debatte um Grundlagenfragen der Ethik*. Paderborn: Mentis.

Tenenbaum, Sergio 2007: *Appearances of the Good. An Essay on the Nature of Practical Reason*. Cambridge: Cambridge University Press.

Tersman, Folke 2006: *Moral Disagreement*. Cambridge: Cambridge University Press.

Thagard, Paul 2000: *Coherence in Thought and Action*. Cambridge, Mass.: MIT Press.

Thomas von Aquin: *Quaestio disputata de veritate*. Turin: Marietti 1964.

Thomas von Aquin: *Summa Theologiae*. Turin: Marietti 1948 ff.

Thomas von Aquin: *Summa contra Gentiles*. Darmstadt: Wissenschaftliche Buchgesellschaft 1974.

Tiefensee, Christine 2016: Quasi-Realismus. In: Rüther, Markus (Hg.): *Grundkurs Metaethik*. Münster: Mentis, 81–90.

van Roojen, Mark 2015: *Metaethics. A Contemporary Introduction*. New York: Routledge.

Williams, Bernard 1979: Internal and External Reasons. In: Harrison, Ross (ed.): *Rational Action*. Cambridge: Cambridge University Press, 101–113.

Zagzebski, Linda 1996: *Virtues of the Mind. An Inquiry into the Nature of Virtue and the Ethical Foundations of Knowledge*. Cambridge: Cambridge University Press.

Zagzebski, Linda 2012: *Epistemic Authority. A Theory of Trust, Authority and Autonomy in Belief.* Oxford: OUP.
Zagzebski, Linda 2004: *Divine Motivation Theory.* Cambridge: Cambridge University Press.
Zagzebski, Linda 2017: *Exemplarist Moral Theory.* Oxford: OUP.
Zimmerman, Aaron 2010: *Moral Epistemology.* London: Routledge.
Zimmerman, Aaron/Jones, Karen/Timmons, Mark (eds.) 2019: *The Routledge Handbook of Moral Epistemology.* London: Routledge.

# Index

## Personen

Adams, R.  151f., 155, 163
Alston, W. P.  58, 63, 133, 139, 163, 165
Aristoteles  48, 57, 64, 136f.
Ayer, A.  17–19, 21, 27
Baggett, D.  150, 163
Blackburn, S.  29, 33
Bordt, M.  156
Boyd, R. N.  90
Brink, D. O.  89f., 113
Broad, C. D.  90f.
Brogaard, B.  57
Byerly, R.  85
Carnap, R.  31
Cima, M.  46
Correia, F.  90
Craig, W. L.  150, 163, 165
Currie, G.  127
Dancy, J.  94
Daniels, N.  113
Darwall, S.  44
Davidson, D.  112
Descartes, R.  62
Dorsch, F.  127
Dostojewskij, F.  131
Enoch, D.  166
Ernst, G.  142
Evans, C. S.  167
Ewing, A. C.  21
Firth, R.  38

FitzPatrick, W.  91, 146
Frege, G.  29, 75, 152
Geach, P.  29
Gettier, E.  111
Gibbard, A.  33, 59
Goldman, A.  127–129
Greco, J.  135
Habermas, J.  63
Hare, R. D.  46
Hare, R. M.  32, 46
Harman, G.  83, 84
Hauser, M. D.  46
Herodot  27
Huemer, M.  121
Hume, D.  23f., 35, 37, 49, 83, 101
Jackson, F.  78, 79
Joyce, R.  146
Kant, I.  51
Kind, A.  127
Korsgaard, C. M.  100
Kretzmann, N.  164
Kripke, S.  153, 155
Kung, P.  127
Kutschera, F.  101
Leibniz, G. W.  157f.
Lemos, N. M.  115, 117
Lowe, E. J.  97, 105
Mackie, J. L.  68, 80f., 105, 143
MacPherson, F.  127
Mawson, T. J.  159

McDowell, J.   101
McGinn, C.   127
Moore, G. E.   73–75, 77
Morris, T. V.   161
Nagel, T.   45, 52
Nichols, S.   127
Niederbacher, B.   92, 136
Nietzsche, F.   80
Oddie, G.   125, 132, 144
Parfit, D.   45, 52, 79, 88, 91, 102–105, 145f.
Pietroski, P. M.   97
Platon   45, 156
Pollock, J. L.   108
Putnam, H.   61, 153–155
Quine, W. v. O.   112
Quinn, P.   163f.
Rawls, J.   62, 113
Roberts, R.   125
Roeser, S.   123
Roojen, M.   36, 44
Rosen, G.   87, 91f.
Ross, W.   21, 39, 91, 96f., 120f.
Rudder Baker, L.   89
Russell, B.   152
Sayre-McCord, G.   113

Scheler, M.   122
Schirach, F. von   95
Schnieder, B.   90
Schroeder, M.   50
Searle, J.   41
Shafer-Landau, R.   45, 52, 89, 133
Shanton, K.   128f.
Sidgwick, H.   39
Smith, A.   127
Smith, M.   44
Sokrates   45, 156
Sorley, W. R.   37–40, 91, 122, 149
Sosa, E.   135
Stevenson, C.   20
Street, S.   55f., 99, 147, 166
Sturgeon, N.   85, 90
Swinburne, R.   159, 161, 167
Tarkian, T.   62
Tenenbaum, S.   125
Thagard, P.   113–115
Thomas von Aquin   64, 77, 98, 120, 165
Tonnaer, F.   46
Walls, J. L.   150, 163
Wilhelm von Ockham   82
Williams, B.   51
Zagzebski, L.   124, 135

## Stichworte

Akrasie   45, 48
Aktivismus, theistischer   161
Anfechtungsgründe   108, 131
Argument aus den moralischen Meinungsverschiedenheiten   25, 37, 140–143
Argument, Open-Question-   75
Bedeutung   19, 21, 29, 38–40, 58f., 72–75, 77, 151–155, 159
Begriff   20, 73–75, 77, 120, 159f.
Beschreibungstheorie   152f.
Cornell Realismus   90

Divine Command Theorien   152, 163, 165
Eigenschaften
    – axiologische und deontische   164
    – moralische   36f., 69, 83, 89, 99, 102
    – natürliche   72, 102
Eigenschaftspartikularie   92f., 96f., 104
Eigenschaftsuniversalie   92f., 96f., 105, 162

## Stichworte

Einstellung
 - kognitive 22, 24f., 29
 - konative 22–25, 35, 47, 61
Eliminativismus 79f., 88
Emotionen 16f., 29, 123, 125, 129–132, 137
Emotivismus 16f., 22f., 26, 28f., 32f.
Entlarvung, evolutionäre 145, 166f.
Erkenntnistheorie 106f., 110, 135
Erklärung 25, 28, 36, 82–87, 95, 114, 142f., 147, 166
Erscheinen 121, 124f.
Ethik, normative 11
Euthyphron Dilemma 156, 159, 163, 165f.
Expressivismus 16
Extension 39, 76, 153
Frege-Geach-Problem 29
Fundamentismus, epistemologischer 117–119
Gott 21, 38, 68f., 72, 80, 95, 145, 148–151, 156–158, 160–162, 164f., 167
Gründe
 - motivierende 49f., 107, 123
 - normative 49–52, 107, 108
Gründungsbeziehung 90, 95
Identitätsthese 71, 151
Imperativ 31, 33
Intension 39, 76f., 152, 164
Intuition 121, 136
Intuitionismus 120, 123
Irrtumstheorie 80f.
Klugheit 48, 136–138
Kognitivismus 15, 22, 34f., 39f., 42, 86, 106
Kohärentismus, epistemologischer 112f.
Konstitution 89
Konstruktivismus 55, 69, 99, 101
Metaphysik 58, 65f.
Motivation 23, 25, 36, 44–49, 51
Naturalismus 36f., 72f., 76–79, 88
Naturalistic fallacy 73
Non-Kognitivismus 16, 33, 35, 43, 45
Ontologie 66, 87, 92f., 103

Partikularismus 94
Präskriptivismus 31–33
Prima-Facie-Pflicht 120
Prinzipien, moralische 83f., 94
Proposition 18, 34f., 38f., 53f., 57f., 60, 64f., 74, 82, 87, 93, 159, 162
Prozessreliabilismus 133
Quasi-Realismus 59
Realismus, moralischer 65f.
Rechtfertigung, epistemische 107, 117, 133f., 145
Reduktionismus 72, 76, 151
Referenz 153f.
 - Theorie der direkten 153–155
Relativismus 55, 57
Sätze
 - analytische 19
 - empirische 19
Semantik 72, 152, 155
Subjektivismus 35, 37f., 43
Supervenienz 70, 86, 90
Tatsache
 - moralische 33, 41, 65–69, 82f., 87, 93f., 99, 102, 142f., 145, 148, 150, 162, 166f.
 - natürliche 88
Tugend, kognitive 135f.
Überlegungsgleichgewicht 113, 115
Überzeugung 34, 39–42, 44f., 47f., 54, 106, 110, 123
Urteil 23, 40, 44f., 84, 99, 146
Vorstellung 127–129
Wahrheit
 - moralische 33, 42, 53f., 56, 61, 100, 103, 137–139, 159–161
 - notwendige 103, 155, 159
Wahrheitsauffassung
 - deflationäre 59
 - epistemische 60–62, 64
 - realistische 64
Wahrheitsbedingungen 63
Wahrheitskriterien 39, 63
Wissen 108–111, 138, 166f.
Wünsche 41, 44, 123, 125f., 129–132, 137, 144